일본 정치의 중심지역

도쿄 지요다 구는 일본 정치의 중심이다. 도심 속에 울창한 숲과 해자로 둘러싸인 3.41km²의 황거를 북쪽에 두고, 정치일번가로 불리는 나가타초의 국회의사당과 행정일번가로 불리는 가스미가세키가 나란히 있다.

위: 황거 내 니주바시 다리와 에도성.

가운데: 국회의사당. 벚꽃을 표현하는 분홍색 화강암으로 지어졌다.

왼쪽아래: 황거에서 바라본 가스미가세키 행정관청 지역.

오른쪽아래: 국회의사당 뒤에 있는 총리관저.

일본황실 가계도

1, 2, 3은 황위계승순위

아키히토 천황

미치코 천황비

① 나루히토 황태자

마사코 황태자비

② 아키시노노미야 왕자

기코 왕자비

노리노미야 장녀

아이코

마코 장녀

가코 차녀

③ 히사히토(서열3위)

일본황실

일본은 세계에서 가장 오래된 군주제를 유지한 나라다. 일본황실의 상징은 국화로 12세기 고토바 천황부터 사용했다.

왼쪽: 현 천황인 125대 아키히토. 2005년 제국 일본이 침략했던 사이판을 방문해 전몰미군을 추도했다.

왼쪽아래: 왜곡된 『새 역사교과서』로 유명한 후소샤 출판사는 계간지 『황실』도 출판한다. 사진은 41년 만에 남자아기를 출산한 기념으로 발행된 특별호(2006 가을). 전국적으로 축제와 기념식이 이어졌다.

오른쪽아래: 천황의 거주지 황거는 1년에 두 번 개방된다(신년과 천황의 생일). 신년식에서 국민들이 국기를 흔들며 천황일가를 환호하고 있다.

일본의 과거와 현재

왼쪽위: 야스쿠니 신사

오른쪽위: 일본 무도관의 전몰자 추도식. 천황과 대부분의 정치가들은 야스쿠니 대신 이곳에서 추도한다.

가운데: 히로시마 평화기념관의 겐바쿠 돔.

왼쪽아래: 도쿄 신주쿠의 고층빌딩숲

오른쪽아래: 현재(2007년) 일본에서 가장 높은 (296m/70층) 요코하마의 랜드마크 타워.

일본의 정당들
'55년 체제'의 종결로 자유민주당의 독주는 중단되고 민주당이 강력한 견제세력으로 부상하고 있다. 왼쪽 위부터 시계방향으로 자유민주당, 민주당, 일본공산당, 사회민주당, 공명당.

일본의 민주주의

나가타초의 사무라이들

일본의 민주주의: 나가타초의 사무라이들

김 웅 진 외 지음

르네상스

일러두기

- 인명, 지명과 일부 명사의 표기는 한글맞춤법 외래어 표기법에 따른다.
- 국어와 일본어 훈독이 혼용되는 바쿠후(막부), 자이바쓰(재벌) 등은 일본어 발음을 우선하며, 정당명칭은 국어 훈독을 쓴다.
- 천황, 황태자 등의 표현은 고유명사로 간주하여 그대로 쓴다.
- 본문에 별색으로 표시한 용어·인물·사건 등에 대해서는 이해하기 쉽도록 설명글을 첨부한다.

머리말

    우리 이웃 일본이 '가깝고도 먼 나라'라는 말은 옳은 말이다. 인천공항에서 아침 아홉 시쯤 오사카(大阪) 행 비행기에 오르면, 간사이(関西) 국제공항에 내려 버스를 타고 일본의 고도(古都) 교토(京都)로 가 늦지 않은 점심을 먹을 수 있다. 제주도에 가는 정도라 할까. 그런데 일본은 또 한편으로 정말 먼 나라다. 거리가 멀다는 뜻이 아니라 세계를 뒤흔드는 일본의 경제를 따라가려면, 또 안정된 일본 민주주의를 따라가려면 아직 멀었다는 말이다.

    물론 보는 사람에 따라 일본 정치는 진정한 민주정치가 아닐 수 있다. 예컨대 일본 정치의 특징 가운데 하나인 파벌(派閥)정치는 민주주의와 동떨어진 것이라 주장하는 사람도 있다. 그러나 일본이 아시아에서 가장 안정된 민주주의 체제를 갖고 있다는 데에는 이견이 없다. 왜 그런가? 아주 간단하다. 유럽이나 미국에 비할 수는 없지만, 적어도 아시아에서는 일본의 민주주의가 제일 오래된 것이기 때문이다. 19세기 말 메이지 유신(明治維新)을 통해 봉건적 바쿠후(幕府) 체제를 중앙집권적 입헌군주제로 바꾼 일본은 영국식 의회민주주의 제도를 재빠르게 도입해서 지난 1세기 동안 천천히 길러왔다. 물론 우여곡절이 없지 않았다. 20세기 초엽에는 비록 실패했지만 '다이쇼(大正) 데모크라시'라 불리는 폭넓은 민주주의의 실험을 감행하기도 했다. 이후 군국주의, 제2차 세계대전의 참담한 패배와 7년에 걸친 미(美) 군정을 경험했으나 '일본식 민주주의'는 되살아나 오늘에 이르고 있다.

다른 나라의 민주주의를 공부하는 이유는 우리 민주주의를 발전시키기 위해서다. 민주주의 체제를 정착시키려면 무엇이 필요한가? 어떤 정치제도와 정치질서, 그리고 어떤 시민의식과 문화가 필요한가? 어떤 사회경제적 조건을 갖추어야 하는가? 이러한 질문에 답하기 위해서는 먼저 '성공한 민주주의'의 지난 여정(旅程)을 잘 살펴보아야 한다.

관광버스로 일본을 여행하는 사람이라면 누구나 느끼게 마련이지만 버스 속이 불안할 정도로 조용하다. 우리는 관광버스를 타면 옆 사람과 말을 붙이고 친해지는 데 채 5분이 걸리지 않는다. 조금만 지나면 십년지기인 양 같이 떠들고, 마시고, 교통법규를 위반하면서 '관광버스 춤'을 신나게 춘다. 목적지에 도착할 때쯤에는 모두 한가족이 되어버린다. 그러나 일본사람들은 버스 속에서 동행한 가족이나 친구와 목소리를 낮추어 소곤거릴 뿐이다. 처음 본 사람에게는 여간해서 말을 걸지 않고 눈도 마주치려 하지 않는다. 모르는 사람의 방해를 받기 싫고, 또 남을 방해해서도 안 되기 때문이다. 일본 사람들이 자주 쓰는 '스미마셍'(すみません)이라는 말이 이 모든 것을 함축한다. 어찌 보면 영국식 개인주의(British individualism)와 아주 닮았다. 그렇다면 일본이 영국의 사회문화를 받아들인 것인가? 결코 아니다. 이 사람들은 본래 그렇게 살아왔다.

그런데 관광지에 가보면 아주 재미있는 물건이 있다. 길다란 널빤지 몇 개를 계단식으로 연결해 놓은 '발판'이다. 그 위에 올라가 '단체사진'을 찍으라는 것. 일본 대학생들은 아직도 검정색 교복을 입는다. 몇 년 전 어떤 학술회의에 참가하기 위해 마쓰야마(松山)에 있는 에히메(愛媛) 대학교를 방문했을 때

대학생들이 답답한 교복 위에 노란 완장을 두르고 손님들을 안내하는 것을 본 일이 있다. 선진국 이미지에 맞지 않는 우스꽝스러운 모습이었지만 이 학생들은 정말 조직적으로 움직였다. 이처럼 집단주의도 성행한다. 개인주의와 집단주의가 전혀 어색하지 않게 함께 어울리는 곳이 일본이다. 일본 민주주의는 민주주의의 이념적 초석인 개인주의와 일본 고유의 집단주의가 어우러진 묘하고도 효율적인 민주주의이다.

도쿠가와(德川) 바쿠후 말기 집권층이었던 사무라이들은 사회계급의 바닥에 있던 상인들에게 돈을 꾸었다. 월급으로 받은 쌀을 그들에게 가져가 현금이나 생필품과 바꾸기도 했다. 천한 사람들이 재력가, 부르주아가 된 셈이다. 이 상인들, 곧 조닌(町人)들은 부를 축적하자 나름대로의 문화도 만들어 즐겼다. 가부키(歌舞伎)로 표상되는 '정인문화'가 바로 그것이다. 일본에서는 민주주의의 경제적 기반인 부르주아적 요소가 이미 봉건사회 속에서 싹트고 있던 것이다. 따라서 메이지 유신의 주역들이 영국식 의회민주주의 제도를 도입했을 때 일본은 이를 별다른 저항없이 받아들일 준비가 되어 있었다.

〈비교민주주의연구센터〉에서는 주요 민주주의 국가가 걸어온 정치적 여정을 되짚어본다는 뜻에서 '세계민주주의 산책' 시리즈를 기획하고, 지난 2006년 그 첫 번째 책으로 『라운더바우트를 도는 산적과 말도둑, 무엇이 영국 민주주의를 만드는가』를 출간했다. 감사하게도 그 책이 2007년도 〈문화관광부 우수 학술도서〉로 선정되어 우리의 목적이 그리 잘못된 것이 아니라는 확신을 얻을 수 있었다. 올해에는 시리즈의 두 번째 책으로 일본 민주주의를 소개하는 책을 펴낸다.

첫 번째 책의 원고는 〈비교민주주의연구센터〉의 연구위원들이 썼지만, 이번에는 김경묵 교수(일본 中京大), 김세걸 박사(서강대), 김숙현 박사(일본 민주당

대표 오자와 이치로 중의원 국제담당비서), 이상훈 교수(강릉대), 정정숙 박사(한국문화관광정책연구원) 등 다섯 분의 외부 전문가들을 필자로 모셨다. 또한 한국방송통신대학교 일본학과 튜터이신 김혜숙·박수옥 두 분께서 부록을 만드는 수고를 아끼지 않으셨다. 먼저 이분들께 깊은 고마움을 전한다. 도서출판 르네상스는 어려운 여건 속에서도 다시 한 번 출간을 담당해 주셨다. 감사드린다.

　연구센터의 출간업무를 주관하는 김형기 박사는 원고 전체를 다듬고 편집하느라 많은 시간을 할애해 주었다. 또 책에 실린 사진 가운데 몇 장은 한국외국어대학교 정치외교학과 졸업생 강원식 군이 연구센터를 돕기 위해 현지에서 직접 찍은 것임을 밝혀둔다. 아무쪼록 이 책이 이웃 일본의 민주정치를 이해하고, 그럼으로써 우리 민주주의의 정착요건을 탐색하는 데 도움이 되길 바랄 뿐이다. 책의 독자로는 정치학을 공부하는 학생들뿐만 아니라 일반인, 청소년들까지 광범위하게 설정했다. 그런 면에서 쉽고 재미있게 쓰려고 노력했지만 과연 제대로 만들어졌는지는 독자들께서 판단해 주실 것이다.

　2007년 11월
　모든 필자들을 대표하여,

비교민주주의연구센터 소장, 한국외국어대학교 정치외교학과 교수
김 웅 진

차례

1장

일본 민주주의의 발아:
도쿠가와 시대로부터 군국주의의 대두까지[1]

김웅진

에도시대 스루가쵸
-히로시게(1856)

민주주의의 여명기 일본

일본의 입헌군주제와 의회민주주의는 하루아침에
만들어지지 않았다. 오늘날 아시아에서 가장 안정된
모습을 보이고 있는 일본의 민주주의는 영국이 자랑
하는 웨스트민스터 모델(Westminster Model)보다는 훨
씬 짧지만 140년에 걸친 역사적 경험을 통해 확립된
것이다.

메이지 유신(明治維新, 1868)이 단행됨으로써 움트
기 시작한 민주주의라는 씨앗은 수많은 시행착오를
거쳐 자라났다. 즉 일본의 민주주의도 다사다난한
역사의 소산이다. 따라서 일본 민주주의의 본질을
제대로 이해하려면 앞선 역사, 특히 도쿠가와(德川)
시대(1603~1868) 이래 전개된 정치적, 사회경제적 변
화를 살펴볼 필요가 있다. 오늘날 전 세계와의 교역
을 통해 경제적 초강대국의 위치에 서게 된 일본은

바쿠후(幕府)
"군막 속의 정부." 12세기 말에
서 19세기 중엽, 즉 가마쿠라(鎌
倉)~도쿠가와 시대의 군사정치
적 최고지도자인 쇼군의 정권
혹은 본영(本營)을 지칭한다. 본
래 중국에서 출정 중에 있는 장
군의 딤시본영을 가리킨 데서
유래했다. 천막을 쳐서 본영을
둘러싼 것을 부(府)라 불렀다.

번(藩, 한)
봉건제후인 다이묘의 영지. 16세
기에 도요토미 히데요시(1536~
1598)에 의해 원형이 만들어진
후, 메이지 유신에 따라 1871년에
폐지되어 근대적 행정단위 현(県)
으로 바뀐다. 도쿠가와 시대에는
약 300개의 번이 있었다. 쌀 생
산량으로 규모와 힘을 표현했는
데, 적게는 1만 고쿠(石)로부터 크
게는 100만 고쿠에 달했다(1고쿠
= 278.3리터).

미나모토노 요리토모(1147~1199)

쇼군은 세이타이쇼군(征夷大將軍)의 줄인 말로 본래의 뜻은 "동쪽 야만인들을 굴복시킨 위대한 장군"이다. 12세기 이래 메이지 유신에 이르기까지 상징적 천황을 대신하여 일본을 통치한 군사정치적 최고지도자. 권력다툼을 벌이던 다이라(平) 집안과의 겐페이 전쟁(源平合戰爭, 1180~1185)에서 승리한 미나모토(源) 집안의 미나모토노 요리토모가 천황의 권력을 빼앗아 가마쿠라에 최초로 바쿠후를 만들어 봉건적 통치체제를 확립함으로써 일본의 실질적 통치자가 된다. 요리토모는 1192년 천황으로부터 쇼군의 칭호를 얻었다. 이러한 봉건적 통치체제는 쇼군 아시카가 다카우지(足利尊氏)에 의해 세워진 무로마치(室町) 바쿠후(1336~1573)와 전국시대를 거쳐 에도 바쿠후(도쿠가와 바쿠후)에 이르기까지 지속됐으며, 에도 바쿠후의 마지막 쇼군 도쿠가와 요시노부(德川慶喜, 1837~1913)가 1867년 천황에게 권력을 반환함으로써 무너진다.

도쿠가와 이에야스(1543~1616)

에도 바쿠후의 초대 쇼군. 1543년 미카와노쿠니(三河國)의 오카자키(岡崎)(현 아이치 현)에서 영주 마쓰다이라 히로타다(松平廣忠)의 아들로 태어났다. 1566년 이후 오다 노부나가(織田信長, 1534~1582)를 도와 천하통일의 기반을 마련한다. 노부나가가 세상을 떠난 후 도요토미 히데요시와 함께 1590년 전국 통일을 달성하고 자신은 에도 성(江戶城 현 도쿄)을 축조. 1603년 천황에 의해 쇼군으로 임명됐다. 1605년 쇼군의 직위를 도쿠가와 히데타다(德川秀忠)에게 물려주고 자신은 오고쇼(大御所)가 되어 슨푸(駿府, 현 시즈오카 현)에 머물렀다. 1614년 오사카(大阪)에 머무르고 있던 히데요시의 아들 히데요리(豊臣秀賴)의 권력이 커지는 것을 우려하여 역모혐의를 날조, 오사카 성을 대대적으로 공격(1614~1615). 오사카 전투에서 패한 히데요리는 자결하고 오사카 성은 1615년 여름 함락되어 권력 기반이 강화된다. 같은 해 4월에 73세로 사망.

19세기 중엽까지만 해도 외부로부터 완전히 고립되어 있었다. 그러한 고립 속에서 일본인의 삶이 어떻게 변화되어 왔고, 어떤 계기로 민주주의가 발아되었는지 알아보자.

　메이지 유신 이전의 일본은 허울뿐인 천황(天皇)으로부터 권력을 넘겨받은 쇼군(將軍)이 지배하는 사회였다. 쇼군은 군사정부의 성격을 가진 바쿠후(幕府)를 통해 다이묘(大名)들을 지배했다. 다이묘는 쇼군에게서 하사받은 영지인 번

(藩)을 다스리는 지방제후다.

일본은 최초로 바쿠후 제도를 만든 미나모토노 요리토모(源賴朝) 이래 통일되지 못하고 크고 작은 내전을 겪어야 했다. 특히 1467년 오닌 전쟁(応仁の 亂)을 시작으로 전 국토가 전장으로 변하는 센고쿠 시대(戰國時代, 1467~1568)를 겪는다. 내전은 16세기 말엽에 이르러 두 명의 뛰어난 쇼군 도요토미 히데요시(豊信秀吉)와 도쿠가와 이에야스(德川家康)에 의해 종결됐다. 전 국토가 두 명의 쇼군에 의해 통일된 것이다. 곧바로 도쿠가와 바쿠후의 에도 시대(江戶時代)가 시작됐다.

에도 시대는 250여 년간 비교적 안정적인 평화를 유지했다. 그래서 '다이헤이'(太平) 시기로 불린다. 바쿠후 지도자들은 사회경제적·정치적 변화와 외세의 침투는 체제를 유지하는 데 대단히 위험한 것이라는 확신을 갖고 있었다. 이에 따라 도쿠가와 체제는 기존의 정치사회질서를 굳게 보호하려 했고, 결과적으로는 나름대로의 유토피아 사회를 만드는데 성공했다고 볼 수 있다.[2]

고립 속의 안정 덕택에 일본은 경제사회적, 문화적 발전을 이룩할 수 있는 여유를 찾게 됐다. 그 범위는 최상층에서 최하층까지, 정치에서 문화까지를 포괄하는 제도적 발전을 유도했다. 예컨대 통치권

사무라기

본래 '가까이에서 모신다'는 뜻으로 준요인사를 경호하는 무사를 지칭한다. 헤이안(平安) 시대(794~1185) 이후 무사계급이 발달하여 벼슬을 하는 가문 셋 칸케(攝關家)와 인(院) 등에서 경호무사를 채용하게 되자 점차 무사 일반을 가리키게 됐다. 가마쿠라 시대(1185~1333)에는 부하들을 거느리고 말을 탈 자격이 있는 무사를 일컬었고, 무로마치 시대(1336~1573)에도 상급 무사를 지칭했다. 에도 시대에 이르러 사(士)-농(農)-공(工)-상(商) 네 신분이 고정되어 그 가운데 '사'에 속하는 자를 일반적으로 사무라이라 부르게 된다. 도쿠가와 체제 아래에서 일부는 지방행정 엘리트로 변신했으나 전반적으로 경제적, 사회적 위상이 크게 약화됐다. 메이지 유신의 계급철폐로 사라졌다.

은 소수 군사귀족의 손에 놓여 있었으나 내전의 주역이던 사무라이(侍)들은 점차 행정 엘리트로 변신하여 지방행정의 체계화가 이루어졌다. 또한 법령이 새롭게 정비되고, 비록 봉건적 성격을 벗어나지는 못했지만 통치자가 신민들의 복지에 책임을 져야 한다는 통치이념이 확립됐다. 사회경제적으로는 도시화가 재빠르게 진행되었고, 통합적인 국가경제 네트워크가 만들어졌다. 이와 더불어 교육기관이 증설되어 무사인 사무라이들이 점차 지식인 계급으로 변화했을 뿐만 아니라 하층민에게도 교육기회가 주어졌다.

한편 도시에서는 유럽 자본주의의 발전과정에서 출현한 공민(burgher)과 같은 상인들을 중심으로 일종의 시장경제가 만들어졌다. 이로 인해 전통적인 사회적 위계질서가 조금씩 흔들리기 시작한다. 조닌(町人)들이 부상했기 때문이다. 원래 상인과 장인(匠人)들의 계급인 조닌은 사회의 최하층 계급이었다. 그런데 시간이 지남에 따라 다이묘와 사무라이들이 경제적으로 이들에게 의지하게 된다. 영지(번)의 주 수입은 쌀, 사무라이의 녹봉도 쌀이다. 조닌들은 그 쌀을 현금과 소비재로 바꾸는 역할을 했다. 이들은 거래가 쌓여 가면서 점차 부유해졌으며, 나름의 문화생활을 즐기게 됐다. 역사 이래 최초로 일

본사회에 부르주아적 성격이 가미되기 시작한 것이다.[3]

특히 경제가 급격히 발전하던 17세기 말~18세기 초의 겐로쿠(元祿) 시대에는 조닌들이 새로운 문화를 창출하는 주역으로 떠올랐다. 이들은 세태와 풍속을 배경으로 욕망에 집착하면서 살아가는 사람들의 모습을 사실적으로 그린 조닌문예를 만들어냈고, 서민의 오락으로서 독특한 일본식 연극 가부키(歌舞伎)가 크게 번성했다.[4] 이처럼 조닌의 경제사회적 성장과 조닌문화의 번성은 봉건적 일본사회에 부르주아적 요소를 침투시킴으로써 앞으로 전개될 민주화의 기틀을 마련했다.

개국과 바쿠후의 붕괴

19세기 중엽 도쿠가와 체제가 무너진 것은 바로 이처럼 안정된 사회질서가 흔들리기 시작했기 때문이다. 거친 서세동점(西勢東占)의 물결에 따라 서양인들이 일본에 발을 들여놓게 되고, 바쿠후에 절대적 충성을 보이지 않던 서부와 남부의 번들에 대한 통제력이 약화되면서 그간 애써 만든 유토피아 질서가 허물어진 것이다.

우선 계급구조와 경제적 현실 사이의 틈이 점차 벌어졌다. 특히 상인들은 앞서 말한 것처럼 사회계급의

바쿠후의 쇄국정책에서 두 가지 예외는 조선과 네덜란드였다. 조선통신사와 란고쿠(蘭學)로 대변되는 두 문화의 유입으로 아시아와 유럽의 변화를 체감할 수 있었다. 그림은 바쿠후 말기 화란조계 데지마와 근대 해군의 학습장 나가사키 해군훈련소의 모습.

페리 제독(1794~1858)

맨 아래 놓여 있었음에도 불구하고 부를 축적하게 되었고, 바쿠후를 지탱해 온 사무라이들은 여러 가지 이유로 빈곤에 시달리면서 이들로부터 돈을 빌리는 신세로 전락했다. 게다가 오랜 기간에 걸친 고립이 가져온 내부적 안정상태는 전 국가적 번영을 가져왔으며, 그에 따라 남부와 서부의 번들에게 유리한 상황이 조성되면서 바쿠후와 그들 사이의 예민한 균형이 흔들리기 시작했다. 또한 교육제도와 근대적인 상거래 제도가 더욱 확산되면서 일본은 근대화와 혁신의 물결을 받아들일 수 있는 준비를 어느 정도 갖추게 됐다.

1850~1860년대는 서구의 제국주의 열강들이 일본과의 통상을 위해 강력한 개항(開港) 압력을 넣었던 말 그대로 불안정의 시기이다. 특히 중국시장에 관심을 갖고 있던 미국은 중간 기항지를 확보하기 위해 1853년 페리(Matthew Perry) 제독이 이끄는 네 척의 군함[5]을 일본으로 보내 도쿠가와 바쿠후를 위협했다. 페리 선단은 당시 외국인에게 열려있던 유일한 항구인 에도 부근 우라가(浦賀) 항에 정박, 통상을 요구하는 필모어(Millard Fillmore) 대통령의 친서를 받아들일 것을 요청하면서 만약 거절하면 무력을 사용하겠다고 협박했다. 미국에 대항할 힘이 없

보신전쟁(1868)에 참전한 사쓰마 번의 사무라이들(위)과 1860년대의 에도(아래).
펠리스 비토라는 사진가가 일본 방문중 찍은 유명한 사진들이다.

다고 판단한 일본이 이에 굴복하자 페리는 7월 14일 구리하마(久里浜, 현 요코스카) 항에 상륙하여 친서를 일본대표단에게 전달하고, 응답을 받기 위해 다시 오겠다고 말한 후 중국으로 떠났다(페리의 1차 방문). 이후 일본인들에게 '구로부네'(黑船), 곧 '검은 배'는 서구의 우세한 과학기술과 군사력을 상징하는 공포의 대상이 된다.

1854년 2월 페리는 두 배로 불어난 선단을 이끌고 돌아와(페리의 2차 방문) 미국의 요구를 거의 그대로 반영한 「미일화친조약」(美日和親條約)[6]을 맺었다

미일화친조약(1854)
–미국의 선박에 연료와 식량 공급
–시모다(下田) 항과 하코다테(函館) 항 개항, 미국 영사주재
–미국에 대한 최혜국 대우

미일수호통상조약(1858)
–가나가와(神奈川, 현 요코하마), 나가사키(長崎), 니가타(仁方, 현 니이 가타), 효고(兵庫, 현 고베) 항 추가 개항
–오사카, 에도 시장 개방
–영사재판권 인정
–관세 상호 협의

(1854. 3. 1). 서구 국가와 체결한 최초의 조약인 「미일화친조약」은 지난 200여 년간 지속되어 온 도쿠가와 바쿠후의 쇄국정책을 일거에 무너뜨렸다. 일본은 이를 계기로 영국, 러시아, 네덜란드 등 서구 국가들과 조약을 맺음으로써 제국주의 열강이 각축하던 세계무대에 편입된다.[7]

일본의 개국은 메이지 유신의 직접적인 원인이다. 개국은 그간 바쿠후가 견지해 온 '쇄국'이라는 이념적·정책적 지주에 치명적 타격을 입힘으로써

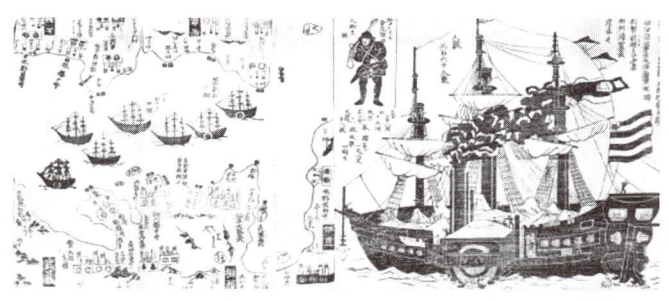

1854년 페리 제독의 '검은 배'가 도착하는 모습을 그린 판화

마지막 쇼군 도쿠가와 요시노
부(德川慶喜, 1837~1913)
사진: 일본국회도서관

바쿠후의 권력기반을 크게 약화시켰다. 이를 틈타 과거 바쿠후에 대한 불만을 키워 온 서부와 남부의 번, 특히 조슈(長州)와 사쓰마(薩摩)의 세력이 급격히 성장했다. 두 번은 '존왕양이(尊王攘夷)'를 부르짖으며 혁명적 유신을 주도한다. 아울러 '구로부네'의 공포는 지도층들로 하여금 서구 제국주의에 대항할 수 있는 강한 국가를 건설해야 할 필요성을 느끼게 함으로써 19세기 말~20세기 초에 걸쳐 진행된 대폭적 사회개혁과 근대화의 원동력으로 변화한다.

이처럼 봉건적 바쿠후 체제는 외부의 압력과 내부적 변화가 상호작용함으로써 일어난 새로운 변화의 물결을 거스르지 못하고 무너졌다. 그리고 바쿠후의 붕괴에 따라 종전의 현상유지(status quo) 정치가 전면적인 혁신의 정치로 재빠르게 바뀌게 된다.[8] 1868년에 이르러 도쿠가와 체제가 붕괴되면서 부상한 근대화의 주역들은 비록 새로운 이데올로기를 앞세우지는 않았으나 구체제의 잔재를 청산하는 데 조금도 주저하지 않았던 것이다.

메이지 유신: 천황중심 민주주의의 탄생

메이지 유신은 일본의 모습을 완전히 뒤바꾸어 놓은 혁명적 변화의 출발점이지만 '유신'이라는 말이 암시하는 것처럼 결코 과거와의 단절을 시도하지 않았다. 개혁의 주도자들은 단지 쇼군들에게 빼앗긴 천황의 위치를 '복원'하

려 했던 것이다. 물론 과거에도 황실계
보는 한 번도 단절되지 않았고, 황제는
비록 이름뿐이나 계속 교토(京都)에서 살
았다. 쇼군들도 그들이 지닌 권력의 정
당성이 천황으로부터 나온다는 사실을
인정해 왔다. 그러나 천황을 정점으로
한 근대적 입헌군주체제가 바쿠후를 대
신해 정권을 완전히 장악하게 된 것은 꽤
후의 일이며, 그때까지 일부 개혁세력은
외세의 위협에 대항하기 위해 쇼군체제
를 오히려 강화하기 위한 방안을 모색했다.

카시하라신궁(橿原神宮)

메이지 시기 천황신격화의 일환으로 세워진 진
무천황의 신사다. 1890년 세워졌으며, 진무천황
이 즉위한 날(건국기념일)에는 우익선전차량으로
메워진다.

　일단 바쿠후가 무너지자 천황은 새로운 체제의 정당성을 과시하는 상징으
로서 개혁세력이 과감한 개혁을 추진하는 데 강력한 힘을 보탰다. 즉 천황은
고대의 사서(史書)『고사기(古事記)』와『일본서기(日本書紀)』에 나오는 전설
적 천황 진무(神武天皇, 660~585 BC) 이래 끊어지지 않고 내려온 옛 황실
계보의 계승자로서 국가의 상징으로 자리 잡았다. 천황이 중앙집권
화의 효율적 도구가 된 것이다.

　그런데 혁명의 성격을 가졌던 메이지 유신은 주도자들이 일부 지
배계급, 곧 불만에 찬 조슈와 사쓰마의 사무라이들이었기 때문
에 '밑으로부터의 혁명'이라기보다는 '위로부터의
혁명'이었다고 볼 수 있다.[9] 서구의 경우 부르주
아 혁명을 주도했던 중산층, 특히 상인들이 일
본에서는 낮은 신분으로 인해 유신에 거의 참

조슈

사쓰마

여하지 않았던 것이다.

유신의 주도자들은 이데올로기적 이중성과 유연성을 보였다는 데 특징이 있다. 이들은 급속한 서구식 근대화의 필요성을 역설했으나 또 한편으로 '국체'(國體, 고쿠타이)라는 용어로 표현되는 일본과 일본인의 전통적 정신을 약화시키는 데 대해서는 극력 반대했던 것이다. 즉 유신의 주도세력은 일본의 정치, 경제, 사회를 서구식으로 개혁하면서도 전래적 가치를 지켜낼 수 있다고 믿었던 유연한 민족주의자들이었다고 볼 수 있다. 이들은 애당초 외세의 압력에 대응하는 데 실패한 바쿠후의 모습을 보며 '야만인을 내쫓자(攘夷)'라는 슬로건을 앞세워 극단적인 국수적 태도를 보였으나, 시간이 흐름에 따라 외세를 배척하기 위해서는 상당한 힘이 필요함을 깨닫게 되면서 내쫓으려 했던 적을 오히려 끌어안는 유연성을 보였다. 이에 따라 '야만인을 내쫓자'라는 슬로건은 점차 '부유한 나라, 강한 군대(富國强兵)'라는 새로운 슬로건으로 바뀌었다.

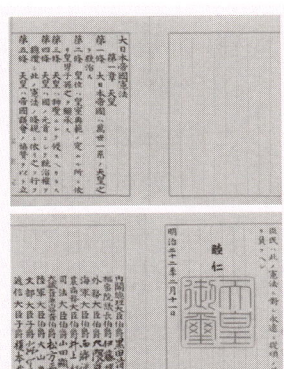

메이지 헌법의 첫장과 마지막장.

최초의 제국의회 건물.
현재 경제산업성이 세워진 자리에 있었다. 준공 후 누전으로 불과 두 달 만에 전소했다.

유신의 파장은 말 그대로 광범위했다. 우선 지역적으로 볼 때 옛 세력균형이 완전히 깨졌다. 즉 새로운 일본의 지도자들은 바쿠후의 견제를 받던 조슈와 사쓰마 같은 남부와 서부의 번으로부터 나왔고, 비록 유신 이후 번이 폐지되었지만 그 후 수십 년 동안 중요한 정치적, 군사적 지도자들은 이 지역과의 연고를 유지했다.

정치・행정개혁의 측면에서는 천황 중심의 중앙집권체제가 강화되는 과정에서 번이 현(県, 겐)으로 바뀌어 지방정부의 기본행정단위로 자리 잡았다(廢藩置縣). 사회계급이 없어지고 징집제가 실시되어 상비군을 창설하기 위한 기반이 마련됐다. 국민교육제도의 도입과 함께 대학이 설립되고 산업화가 시작됐다. 아울러 법제도의 개혁이 단행되고 외국인들이 지닌 치외법권 폐지가 시도되었으며, 우편・철도・은행제도가 새롭게 마련됐다. 또한 조세제도의 개혁이 단행되었으나 토지세로부터 나온 정부예산의 상당부분이 산업화에 돌려졌기 때문에 농촌경제에 심각한 타격을 입혔다. 이에 따라 각지에서 농민이 폭동을 일으키고 기득권을 상실한 사무라이들도 여러 차례 봉기했으며, 이러한 불만을 밖으로 돌리기 위한 방안으로 정한론(征韓論)이 대두되기도 했다.

그러나 일본 민주주의의 발전과정에서 가장 중요한 사건은 근대적 메이지 헌법(大日本帝國憲法)과 제국의회(帝國議會)가 만들어지고 정당이 출현했다는 사실이다. 프러시아의 입헌군주제 모델을 본따 1889년 공포된 메이지 헌법(1890년부터 효력 발휘)은 근대국가가 되기 위한 제도적 정비과정의 출발점이었다.

그런데 유신의 주도세력은 헌법을 천황을 정점으로 한 중앙집권체제를 강화하는 도구로 삼았다는 점에 주목할 필요가 있다. 예로서 헌법은 천황에게 강력한 권력을 부여했고, 새롭게 설치된 양원제 의회는 천황의 우월한 지위와 힘에 따라 크게 제약을 받았다. 즉 '대일본 제국을 다스리는(제1조)' 천황은 '신성불가침(제3조)' 하며, 국가원수로서 통치권(주권)을 총괄하고(제4조), 제국의회의 협조를 받아 입법권을 행사(제5조)할 수 있게 됐다.

프로이센의 제국의회(Reichstag)와 영국 의회(Parliament)를 모델로 삼아 1890년 최초로 개원한 제국의회는 황족, 유신 이후 새롭게 만들어진 귀족과 천황

에 의해 임명된 인사들로 구성된 귀족원(貴族院, 상원)과 선거를 통해 구성되는 중의원(衆議院, 하원)으로 이루어졌다. 그런데 양원은 입법권이 거의 같았을 뿐만 아니라 귀족원은 중의원에 의해 제안된 입법을 거부할 수 있었기 때문에, 현대의 양원제 국가들과 달리 하원이 상원에 비해 우세한 지위를 갖고 있지 않았다. 또한 천황과의 관계에 있어서, 천황은 하원을 해산하여 총선을 새로 치르게 할 수 있었고(제7조, 제45조), 의회가 열리지 않을 때에는 광범위한 칙령(勅令)을 내릴 수 있었다.

물론 헌법에 의해 천황에게 부여된 권한은 천황 개인에게 주어진 것이 아니었다. 헌법전문은 내각의 각료들이 천황을 대신하여 헌법을 집행할 책임을 진다고 규정했다. 또한 각료들은 천황을 보좌하고 모든 법과 칙령에 부서할 책임을 갖고 있었다. 그런데 단지 이들만이 천황을 보좌하는 역할을 맡은 것은 아니었다. 천황은 '중요한 국사를 논의하는' 추밀원(樞密院)의 도움을 받았고(제56조), 초헌법적 자문집단인 겐로(元老)가 영향력을 발휘하기도 했다. 아울러 각 군 참모총장들은 '순전히 군사적인 문제'에 관한 한 천황과 독대할 권한을 갖고 있었다. 궁내성(宮內省)의 일부 인사들 역시 때에 따라 강력한 힘을 행사했다.

한편 각료들과 의회의 관계는 상당히 모호했다. 헌법은 의도적으로 '내각'이라는 용어를 언급하지 않았고, 제헌의 주역 이토 히로부미(伊藤博文)는 내각의 집단책임이 천황의 주권을 훼손한다고 주장했다. 더구나 각료가 의원이어야 한다는 헌법규정도 없었고, 각료들이 의회에 나가 답변할 필요도 없었다. 이러한 정부-의회와의 관계에 대해서는 격렬한 논쟁이 이루어졌다. 즉 전통고수자들은 각료들이 의원이 아닐뿐더러 국회 내 다수당에 종속되지 않는 '초월적 내각'(transcendental cabinet)의 원리를 지지한 반면, 진보적 인사들은 내각이 의회의 불신임을 받으면 무너지는 영국식 '책임내각'(responsible cabinet)을 원했던 것이다. 영국식 의회-내각의 관계는 1920년대에 실현되었지만 그리 오래가지 못했다.

이토 히로부미(1841~1909)

본명 헤야시 도시스케(林利助). 야마구치(山口) 현 출생. 요시다 쇼인(吉田松陰)의 쇼카손주쿠(松下村塾)에서 수학하고 존왕양이 운동에 참가했다. 메이지 유신 이후 정계에 투신, 외국사무국 판사 등을 역임했다. 1881년 국회개설 문제로 정부 내에 대립이 생기자 기존 세력을 몰아내고 메이지 정권의 최고지도자가 된다.

1885년 초대 내각의 총리대신(총리), 1888년 추밀원 의장에 취임하였고 의회 개원과 동시에 귀족원 의장이 된다. 러일전쟁 후인 1905년 조선 통감부(統監部)의 초대통감으로 부임했다. 1909년 통감을 사임하고 추밀원 의장이 되었으나 만주시찰을 위해 방문한 하얼빈에서 상해 임시정부 대한독립단 소속 안중근(安重根)에게 사살된다. 현대 일본의 제도적 기반을 마련하는 데 핵심적 역할을 수행하였으며, 특히 메이지 헌법의 초안 작성(1889)과 양원제 의회의 설치를 주도한 개혁의 주역.

정당정치의 출현: 다이쇼 데모크라시

천황과 중앙정부에게 절대적 힘을 부여한다는 취지로 만들어진 메이지 헌법은 기대한 대로 움직이지 않았다. 우선 1870년대에 정치지도자들 사이에 권력분점의 필요성이 제기되면서 나타난 태아정당(胎兒政黨)들은 시간이 흐르면서 초월내각의 원리에 강력히 반발하며 세력을 키워나갔고, 이들이 포진한 하원 역시 유순한 추종자의 역할을 거부하며 나선 것이다. 이에 대해 중앙정부는 하원을 자주 해산하고 총선에 금권개입을 하는 등 정당의 역할을 제한하려 애썼으나, 일단 시작된 정당정치의 물결을 거스를 수는 없었다.

정당과 정부의 관계는 특히 정부예산 문제를 통해 변화하기 시작했다. 즉 청일전쟁(1894) 시기와 같이 정부예산이 급격히 증가하는 상황이 도래하자 정당, 곧 의회는 정부를 역으로 통제하는 효율적 무기를 얻게 됐다. 당시 정당이 이 무기를 어떻게 사용했는가는 장기적으로 정부-야당 간 갈등과 협상의 모호성이라는 일본정치의 고유한 특성을 낳게 된다.[10]

1890년대에는 일본인의 단 1% 정도만이 선거권을 갖고 있었다. 이는 총선을 통해 뽑힌 중의원 의원들이 '부유한 국가, 강한 군대'를 만드는 데 필요한 정부예산의 대부분을 차지하는 토지세를 내던 지주들의 이익을 대표하고 있었다는 사실을 뜻한다. 그런데 지주의 이익을 대표하던 의원들이 정부예산을 줄일 것을 강하게 요구하자 1890년대 말엽에 이르러 정부 지도자들은 예산문제에 관한 교착상황을 정당들과의 협상을 통해 타개하려 했다. 즉 의원들이 정부의 여러 위원회에 들어갈 수 있는 길을 열어주는 대신 예산을 거의 원안대로 통과시킬 수 있었던 것이다.

이처럼 정부-정당 사이의 관계가 변하자 유신의 주역들은 1900년 이토 히로부미가 입헌정우회(立憲政友會, 릿켄세이유카이)를 창당한 것과 같이 정당정치 속으로 빨려 들어갈 수밖에 없었고, 이에 따라 애당초의 생각과 전혀 다른 새로운 정치에 발을 들여놓게 된다.[11] 이후 정당들은 정부의 정책에 대한 반대를 포기하는 대가로 정책결정과정에 일정한 지분을 얻었지만, 바로 이러한 정치적 거래로 인해 치명적인 약점을 드러내게 된다. 금권정치와 정치적 매수가 내부적 결속을 약화시킨 것이다.[12] 정당정치의 타락상은 일본 특유의 집단 문화로부터 비롯된 것일 수도 있으나 보다 근본적으로는 헌법에 내재되어 있는 모호성 때문이라고 말할 수 있다. 즉 헌법에 따르면 주권은 천황에게 있으나 천황이 직접 통치하지 않기 때문에 도대체 누가 실질적 통치권을 갖고 있느냐를 명확히 알 수 없었다. 헌법을 만든 유신의 주역들은 강한 행정부와 약한 입법부를 구상했지만, 바로 이러한 모호성

입헌정우회
관료와 헌정당(憲政黨)의 연합체로 190이)년 이토 히로부미에 의해 창당된 친정부적 정당. 1900~921까지 가장 강력한 정당으로서 거대정부와 정부예산 확대를 주장했다. 보수우파적 성향을 지녔으며, 총선에서 승리하기 위해 관료지배와 군국주의를 지지했다. 20세기 초엽 큰 추앙을 받은 사이온지 긴모치, 야마모토 곤노효에, 하라 다카시 등의 총리를 내면서 여당으로서 정국을 주도했다. 1940년 해산했다.

으로 인해 복잡한 권력투쟁이 벌어짐으로써 종국에는 행정부의 위치가 약화됐다. 더불어 이들이 국가적 규율을 강화하기 위해 주창한 '천황 숭배'는 적극적 비판과 반대를 수면 아래로 가라앉게 했고, 더 나아가 당파정치의 모략이 횡행하게 만들었다.

이에 따라 1900년대의 일본정치는 다양한 세력들 간의 균형을 맞추는 데 집중됐다. 내각, 정당, 고위공무원, 의회, 추밀원, 궁내성의 천황 브좌역들, 군 고위 장성들과 대기업들 모두가 정확히 어디에 권력이 놓여 있는지 짐작할 수 없는 상황 속에서 권력투쟁을 벌이고 있었다. 이에 따라 상당기간 동안 중요한 정책결정은 겐로들의 손에 놓여 있었다. 이들은 모두 합쳐 일곱 명을 넘지 않았는데 그 후로도 계속 중요한 각료직을 맡았고, 중요한 국사, 예컨대 누가 수상이 되느냐를 결정하는 데 상당한 영향력을 발휘했다. 즉 겐로들은 정치적 혼란 속에서 최후의 조정자로서의 역할을 수행했던 것이다.

한편 이 시기에 이르러 정당이 정치적 통합의 주체로 부상하기 시작했다.

러일전쟁
러일전쟁 당시 서울에 주둔한 일본군 부대. 한반도를 점령한 뒤 랴오둥 반도까지 진출한다.

사이온지 긴모치(1849~1940)
사진: 일본국회도서관

게이엔(桂園)
입헌정우회의 지도자 가쓰라 다로(桂太郎)의 '桂'와 사이온지 긴모치(西園寺公望)의 '園'을 조합한 것임

특히 1906년 출범한 입헌정우회의 제1차 **사이온지 긴모치**(西園寺公望) 내각은 2년 6개월이나 지속됨으로써 정당내각의 가능성을 보여주었다. 그런데 정당내각이 들어서게 된 것은 러일전쟁을 계기로 겐로들에 의한 메이지 과두제가 끝나고 정치지도체제의 다원화가 이루어졌기 때문이었다. 즉 러일전쟁은 조선에 대한 지배권을 분명히 하고 서구열강과의 불평등 조약을 개정하는 계기를 마련해 줌으로써 유신의 주역들이 추구했던 목표를 완성시켰는데, 전쟁을 주도한 것은 관료벌(官僚閥), 군벌(軍閥) 등의 파벌(派閥, 하바쓰)과 입헌정우회였다. 이 세력들은 1906~1912년의 **게이엔** 시대(桂園時代)를 열어 하바쓰와 정당이 번갈아 정권을 맡았으며, 관료벌과 군벌은 스스로 정당의 성격으로 변화했다. 결국 초기 일본 정당정치의 확립과정은 하바쓰와 정당이 서로 타협하는 가운데 정당이 권력의 주체로 떠오르는 과정이었고, 겐로의 역할은 이들의 관계를 조정하는 데 제한됐다.

겐로들이 퇴장함에 따라 진정한 의회민주주의의 이념적·제도적 바탕이 마련된 것은 1910년대 말부터 시작된 **다이쇼** 데모크라시(大正民主主義) 시기이다. 다이쇼 데모크라시는 ①정당정치(정당내각)의 확립, ②급격한 경제발전에 따른 자이바쓰(財閥), 곧 독점재벌의 정치적 영향력 증대, ③대중운동, 특히 노동운동의 폭발에 따른 사회적 불안정을 특징으로 한다.

우선 정치적 측면에서 볼 때 정당들은 제대로 된 조직이나 기능을 갖추지 못했지만 내각에 대한 통제권을 얻게 됐다. 즉 정당들은 앞서 이야기한 것처럼 20세기 초엽에 이르러 내각과의 거래를 통해 정치적 입지를 확보해 나갔지만 아직 내각에 필적할 만한 힘을 갖고 있지는 못했다. 그러나 1918년 입헌정우회의 하라 다카시(原敬)가 총리가 되면서부터 정당의 세력이 급격히 커진다. 즉 하라의 집권은 정당내각이 성립될 수 있는 가능성을 열어놓은 것이다.

이렇게 정당내각이 성립되기까지는 내각, 군부와 정당 간의 복잡한 권력투쟁과 그에 따른 위기를 겪어야 했다.[13] 첫 번째 위기는 내각과 군부의 정면충돌에서 비롯됐다. 1911년에 출범한 제2차 사이온지 내각은 세이유카이를 지지하던 기업들이 과도한 군비증강에 반대했기 때문에 2개 육군 사단을 증설하려는 군부의 요청을 거부했다. 이에 육군성(陸軍省) 장관 우에하라 유사쿠(上原勇作)가 총리와 충돌하며 천황에게 직접 사표를 제출함으로써 정치적 위기가 도래하여 내각이 사퇴하기에 이르렀다.

두 번째로 가쓰라 다로(桂太郎) 내각(1912~1913)

다이쇼 천황(1879~1926)
1912년 즉위했으나 병약해 1919년부터는 아들 히로히토가 섭정한다. 그의 즉위시기 민주주의가 발달했지만 그 과정에 큰 역할을 하지 않았다. 건강을 걱정한 부친이 일찍 결혼시켜(1900) 히로히토를 낳았다.

하라 다카시(1856~1921)
입헌정우회의 3대 총재가 된 뒤 총리가 됐으며 작위를 계속 사양한 평민총리로 유명하다. 중의원에 의한 본격적 정당내각을 출범시켰으나 1921년 암살된다.
사진: 일본국회도서관

역시 위기를 맞게 된다. 가쓰라는 총리를 지낸 조슈의 지도자이자 겐로 야마가타 아리토모(山縣有朋)에 의해 총리로 지명되었는데, 이를 반대하는 폭력적 대중시위가 폭발하여 거의 내란에 가까운 상황이 벌어지자 의회를 해산하려 했으나 실패하고 단 53일 만에 사임했다.

야마모토 곤노효에(山本權兵衛) 총리의 세 번째 내각(1913~1916) 역시 사회안정을 회복하는데 실패했다. 족벌정치와 중과세를 반대하는 대중시위가 지속되었을 뿐만 아니라, 해군성의 고위 공무원들이 당시 선박건조 기술을 지원하던 독일 지멘스(Siemens) 사의 뇌물을 받은 것으로 밝혀졌기 때문이다. 이에 따라 다시 폭력시위가 발생했고, 귀족원의 압력을 받은 야마모토 내각은 사임할 수밖에 없었다.

이처럼 고질적인 정치불안정에도 불구하고 경제는 급격히 성장했다. 제1차 세계대전으로 인해 서구 강대국의 민간부문 생산이 급격히 줄어들고 운송수단이 심각한 타격을 입자 강철, 직물과 기계를 수출하던 일본의 교역이 미증유의 붐을 맞게 된 것이다.[14] 경제성장은 급속한 자본의 축적을 가져와 대기업의 재정 카르텔과 독점을 낳았고, 이에 따라 자이바쓰(재벌)의 정치적 힘이 더욱 커져 이후 일본 정치에 있어서 가장 영향력 있는 세력의 하나로 자리 잡게 됐다.

그러나 산업화의 진전은 농촌의 피폐를 가져왔다. 소작농의 비율이 줄어들지 않았고 농업생산량도 제자리를 맴돌았다. 가장 큰 문제는 바로 도시에서의 쌀값이었다. 특히 1918년에 이르러 쌀값이 거의

시베리아 출병(1918~1922)

볼셰비키 혁명의 파장이 만주, 조선과 일본에 미치는 것을 방지하기 위해 감행한 일본의 군사적 모험. 1차 대전 중 「브레스트–리토프스크 조약」에 따라 볼셰비키 정권이 전쟁에서 빠져나가자 영국, 미국과 일본이 개입했다.

일본은 1918년 11월 약 7만 명의 병력으로 동시베리아와 연해주의 주요 도시와 항구들을 점령했다. 1920년 미국의 철군에도 일본이 잔류하자 미국은 영국과 함께 철군을 요구했다. 일본은 과도한 전비부담에 따른 국내 문제가 겹치자 1922년 10월 별 소득 없이 철군한다.

다이쇼 데모크라시의 개혁운동세력

- 여명회(黎明會, 레이메이카이, 1918)

  요시노 사쿠조, 니토베 이나조 등 저명 학자와 저널리스트를 중심으로 결성된 사상단체. 국제주의,
  민본주의 사회정책 등을 제창하며 일본 사회가 나아가야 할 기본 방향을 제시.

- 신인회(新人會, 신진카이, 1918)

  와세다 대학(早稻田) 대학의 대중운동조직. 레이메이카이와 같이 사상단체로 출발했으나 타 대학 학
  생단체, 노동운동과 교류하는 가운데 노동운동으로 노선 전환.

- 개조동맹(改造同盟, 1919)

  다이쇼 데모크라시 운동의 성격을 가장 잘 보여주는 조직. 파리 강화회의에 참가한 소장 정치가 및
  저널리스트를 중심으로 결성. 보통선거, 화족(華族)·사족(士族)과 평민 간의 차별 철폐, 관료외교 타
  파, 민본적 정치체제 수립, 노동조합 공인, 국민생활 보장, 세제개혁, 식민통치 쇄신, 기성정당 개조
  등이 목표.

  ▶ 전반적으로 민본주의를 이념적 기초로 삼았고, 제1차 세계대전 이후 세계의 변화에 대응하는 일본
    의 정치적·사회적 개조를 운동목표로 내세웠다. 이러한 '개조'의 핵심은 보선(普選, 보통선거)운동
    으로서, 1919년 말~1920년 초에 걸쳐 정점에 달한다. 1920년 1월 결성된 전국보선기성동맹(全國
    普選期成同盟)에는 도쿄 지역을 중심으로 40여 개 단체가 참여했고, 노동조합 단체들도 치안경찰
    법 개정을 주장하면서 동참했다. 보선운동은 하라 내각의 의회 해산과 총선에서 세이유카이의 잇
    따른 승리로 인해 위축, 1920년 후반부터 쇠퇴하기 시작했고 무산정당운동이 뒤를 잇는다.

매달 두 배로 뛰었는데, 그 이유는 시베리아 출병[15]에 필요한 군량미를 확보하
기 위해 정부와 군부가 대량의 쌀을 구입할 것이라고 기대한 도매상들이 투기
와 매점매석을 시도했기 때문이다. 결국 쌀 문제는 1918년 7~8월에 걸쳐 대규
모의 '고메소도'(米騷動), 즉 쌀 폭동을 가져온다.[16] 쌀 폭동은 급진적 진보주의
자들로 하여금 내각의 사임과 진정한 의회민주주의의 확립을 강력히 요구하
도록 만들었고, 극심한 혼란 끝에 데라우치 내각(1916~1918)이 사임하자 하라
다카시의 집권과 함께 본격적인 정당내각이 만들어진다.

한편 자유민주주의로부터 시작하여 생디칼리슴(Syndicalism, 노동조합주의), 페
이비어니즘(Fabianism, 점진적 사회주의), 마르크스주의에 이르기까지 다양한 이
념이 유입되면서 조성된 급진적 사회분위기와 경제성장에 따른 노동인구의 증

니토베 이나조(新渡戸稲造, 1862~1933)

다이쇼 데모크라시 시대의 대표적 자유주의의 사상가, 교육자, 기독교 지도자, 국제적 명성을 얻은 저술가이자 외교관으로서 여명회를 이끈다. 1884~1891년까지 유럽과 미국에서 유학한 후 귀국하여 삿포로 농학교 교수로서 농정학, 농학사, 경제학을 강의했다. 병으로 사직하고 요양을 겸해 1898~1901년 유럽과 미국을 여행하던 중 *Bushido, The Spirit of Japan*(무사도: 일본의 정신)을 집필, 1900년 미국에서 출간하여 국제적 명성을 얻었다.

도쿄제국대학에서 식민정책을 강의하고, 1911년에 최초의 교환교수로서 미국의 6개 대학에서 강의했다. 1920~1926년 국제연맹 사무국 사무차장으로 국제무대에서 활약한다. 귀국 후 제국학사원(帝國學士院) 회원, 귀족원 의원으로 선임되었고, 태평양문제조사회(IPR) 이사장으로서 일본의 국제적 지위를 개선하는 데 기여했다. 동서양 문화와 사상의 융화에 대한 신념을 갖고 있었으며, 영문저서를 다수 집필, 일본 문화를 세계적으로 소개했다.

사진: 일본국회도서관

요시노 사쿠조(吉野作造, 1878~1933)

다이쇼 데모크라시 시대의 교수, 저술가이자 정치사상가. '민본정치' 이론을 주창한 레이메이카이의 지도자. 1904년 도쿄제국대학을 졸업하고 1909년부터 1924년까지 법학교수로서 강단에 선다.

1910년 독일, 영국과 미국에 유학. 귀국한 후 정치적 부패와 선거권 등 민주주의 정부를 건설하는 데 관련된 문제를 논의한 글들을 종합지 『주오코론(中央公論)』 등에 발표. 특히 대표작 "헌정정부의 의미"를 통해 민주주의와 천황주권의 개념이 병립될 수 있다고 주장했다.

사진: 일본국회도서관

가는 조직화된 대중운동, 특히 노동운동을 촉발시켰다.[17] 당시 노동계급이 당면한 가장 심각한 문제는 인플레이션에 따른 생계비 급상승이었으며, 임금이 뛰는 쌀값을 따라가지 못하자 1917년과 1918년에 걸쳐 임금인상을 요구하는 대규모의 파업이 벌어졌다.

노동운동이 보여준 또 하나의 주요국면은 운동의 정치화이다. 노동운동의 정치화는 자유주의 지식인들과 대학생들이 관여했기 때문이기도 하지만, 보다 근본적으로는 노조지도자들의 적극적인 활동 때문이라고 말할 수 있다. 특히 규모가 큰 대도시 노조활동의 정치화가 이루어졌으며, 이들은 단지 생활수준의 향상이나 임금인상을 넘어서서 노동자의 기본권, 평등한 노사관계, 더 나아가 노조활동에 대한 정부 가이드라인에 이르기까지 다양한 사안에 관한 요구를 적극적으로 제시하게 된다.

좌절된 민주주의의 실험

1910년대는 자유주의, 진보주의의 물결 속에서 정치적·사회적 불안정이 확산된 시기이다. 특히 급진적 지식인들과 노동계급이 주도한 대규모의 사회운동은 러시아의 볼셰비키 혁명(1917)과 맞물려 일본 정국을 더욱 불안정하게 만들었다. 물론 볼셰비키 혁명의 직접적 여파가 일본까지 미치지는 않았으나 정부는 혁명을 시도할 수 있는 급진세력의 존재에 더욱 신경을 쓰게 되었고, 이에 따라 극우보수 군부의 집권을 초래하는 길이 열렸다.

1920년에 이르러서는 민주화가 더욱 진전되고 정치참여의 기반이 상당히 넓어졌지만 권력의 정점은 여전히 불안정했다. 즉 1925년에는 다이쇼 데모크라시 운동의 가장 커다란 성과인 보통선거권이 확립되어 25세 이상 모든 남성이 투표권을 갖게 됐고, 정당내각이 정착됨으로써 '초월적 내각'은 옛날이야기가 되어버렸다. 그러나 정당-대기업의 유착관계가 더욱 깊어지는 가운데 권력구도의 불안정이 심화됐다. 내각이 쉽게 무너지고 부패와 권모술수가 널리 퍼진 것이다. 정당들은 상당한 정치적 입지를 확보했지만 다른 정치세력들과 격렬한 권력투쟁을 벌여야 했고, 사회주의 정당들도 선거에 뛰어들자 남성에게 보통선거권을 부여한 바로 그 정당이 경찰에게 좌익을 탄압할 수 있는 권

만주국의 수도 신킹(新京)의 역구내(위)와 만주철도의 '급행아시아' 열차(아래). 만주국과 만주철도는 관동군의 만주진출과 이권의 상징이었다.

한을 부여한 「치안유지법」(治安維持法, 1925)을 통과시켰다.

1930년대를 통해 정당의 힘은 군부가 점차 큰 영향력을 행사하게 됨에 따라 크게 약화됐다. 이러한 현상은 만주사변(滿洲事變)으로 거슬러 올라간다. 1931년 9월 만주에 주둔해 있던 관동군의 항명사건은 도쿄의 군부에 의해 묵인됐고, 민간정부 역시 별다른 제재조치를 취하지 않았다. 일본은 더 나아가 만주 전체를 점령하여 괴뢰정권인 만주국(滿洲國)을 건설했다. 이후 일본 정치는 일련의 정치적 암살과 쿠데타 음모로 점철된다. 그 가운데 가장 중요한 사건은 청년장교들이 일으킨 1936년의 '2·26 사건'으로서 몇 명의 각료들이 살해되기에 이르렀다. 이 사건에 직접 연루된 사람들은 비록 권력을 얻지 못했으나 군부의 최고지도층이 정부의 주도권을 쥐게 되는 계기를 만들었다. 이처럼 극우파 군부의 득세를 초래한 원인은 매우 복잡하지만 세 가지 정도로 요약될 수 있다.[18]

첫 번째는 사회경제적 이유이다. 범세계적 경제공황은 일본 농업에 큰 타격을 주었고, 이에 따라 군부 내에 극우파의 성장을 초래했다. 즉 대다수의 젊은 장교들이 농촌 출신이었기 때문에 극단적인 민족주의 감정이 군부 내에 빠르게 퍼져나갔다.

두 번째는 이념적 이유이다. 1890년의 「교육칙어」(敎育ニ關スル勅語) 이후 천황숭배는 국가의 공식 이데올로기로 자리 잡았으며, 이에 따라 극단적 민족

주의자들이 국가적 위기상황 아래에서 천황에 대한 절대적 복종을 주창했을 때 국민들의 전폭적 지지를 얻을 수 있었다.

세 번째로 군부의 독특한 위치를 들 수 있다. 유신의 주도세력이 '부유한 국가, 강한 군대'의 슬로건을 만들어낸 후 정부의 최우선 정책은 군비의 강화였다. 일본은 실제로 청일전쟁(1894~1895)과 러일전쟁을 통해 청과 러시아를 격파했고, 또 앞서 말한 것처럼 각 군 총사령관은 '순전히 군사적인 사안'과 관련하여 천황과의 독대권을 갖고 있었으나, 이러한 독대권은 군사적 사안을 넘어서는 중요하고도 민감한 국사를 논의함에 있어서 군부가 내각을 우회하는 수단이 됐다. 또한 육군장관과 해군장관은 현역군인이어야 한다는 헌법규정도 추가됐다. 1930년대에 이르러 군부의 세력이 급격히 커지자 극우파 노선에 대항하던 민간내각이 잇따라 붕괴됐다. 결국 일본은 제2차 세계대전이 패배로 끝나고 미군정(1945-1952)이 들어설 때까지 민간인과 군인이 두섞여 각자의 정치적 이익을 추구하는 실질적 2원 정부의 혼란기를 보낼 수밖에 없었다.

이처럼 일본은 19세기 말엽에 이르러 메이지 유신을 통해 봉건적 바쿠후 체제를 완전히 청산하고 근대국가로서의 면모를 갖추었으며, 비록 군국주의의 대두로 인해 실패했지만 사회변동으로 인한 혼란과 위기 속에서 의회민주주의를 실험할 수 있는 귀중한 경험을 얻었다. 특히 다이쇼 데모크라시의 최대 성과인 보통선거권의 확립은 2차 대전 후 새로운 민주주의 체제를 건설하는 데 필요한 제도적 기반을 마련했다.

일본이 한국이나 중국과 달리 서구 제국주의 열강의 침투에 효율적으로 대처하는 가운데 전래의 정신과 낯선 민주주의 제도를 융합시킬 수 있었던 것은 물론 유신 주도세력의 전략이 성공했기 때문이라고 볼 수 있으나, 이미 도쿠가와 체제 아래에서 성숙된 시민문화의 역할도 결코 적지 않았다. 아울러 일방적 착취와는 거리가 멀었던 일본 나름의 고유한 봉건제도 역시 민주주의의 사회적 기반을 제공했다고 말할 수 있을 것이다. 이와 같은 역사적 배경은 1950년대에 이르러 패전의 여파와 미군정에 따른 미국식 민주주의의 침투에도 불구하고 전전(戰前)의 유럽식 의회민주주의를 재건할 수 있도록 한 토양이 되었던 것이다.

2장

천황제와 헌법에 새겨진 일본의 얼굴

정정숙

황거의 에도성

천황인가 헌법인가?

'천황과 헌법' 혹은 '헌법과 천황' 어느 쪽이 일본의 민주주의를 이야기할 때 더 적절한가? 굳이 문법적으로 보자면 '과'라는 병렬조사에 연결돼있어 앞뒤의 명사는 대등하다. 그래서 고개를 갸웃거리게 하는 질문일지도 모른다. '닭이 먼저냐, 달걀이 먼저냐'라는 문제처럼도 보인다. 그러나 이 둘 사이의 관계는 일본 이해, 일본 민주주의 이해의 핵이다. 오랜 역사 속에서 앞과 뒤가 분명하고 그 비중도 커다란 차이가 있다.

집권초기와 중년의 메이지 천황
(1852~1912)
1867년 황위에 오른 메이지 유신의 상징적 지도자. 재위 중 일본의 근대화와 팽창의 성공으로 신격화된다.

천황의 근하신년 인사(新年参賀)
신년 초 황궁 앞에 수만 명의 일본인이 모여 하례하고 있다.

1889년에 제정되어 '구(舊)헌법'이라고 불리는 '대일본제국헌법'은 '메이지 헌법'이라는 별명을 가지고 있다. 메이지 기(明治期)에 만들어졌기 때문에 메이지 헌법이라고 한다. 메이지는 그때 천황의 이름이면서 그 천황이 생존했던 시대(1868~1911)의 명칭이기도 하다.

천황이 없었다면 메이지 헌법은 태어나지 않았다. 그러나 이와 반대로 헌법이 없을 때조차도 천황은 존재했었고, 앞으로 헌법이 없어진다고 할지라도 천황은 존재할 것이다. 헌법이 없던 일본 고대 역사 시대부터 계속 존재해온 것이 천황이고, 역사 이전까지 거슬러 올라가서도 존재했던 것이다. 더구나 1946년의 신헌법(일본국헌법)에서도 가장 먼저 등장하는 핵심 키워드는 다름 아닌 '천황'이다.

그렇다면 일본의 천황이 현재 일본이라는 국가와 국민에게 어떠한 영향력을 미치고 있는가? 일본의 민주주의에 정치적 인물로서의 천황 혹은 정치제도로서의 천황제는 어떤 기능을 하고 있는가? 국민 한 사람 한 사람이 국가의 주인인 민주주의의 이념과 봉건시대에나 존재했을 법한 특수 상류계층의 최고위 존재인 천황이 같은 시대에 공존하면서 갈등이나 마찰이 전혀 없는가? 수많은 질문이 쏟아진다.

일본에 있어서 천황은 과거와 현재를 잇는 실타래며, 일본의 헌법은 천황과 민주주의를 연결하는 다리이기 때문이다. 천황과 헌법에 대해 이해한다면 그 속에 새겨진 일본의 얼굴을 그릴 수 있는 것이다. 그렇다면 일본민주주의의 이해를 위해서 천황의 기능과 헌법의 역할에 대해 잠시 살펴보도록 하자.

일본으 나루히토 황태자와 마사코(雅子) 황태자비

영국에 다이애나비가 있다면 일본에는 오와다 마사코 황태자비가 있다. 외교관의 딸로 도쿄대학 법대를 졸업했다. 외무고시에 합격해 직업외교관으로 활동하다가 1993년 6월 황태자와 결혼해 딸 아이코(愛子)를 낳았다. 천황계승은 남성에 국한되므로 한때 왕실의 걱정거리였다. 그 때문에 우울증에 걸려 대외활동을 중단한 적도 있다.

천황은 무엇을 하는가?

현재 일본천황은 공무원처럼 정해진 국사(國事) 행위를 하는 범위에서 영향력을 발휘하고 있다. 천황이 없으면 그 국사 행위는 중단된다. 지금의 천황이 국사 행위를 할 수 없을 정도로 아프거나 사고가 발생하면 국사를 대신해 줄 섭정을 황실회의에서 뽑는다. 천황이 사망하면 곧 새로운 천황이 등장한다. 현재로서 126대 천황이 될 사람은 지금의 125대 천황인 아키히토(明仁) 천황의 큰 아들인 나루히토 (德仁) 황태자다.

황거의 본채(위)와 왕실살림을 담당하는 궁내성(아래).

1889년에 제정된 '대일본제국헌법'의 3조는 천황은 신성하여 침해할 수 없다고 규정하여 천황의 신성성(神性性)을 전 국가에 선언했다. 천황은 인간의 몸을 가지고 있지만 신의 자손이고, 신으로서의 본성을 지니고 있기 때문에 인간이 감히 침해할 수 없다는 의미다. 게다가 헌법 4조는 천황이 국가의

황거는 도쿄의 빌딩숲 속의 해자로 싸인 섬이다. 왼쪽으로 국회지역, 정면 뒷쪽으로 신주쿠의 고층빌딩가가 보인다.
사진: wikimedia/Chris 73

원수로서 통치권을 총괄적으로 가진다고 밝혔다. 신의 자손일 뿐 아니라 일본이라는 나라의 모든 것을 다스릴 수 있는 권한까지 가진 존재였던 것.

반면에 1946년에 새롭게 만들어진 '일본국헌법'의 1장 6조에서 천황은 국회가 지명한 내각총리대신과 최고재판소장을 임명하며, 7조에서는 다양한 국사 행위를 규정했다.

국사 행위는 헌법개정·법률·정령 및 조약을 공포하는 일, 국회 소집, 중의원 해산, 사면과 감형을 인정하는 일, 비준서 및 법률이 정한 외교문서 인정, 외국의 대사 및 공사의 접수, 의식(儀式)을 행하는 일 등이다. 다소 형식적으로 보이지만 모든 정치 행위의 최종적인 임명, 공포 등은 천황의 몫이다. 특히 7조의 마지막 항목인 '의식'(儀式)을 행하는 일에서의 의식이란 너무나 포괄적이어서 어떤 의식에서 어떤 의식까지인지 알 수 없을 정도다.

천황과 민주주의의 관계

　적어도 일본에서 천황은 민주주의와 큰 마찰이
없다. 민주주의라는 나무는 모두가 알다시피 어떤
특권계층도 인정하지 않는 평등주의를 뿌리로 하고
있다. 그런데 특권층인 천황이 민주주의에 기여한
다고 한다면 한국이나 미국의 국민들에게는 쉽게
이해되지 않을 수 있다. 그러나 일본의 보수적인 지
식인들은 일본에 천황이 있기 때문에 일본 국민과
국회와 정부가 제 아무리 혼란스럽고 어려운 시기
에도 안정적인 정치를 유지하고 있다고 주장한다.
일본의 민주주의는 국민만 존재하는 불안정한 '순
수민주주의'가 아니라 천황과 국민이 같이 존재하
는 안정적이고 실용적인 '혼합민주주의'라는 것이
다. 천황제가 있었기 때문에 현대 일본이 민주제와
군주제의 절묘한 혼합정치체제를 구축할 수 있었다
고 보는 시각이다.

쇼와 천황(1901~1989)
2차대전 전 군예복을 입고 있는
사진(위)과 1975년 백악관에서
포드 대통령을 만나는 장면(아
래).

　그렇다면 순수민주주의를 외치는 사상가나 시민운동가들과 천황 혹은 천
황제도는 갈등이나 마찰을 일으키지 않는가? 물론 1945년「태평양전쟁」에서
패전한 뒤로 천황의 책임을 묻는 진보적인 세력들이 있었고, 천황폐지론자들
의 목소리가 높았다. 물론 지금도 국민이 주권을 갖는 민주주의를 추구하는
이상 천황의 특권계급성은 절대적 불평등을 낳기 때문에 문제가 있다고 주장
하는 소수의 지식인과 시민단체들이 존재한다. 이들은 국민주권이라는 대원

칙으로부터 분리된 천황제가 오늘날 점차 강화되어가는 것의 위험성을 지적하고 있다.[1]

그러나 천황에 대한 거부감은 점차 사라지는 추세다. 천황폐지론도 약화됐다. 천황제 타도의 선봉이었던 공산당도 태도를 바꾸고 있다. 정권참여를 위해서다. 공산당 간부였던 후와 데쓰조(不破哲三)는 1999년 "현재의 헌법을 수호하는 한 천황의 존재와 역할을 부정하지는 않는다"라는 기자회견을 할 정도다.

한마디로 대부분의 지식인들은 천황제에 대해 중립적이다. 중립적이라 함은 크게 문제 삼지 않는다는 의미이다. 오히려 일반 국민들과 국가와의 유대감을 제공하고 정치참여의 동기를 부여해주는 정치적 수단으로서의 천황의 가치에 초점을 둔다. 국민들이 풀뿌리 민주주의를 실현하기 위해서는 정치에 관심을 갖고 참여해야 하는데, 이때 정치적 관심을 유도하는 힘은 일본 국민이라는 정체성과 일체감이고, 이러한 정체성과 일체감을 갖도록 촉구해주는 매개체로서 천황이 의미가 있다는 것이다.

현재 일본 원호의 주인공인 아키히토 천황 내외.
2005년 일본왕실 최초로 사이판의 미해군전쟁기념관을 참배했다. 사이판은 태평양전쟁 당시 일본이 침략했던 남양제도의 중심.　　　사진: 미해군

천황이 나서서 국민들에게 정치적 관심을 가지라고 촉구를 하는 것이 아니다. 천황과 관련이 있는 정치적 상징―예를 들면 원호, 국민축일, 기미가요―들이 활용되는 것이다. 이런 상징들을 통해서 일본 국민들은 일본 국민으로서의 정체성을 강화하고 일체감도 느낀다고 본다.

원호(元號)는 일본 관공문서에 연

일본의 전체 축일(15개)			천황관련 축일(6개)
1월 1일	설날		
1월 둘째 주 월요일	성인의 날		
2월 11일	건국기념일	‑‑‑▶	1대 진무 천황 즉위일
3월 21일	춘분	‑‑‑▶	124대 쇼와 천황 생일
4월 29일	쇼와의 날		
5월 3일	헌법기념일		
5월 4일	식목일		
5월 5일	어린이날		
7월 셋째 주 월요일	바다의 날	‑‑‑▶	122대 메이지 천황 전국순행 기념일*
9월 셋째 주 월요일	경로의 날		
9월 23일	추분		
10월 둘째 주 월요일	체육의 날		
11월 3일	문화의 날	‑‑‑▶	122대 메이지 천황 생일
11월 23일	노동감사절	‑‑‑▶	천황 시조신(天照大神)에게 추수 감사드리는 날**
12월 23일	천황 생일	‑‑‑▶	125대 아키히토 천황 생일

* 메이지 천황이 최초로 전국 시찰을 마치고 요코하마 항구에 도착한 날을 기념.
** 천조대신(天照大神, 아마테라스 오미카미)은 일본 천황계의 시조(始祖)인 여성 태양신.

도를 표기하는 일본 고유의 방식으로 천황이 생존해 있는 기간 동안을 부르는 명칭이다. 지금은 아키히토 천황이 생존하여 국사 행위를 하고 있으며, 천황으로 즉위하여 죽을 때까지 이 시기는 헤이세이(平成)라는 원호를 쓴다. 아키히토 천황이 즉위한 해가 1989년이고, 이때부터 헤이세이 1년이 된다. 지금(2007년)은 헤이세이 19년이다. 지금의 천황이 사망하면 바로 그때 그 천황은 헤이세이천황으로 불리게 된다. 이 원호도 태평양전쟁 패전 후 폐지됐다가 1979년 부활했다.

올림픽과 같은 국제행사에서 일본을 대표해 연주되고 불리는 **기미가요**(君が代)는 '천황의 시대' 라는

기미가요의 가사·

천황이여
천 세다, 팔천 세대 영원하십시오
작은 도래알이 큰 바위가 되고
그 바위에 이끼가 낄 때까지

의미로 천황이 지배하는 역사가 영원할 것을 기원하는 국가(國歌)다. 1880년에 만들어졌고, 1945년 패전 후 폐지됐다가 1999년 「국기 및 국가에 관한 법률」로 공인됐다.

일본의 축일(祝日)은 국경일이라는 의미. 연간 15일의 축일 중 천황과 관련된 날이 6일이나 된다. 쉬는 날 왜 쉬는지를 알게 된다면 당연히 천황의 존재를 상기하고, 일본인으로서의 정체성을 강화하게 될 것이다.

천황의 공식적인 얼굴과 지위

만세일계(萬世一系)
만 세대 정도로 기나긴 역사를 영구적으로 하나의 천황 집안이 계속 이어진다는 의미

황실서열 1순위인 나루히토 황태자 가족.

1945년 일본이 태평양전쟁에서 패전하기 전까지 일본에서 천황의 지위를 공식적으로 선포한 것은 '구헌법'이라고 불리는 1889년의 '대일본제국헌법'이었다. 별명이 '메이지 헌법'이었던 이 헌법은 1조에 "대일본제국 만세일계의 천황이 통치한다"고 되어 있었다. 2조는 "황위는 황실전범에 정한 대로 천황가의 남자가 계승한다"고 했다.

황실전범(皇室典範)은 천황 가계만을 위한 특수한 법률이다. 천황 집안은 특별한 가계이기 때문에 일반적인 일본 국민들을 구속하는 법률이 적용되지 않고 천황 가계만을 위한 특수한 법률로서 황실전범을 소지하고 있다. 예를 들면

야스쿠니 신사의 역사

년도	내용
1869	초혼사(招魂社) 건립: 천황을 위해 죽은 영혼을 위로하는 신사
1879	야스쿠니(靖國) 신사로 이름 변경
1887	야스쿠니의 신관(神官) 임면권이 내무성에서 육·해군성 관할로 0 전
1939	지방의 초혼사들은 호국신사로 개편
1952	야스쿠니 신사가 종교법인으로 재생
1978	A급 전범 도조 히데키(東條英機) 등 14명 합사
1985	나카소네 야스히로(中曾根康弘) 수상 야스쿠니 신사 공식참배

천황은 국민이 아니기 때문에 국민투표도 하지 않는다. 천황은 신성하여 침해할 수 없다(3조). 천황은 국가의 원수로서 통치권을 총괄적으로 가진다(4조). 3조에 따라 일본 국민들에게 천황은 국민과 동일한 인간이 아니라 거리가 먼 신, 함부로 가까이 할 수 없는 존재로서의 신이라는 인식이 확산됐다. 모든 일상생활은 천황의 은덕에 의해 주어지고, 일본인 전체는 천황을 위해서 존재하는 것으로 비약됐다.

이 시기에는 국민이라는 개념보다는 신민(臣民)이라는 개념이 일반화되어 있었다. 당시의 모든 일본 국민은 국가의 주인이 아니라 천황의 신하였다. 즉 1946년 신헌법이 공포되기 전까지 천황은 일본 국민에게 흔들릴 수 없는 신이었고, 인간의 얼굴을 가지고 인간으로 나타난 현인신(現人神)이었다.

문제가 되고 있는 야스쿠니 신사(靖國神社) 참배는 신사 자체의 문제가 아니고, 그 신사에 신으로 모셔진 아시아와 태평양전쟁의 전쟁범죄자 때문이다. 이 야스쿠니 신사는 1869년 천황을 위해 내란에서 죽어간 일본인의 영혼을 위로하기 위한 초혼사로 출발했다. 초혼사는 10년 후 야스쿠니 신사로 개칭된다. 그 후 일본의 국력을 확대해나가려는 정복전쟁에서 사망한 일본 군인들의 이름을 단에 쌓고 그들을 신으로 섬겨왔다. 따라서 야스쿠니 신사에 참배를

야스쿠니 신사의 위패수(2004년 10월 현재)

전사 이유	기간	위패수(명)
메이지 유신	1867~1869	7,751
세이난 전쟁	1877	6,971
대만출병	1874	1,130
청일전쟁	1894~1895	13,619
의화단사변	1901	1,256
러일전쟁	1904~1905	88,429
제1차 세계대전	1914~1918	4,850
산동출병	1928	185
만주사변	1931	17,176
중일전쟁	1937~1941	191,250
태평양전쟁	1941~1945	2,133,915
합계		2,466,532

한다는 것은 천황을 위해 전쟁에서 싸우다 죽으면 일본 국민들의 신이 되는 것이고 숭배된다는 것을 말해주면서 권장하는 것을 내포한다.

야스쿠니 신사의 위패에는 원래 아시아·태평양전쟁(일본은 대동아전쟁이라고 칭함)의 A급 전범을 모시지 않았는데, 1978년에 A급 전범을 포함하여 14명을 합사하여, 당시의 전쟁범죄자도 일본인들이 추앙하는 신으로 격상됐다.

현재 야스쿠니 신사에는 메이지 유신 때 7,751명을 비롯해 약 247만 명의 위패가 신으로 모셔져 있다. 이곳에 모셔진 모든 조상들은 전쟁에서 전사한 사람들이며, 이 전사는 천황을 위한 것이었다는 공통된 성격을 지니고 있다.

이렇게 일본인들이 목숨을 걸고 지켜야 하고, 떠받드는 천황은 1889년 헌법과 1946년 헌법 체제 하에서 동일하게 종신직을 수행해야 하는 존재이다. 정년퇴직이 없다는 점에서 공무원도 아니고 회사원도 아니다. 그렇다고 투표에 의해 당선이 확정되는 국회의원도 아니다. 한번 천황이 되면 죽을 때까지 그 자리를 떠날 수 없다. 아무리 심한 병이 걸리더라도 섭정이라는 대리인을 내세워 국사 행위를 수행할지언정 천황이라는 자리를 내려올 수 없다.

최근에는 천황이 신적 존재도 아니고, 일반 정치인도 아니고, 그저 대중적인 빅스타와 같은 역할을 하고 있다는 '대중천황론'이 우세하다. 정치적 상징으로서의 의심을 피할 수 있는 논리이기도 하다. 천황은 신년하례식과 같은 다양한 행사에서 언론과 방송매체에 노출된다. 모여든 일반 시민을 향해서 손을 흔드는 천황부부의 모습은 인자한 할아버지와 할머니, 아버지와 어머니를 연상시킨다. 유명 연예인의 이미지를 갖는 것이다.

반면에 교토대학교 나카니시 데루마

황실서열 2순위 아키시노노미야 왕자의 가족(위쪽). 일본황실은 41년 만에 아들을 낳아 시름을 덜었다. 가운데 아기가 서열 3위 히사히토.
황손의 탄생을 축하하는 일본의 유치원 어린이들(아래쪽). 보수언론과 정계의 대대적 환영이 뒤이었다. 　　　　　　　사진: 한겨레

사(中西輝政) 교수는 그의 저서[2]에서 두 가지 핵심적인 일본의 정신문명으로 '천황'과 '일본인의 마음'을 들었다. 그는 "천황과 황족을 공경하는 일본인의 솔직한 마음은 전혀 변하지 않았다", "천황과 황족은 우리와는 달리 존귀한 존재라고 믿는 의식이 일본인의 마음에는 반드시 있다"고 주장하면서 천황과 황실 가족을 대중적인 연예인 취급하는 것에 대해 실로 한탄스러워한다.

유럽의 왕과 일본 천황의 차이

일본의 천황은 천황의 탄생배경, 천황과 역사, 천황과 종교, 천황과 경제적 관점에서 유럽의 왕과는 다르다. 유럽의 왕들은 인간으로서 정치권력의 최상의 자리를 차지하고 지배력을 발휘한 군인이며, 귀족이었고, 철학자이며 정치인이었다. 인간으로서의 왕족의 역사와 뿌리를 가지고 있다. 영국의 경우, 9세기에 이르러 웨섹스 지역의 알프레드 대왕이 앵글로 색슨 왕이라 불리었고, 그의 후손들이 10세기에 이르러 잉글랜드라는 통합왕국을 건설했다.[3]

상상으로 조각한 진무 천황상

고사기
고대 일본의 신화·전설 및 사적을 기술한 책

일본의 천황은 그 뿌리를 인간에 두고 있지 않다. 720년에 기록된 『고사기』(古事記)라는 신화(神話)에 그 뿌리에 대한 힌트가 있을 뿐이다. 신화에 의하면, 일본이라는 땅덩어리와 다양한 자연환경은 하늘의 다양한 신들의 협의에 따라 만들어진 것이다. 일본의 천황은 그런 신들 중 태양신(天照大神, 아마테라스 오미카미)의 자손으로 일본의 땅에 내려와 나라를 건국한 존재다. 바로 그 건국의 천황이 제1대 진무 천황이다. 현재의 아키히토 천황은 125대이다. 그런데 1대 천황이 역사적으로 증명할 수 없는 신의 자손이라는 점에서 눈치를 챌 수 있듯이 1대부터 13대까지의 천황이라는 존재는 증명할 역사적 유적들이 전혀 없기 때문에 신화 속의 천황, 비밀의 천황 등으로 인식되기도 한다. 14대 천황부터 고분 등의 유적이 발견되고 있다.

이세 신궁

도쿄(東京)의 메이지 신궁(明治神宮), 오이타 (大分)의 우사 신궁(宇佐神宮)과 함께 일본의 3대 신궁으로 불린다.
특이하게 20년에 한 번씩 정전을 옆에 있는 땅에 똑같은 모습으로 세우고, 이전의 건물을 헐어버린다. 이를 시키넨센구(式年遷宮)라고 하는데, 1993년까지 61번 시키넨센구를 했다. 아래 정전이 1993년 새로 건립된 것.

일본의 천황은 그 존재의 역사에서도 독특한 점이 있다. 일본의 역사 속에서 무사들이 실질적으로 정치력을 행사하던 무인정권시절에도 천황은 궁궐만을 지키는 형식적인 천황자리를 유지했고, 남북조시대에는 천황이 두 명 존재한 적도 있었다. 천황의 권위를 빌리려는 정치세력의 분열 때문이었는데, 그러한 역사적 파행을 겪고서도 현재 천황은 하나의 가계로 계승되고 있다고 굳건히 믿어지고 있다.

또한 대부분의 유럽 왕들은 종교와의 밀월관계이거나 갈등적 상황에 놓이게 되는데, 일본의 천황은 철저히 종교적 신앙의 대상이었다. 일본의 국가신도가 그 예이다. 미에 현에 가면 이세 신궁이 있는데, 그 궁에서 모시는 신은 아마테라스 오미카미로 천황의 시조신이다.

또한 유럽의 왕들은 세금을 납부하지만, 일본의 천황은 세금을 납부하지 않는다. 천황과 천황제도를 유지하기 위한 행정조직으로서의 궁내청이 1,000명 이상의 공무원을 거느리고 있다. 이들이 모든 천황 가족의 스케줄을 체크하고 조직을 운영하고 있다. 다만 천황 가족이 사용할 예산은 황실전범에 따라 매년 국회의 의결을 받고 있다.

헌법의 요리

헌법은 헌법을 가지고 있는 국가가 그 원산지다. 헌법에 대해서는 어느 외부인이나 외부 국가가 개입하거나 간섭할 수 없다. 외부에서 개입을 하는 경우는 국가 대 국가의 전쟁, 국가 대 국제사회의 전쟁이 원인이다. 전쟁을 발생시켜 국제평화를 붕괴시키고, 인류의 목숨을 빼앗아간 전쟁범죄 국가에 대해 재발을 방지하기 위한 정치구조와 사회를 만들려는 의도다.

일본의 1946년 헌법은 태평양전쟁이 종결된 후 만들어진 헌법이라는 점에서 일반 국가의 일반적인 헌법과는 다른 특이성이 내재되어 있었다. 전쟁범죄 국가라는 점이 감안되어 다시는 전쟁을 일으키지 못하도록 헌법에 군사력을 갖지 못하도록 명기할 것이 국제사회에 의해 요청됐던 것. 그래서 헌법 9조가 탄생했다. 헌법 9조로 인해서 1946년 '일본국헌법'은 신헌법이라는 별명과 함께 '평화헌법'이라는 별명도 동시에 갖게 됐다.

헌법 9조는 전력도 교전권도 포기했기 때문에 일본은 육해공군을 가질 수 없었다. 그런데 일본이 1952년 샌프란시스코 강화조약에 의해 전쟁범죄 국가의 형기를 마치고 독립국가가 됐다. 게다가 이후 경제성장을 통해 경제대국이 되어, 경제적 파워로 국제사회에 다양한 공헌을 하게 되면서, 자기 나라를 위한 군대도 없는 반쪽 국가로서의 정체성을 계속 유지해야 되는지에 대한 성찰을 하게 된 것이다.

샌프란시스코 강화조약에 서명하는 요시다 시게루 총리.

즉 보통국가가 아니라는 점에 대해서 계속 일본의 주요 정당들은 문제제기를 해왔다. 보통의 국가라면 영토와 국민, 그리고 헌법, 그리고 국방을 위

일본 헌법 9조

1항) 일본 국민은 정의와 질서를 기조로 하는 국제 평화를 성실히 희구하고, 국권의 발동에 의거한 전쟁 및 무력에 의한 위협 또는 무력행사는 국제분쟁을 해결하는 수단으로서는 영구히 이를 포기한다.

2항) 이러한 목적을 성취하기 위해 육해공군 및 그 밖의 어떠한 전력도 보유하지 않는다. 국가의 교전권도 인정하지 않는다.

개헌 관련 아사히신문 여론조사 결과

- 헌법개정이 필요하다　58%　필요없다　27%
- 9조를 바꾸는 쪽이 좋다　33%　바꾸지 않는 쪽이 좋다　49%
- 아베 내각에서의 개헌에 찬성한다　40%　반대한다　42%
- 헌법 9조는 일본의 평화에 역할을 했다　78%　아니다　15%
- 헌법 9조는 동아시아 평화와 안정에 역할을 했다　58%　아니다　27%

출처: 동아일보 2007.5.3; 아사히신문 2007.5.1.

한 군대 정도는 기본적으로 소지해야 하는데, 일본은 헌법 9조 때문에 국방을 위한 군대를 소지할 수 없다는 점에 대한 불만이었다.

일본의 헌법은 그래서 지금 도마 위에 올라 있다. 헌법 9조를 어떻게 요리할 것인가가 관건이다. 요리사들은 주로 국회의원들과 시민운동가들이다. 사회당 의원들은 호헌론자들로서 현재의 평화헌법을 유지해야 한다고 주장한다. 그러나 정권을 잡고 있는 자민당 의원들은 평화헌법을 개정해야 한다고 주장한다. 국회 차원에서 헌법조사위원회도 발동시켰고, 평화헌법 개정을 위한 다양한 세미나도 개최해왔다.

주변국가의 반발에도 불구하고 야스쿠니 신사참배를 강행했던 주니치로 고이즈미 전 총리.

그러나 요리된 헌법을 맛볼 사람들은 일본인만이 아니라는 점에 일본 헌법 개정의 특이성이 있다. 물론 헌법 개정의 주체는 일본 국회의원과 일본 국민이다. 그러나 헌법이라는 국가의 정치체제를 규정하는 가이드라인에 따라 그 국가의 성격이 확정되고 그 국가의 성격은 지구상에서 혼자 존재하는 자기 국가 자체에만 영향을 미치거나 자기 국민들만을 구속하는 것이 아니라 주변 국가들에게도 영향을 미치기 때문에 주변 국가들이 일본의 헌법 개정에 촉각을 곤두세우고 있다.

즉 이미 근대기에 일본의 침략을 당하고, 일본에 의해 국가 주권을 침탈당한 경험이 있는 아시아 국가들은 일본 국회가 일본이라는 자기 국가가 군사력을 공식적으로 갖도록 헌법을 개정하려는 의도에 대해서 회의적인 눈초리를 보낸다. 왜냐하면 일본이 자기 국가의 대외적인 팽창과 국력의 확대를 위해 주변 국가들의 평화와 안정을 고려하지 않고 일방적으로 약탈하는 것을 당위적인 규범으로 생각하던 역사적 과거가 있었기 때문이다. 그러한 시대에 대한 충분한 반성과 그러한 시대적 과오를 두 번 다시 저지르지 않겠다는 각오에 대해 신뢰가 충분히 형성되지 않았기 때문이다.

어느 국가에서든지 헌법의 조문이 제정되던 때와 현재 적용되는 때의 정치, 사회, 경제, 문화적인 상황이 달라져서 헌법이 구태의연하다면 개정하는 것이 당연하다. 그러나 그에 앞서 그 헌법의 취지가 충분히 달성되었는가에 대한 반성도 필요하다. 제정 당시의 취지가 빛을 바랬다거나 제정 당시의 특별한 수요가 있어 만들어진 조문의 취지가 충분히 성취되었다고 느낀다면 그러한 헌법 조문은 삭제되거나 개정되어야 할 것이다.

　일본 국민들의 헌법 개정과 관련된 설문조사 결과를 보면 헌법 9조에 대해서 바꾸면 좋겠다는 의견이 33%밖에 되지 않는다. 또한 헌법 9조가 일본 국내의 평화에 기여한 비율이 78%이고, 동아시아의 평화에 기여했다는 의견도 58%이다.

　일본 헌법이라는 요리 재료에 대해 요리사들은 보통국가가 되겠다고 하는 소박하고 자연스러운 욕구가 왜 주변 국가들에 의해 의심을 받고 있는지 고찰해야 한다. 오히려 폐쇄적인 관점을 벗어나서 국제질서 내에서 평화국가로서의 역할을 해보겠다고 하는 자발적인 호헌 움직임이 필요할지도 모른다. 평화헌법을 가진 평화국가로서의 이미지가 일본국가와 일본인의 매력도를 높일 수도 있다.

　현실적으로 일본이 평화국가다운 정치력을 발휘하거나 평화시민운동이 확산되어, 주위 국가들이 일본의 평화성에 대해 충분히 신뢰한다면 앞으로 일본의 헌법 개정은 큰 이슈가 되지 않을 것이다.

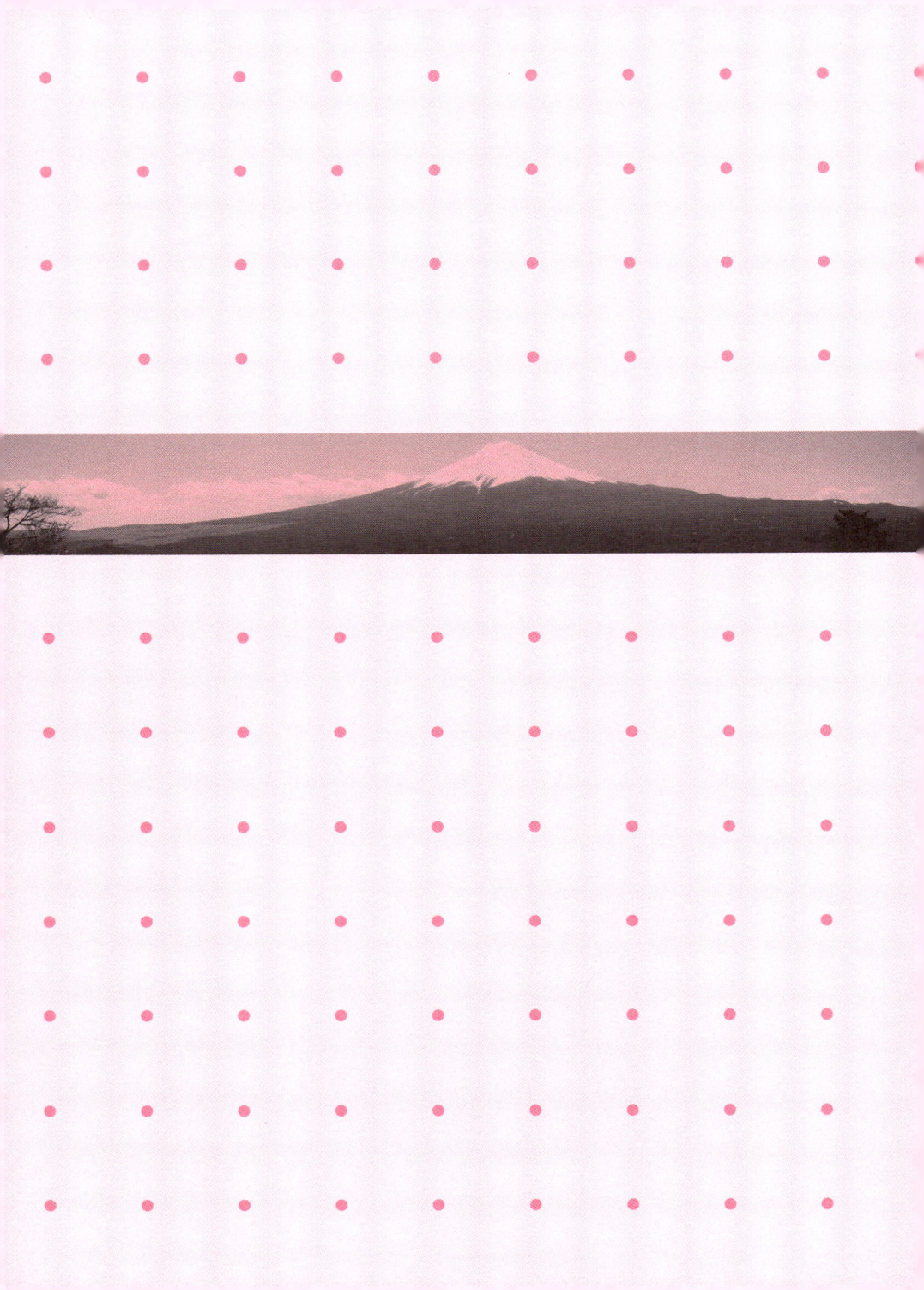

3장

일본국회 길라잡이

김숙현 · 김형기

중의원 내부

나가타초 역의 환승구역

4개의 지하철 노선이 겹치는 도쿄 나가타초(永田町) 역의 지하 환승구역은 일본인들에게도 미로다. 100미터가 넘는 에스컬레이터가 네 개나 있고 세기 힘들 정도로 출구가 많다. 나가타초 역 같은 곳을 위해 "가장 빠르게 환승하는 법"을 알려주는 책도 있을 정도다.

한 외국인 여행객이 나가타초 역의 환승구역에서 길을 잃었다. 결국 찾기를 포기한 그는 옹기종기 모여 있던 어린 여학생들에게 묻는다. 잠깐의 시도 뒤, 결국 대화가 통하지 않자 큰 소리로 외쳤다.

"다이어트!"

여전히 여학생들은 알 수 없는 일본어로 수군거릴 뿐이다.

'우리더러 다이아또 하라는 거야?' '기가 막혀!'

할 수 없이 관광책자를 꺼내 그림을 보였다. 그제야 이구동성으로 대답한다.

"아하, 고카이기지도!"

학생들은 친절하게도 여행객을 출구까지 안내했다. 그리고 속으로 한 마디를 덧붙였다.

'이보세요 아저씨. 우리나라 국회의사당 정도는 일본 말로 해줘야죠.…'

일본국회의 영어명칭은 다이어트(Diet)다. 젊은 여성들의 스트레스인 그 다이어트와 철자와 발음이 같다. 그러나 당연히 전혀 다른 뜻이다.

일본의 국회를 뜻하는 다이어트는 독일어가 뿌리다. 더 정확하게는 현재의 독일이 있게 한 철혈재상 오토 폰 비스마르크(Otto von Bismark)의 통치기에 일본으로 건너왔다. 프로이센의 정치가였던 비스마르크는 부국강병책과 천재적인 '동맹의 그물망'으로 1871년 독일을 통일시킨 영웅이다. 그 시기 의회의 이름이 독일어로는 '제국의회'(Reichstag), 영어로는 'Imperial Diet'다. 다이어트는 '매일 모인다'라는 뜻으로 라틴어의 '디에스'(dies, day)에서 왔다. 매일 모여 국사를 논의한 데서 유래했다.

의회제도는 유럽에서 발생한 것이다. 그런데 주권국가마다 성립과 발전의 역사가 다르므로 의회제도도 다를 수밖에 없다. 의회의 명칭도 그래서 나라마다 독특하다. 영국의 팔러먼트, 프랑스의 내셔널 어셈블리, 독일의 페더랄 다이어트, 미국의 콩그레스 등에서 알 수 있다. 그런데 왜 일본은 독일의 의회명칭을 썼나? 여기에는 그럴듯한 이유가 있다.

은퇴 뒤 서재에 앉아 있는 오토 폰 비스마르크(1815~1898)

국내 진보세력을 탄압한 보수주의자였고 부국강병정책을 썼으며 철혈정책으로 오스트리아와 프랑스를 굴복시켜 독일을 통일시켰다. 여러모로 메이지 시기의 정치가들이 본받았을 행적이다. 통일 이후 주변국과 복잡한 동맹과 협상의 그물을 쳐 숙적 프랑스를 고립시킨 외교의 천재였다. 비스마르크에 걸맞는 후임자를 갖지 못한 독일은 결국 1차 대전을 일으킨 뒤 패한다.

비스마르크부터 1차 대전까지의 독일은 메이지 시기부터 2차 대전까지의 일본과 외면적으로 유사점이 많다.   사진: wikimedia

1871년의 도쿄. 메이지 유신이 겨우 성공했지만 아직 정부구조도 제대로 못 갖췄고 서구 제국주의와의 불평등조약으로 신음할 때다. 격동의 메이지 유신기를 보낸 이와쿠라 도모미(岩倉具視)는 악명 높았던 불평등조약의 개정을 위해 특명전권대사로 임명된다. 세 명의 대신들을 거느린 대규모 사절단이 구성됐다. 미국을 시작으로 영국, 프랑스, 러시아, 프로이센, 이집트, 싱가포르, 상하이 등 당대 세계를 한 바퀴 도는 2년간의 대장정이었다.

목표는 두 가지. 조약개정과 근대화 수업이었다. 첫째 목표는 대실패였다. 사절단은 근대외교절차를 몰라 신임장을 만들기 위해 도쿄로 되돌아오는 해프닝도 벌였다. 불평등조약의 12개 당사국을 방문했지만 돌아온 것은 냉소뿐이었다. 그러나 두 번째 목표—근대화 수업—는 그 반대다. 바짝 마른 솜이 물을 먹듯이 서구 제국주의의 정치부터 문화까지 흠뻑 흡수한 사절단은 1873년 9월 귀국한다.

일본의 근대화는 곧 시작됐다. 정치근대화의 핵심은 헌법제정이었다. 어떻게 하면 일본의 천황제를 유지하면서 서구의 근대법 체제를 도입하는가가 관건. 헌법을 만들었던 이토 히로부미(伊藤博文)는 예전에 만났던 프로이센의 비스마르크와의 대화가 생각났다. "부국강병, 그리고 내정을 소홀히 말라." 그러려면 강력한 국민의 구심점인 천황을 맨 위로 올려야 한다. 영국의 팔러먼트나 미국의 콩

이와쿠라 사절단
조약개정에 실패했지만, 서구문물을 관찰하면서 메이지 초기의 부국강병에 결정적 역할을 한다. 왼쪽부터 오쿠보 도시미치, 이토 히로부미, 이와쿠라 도모미, 야마구치 나오요시, 기도 다카요시. 모두 메이지 초기 쟁쟁한 일본의 지도자들이다.
사진: wikimedia

가스미가세키에서 본 국회. 위쪽은 일본이 기적적인 경제개발을 이루던 1965년, 아래쪽은 현재의 모습이다. 국회의사당과 길의 모습은 같지만 나무가 자라 숲을 이루고 주변건물이 들어서 40여 년의 변화를 느끼게 한다.

그레스는 너무 리버럴하다. 자유분방이란 뜻의 리버럴이다. 그런데 이제 막 통일을 이뤘던 독일의 헌법은 황제의 강력한 권한도 그렇고, 엄격한 법체제도 그렇고, 통일독일이 보인 위용도 그럴 듯했다. 1889년 일본제국헌법은 그렇게 만들어졌다. 황제규정으로 시작해 의회로 넘어가는 독일제국헌법의 틀에 천황제의 신격화와 일본 국민의 신민화(臣民化)를 덧붙인 것이다. 헌법이 공표되자 곧이어 귀족원과 중의원으로 구성된 의회가 구성된다. 일본제국의회(Imperial Diet of Japan)가 설립되기 전까지의 이야기이다.

이제 다시 인파로 붐비는 나가타초 역으로 되돌아가자. 사실 나가타초 역의 지하통로에서 일본국회를 찾는 것은 그리 어렵지 않다. 넓은 국회지역에서 원하는 목적지까지 짧은 구간으로 단축하는 길이 헷갈릴 뿐이다. 참의원이나 국회도서관은 나가타초 역 1번출구로, 중의원은 고카이기지도마에 역 1번출구로 나오는 게 답이다.

지상으로 올라오면 고층건물로 밀집한 도쿄의 다른 곳과는 다르게 활짝 펼쳐진 국회지역이 나타난다. 곧이어 높이는 낮지만 위용만은 웅장한 국회의사당이 보인다. 이제 없어진 광화문의 중앙청(구 조선총독부)처럼 하늘에서 보면 '日'자 모양이다. 동쪽의 황거(皇居)를 향해 있다.

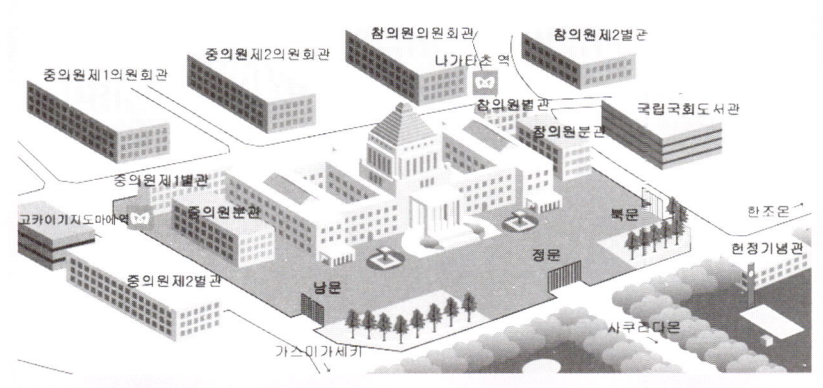

일본정치의 일번지 국회의사당

북쪽으로 가면 국회도서관과 참의원 건물들이 늘어서 있다. 남쪽은 중의원
의 의원회관과 별관들이 차지한다. 국회건물의 위용을 위해 고두 낮은 건물로
지었다. 자유민주당을 비롯한 주요 정당들의 당사도 자연스럽게 국회의 주변
에 위치해 있다. 총리공관도 이곳에 있고 우리의 대법원에 해당하는 최고재판
소는 국회도서관 바로 뒤다. 행정부 밀집지역인 가스미가세키(霞が関)는 동쪽
에 있다. 청와대에 해당하는 총리관저는 중의원회관 뒤다. 흥미로운 것은 고
급요정의 밀집지역으로 유명했던 아카사카(赤坂)도 근처라는 것. 과거 보수정
치의 보스들이 애용했다는 일화가 간간이 들리던 곳이다.

국회를 중심으로 관련기관과 단체들이 모여 있는 모습은 한국의 여의도에
서 국회와 정당이 자리잡고 있는 것과 같다. 그래서 한국의 여의도를 정치일
번지라 부르듯이 일본의 나가타초는 일본 정치의 일번지다. 더욱이 의원내각
제라 나가타초에 붙은 정치일번지의 명칭이 더 와닿는다. 반면에 정부종합청

사가 있는 광화문이 그러하듯이 일본의 행정일번지는 가스미가세키 지역이다. 정부관청들이 몰려있는 관료권력의 중심이다.

요점 일본국회제도

　　그러면 본격적으로 일본의 국회를 탐방하기 전에 간략하게 일본의 의회제도에 대해 짚고 넘어가자. 일본의 의회제도는 여의도의 국회와 여러모로 유사한 점도 있지만 아예 다른 점도 많다. 우선 한국은 대통령제이므로 대통령이 직접 임명한 각료로 정부를 이끈다. 각료는 의원이 아닐 경우가 더 많다. 반대로 일본은 다수당 또는 다수연합이 총리를 뽑고 내각을 구성한다. 내각은 국회의원이 과반수가 넘게 구성돼야 하며 통상 대부분을 국회의원이 맡는다. 국회의원이 정부의 내각각료를 맡기 때문에 의원내각제라고 불리고 의원들로 구성된 내각이 국정의 책임을 지기 때문에 내각책임제라고도 불린다.

　　대통령제에서는 대통령이 국가원수이면서 정부의 수반이다. 그러나 의원내각제의 총리는 정부를 대표할 뿐 국가원수는 따로 있다. 영국이나 캐나다 · 호주와 같은 영연방국가 또는 일본처럼 국왕이나 천황이 국가원수다. 그런데 일본의 현 헌법은 천황의 역할에 대해 장황하게 나열하고는 있지만(제6조와 제7조), 명확하게 국가원수라는 규정은 하지 않았다. 그러나 국가원수의 직무는 다른 의원내각제의 국가원수와 유사하다. 관습적으로 국가원수로 인정되고 있는 것이다.

　　일본 천황의 역할이 모호해진 이유는 2차 대전 이후 미국의 군정기에 헌법이 만들어졌기 때문이다. 원래 1889년의 일본제국헌법에서 천황은 인간으로 현현한 태양신의 자손이었다. 그 신은 제국의회를 해산(중의권)하고 임명(귀족원)했으며, 내각을 거느리고, 추밀원을 자순(諮詢, 아랫사람과 의논함)했으며, 재판관을 임명하고, 육해군을 통수했다. 그래서 일본은 신이 통치하는 나라였으며, 신을 위해 가미카제(神風)도 마다하지 않았던 것이다. 그런 천황의 신격을 떨어뜨리기 위해 최소한의 입헌군주 역할만을 넣었다. 미군 장교들에 의해 불과 2주 만에 작성된 헌법이었다.

천황의 직무는 그래서 국정(國政)이 아니라 국사(國事) 행위라 부른다. 실질적인 정치행위(국정)는 국민에 의해 선출된 국회의원과 내각이 맡는다. 천황은 국회의 '지명'에 따라 총리를 임명하며, 총리의 '조언'에 따라 국회를 소집하고 중의원을 해산할 뿐이다. 그래서 그 직무는 다른 현대입헌군주국의 군주와 유사하다. 특히 국민통합에 대한 천황의 역할이 매우 크다.

일본의 의회제도가 한국과 대비되는 또 다른 부분은 한국 국회가 단원제인데 비해 양원제라는 점이다. 과거에는 임명되던 귀족원과 선출되던 중의원으로 양원을 구성했다. 이제는 모두 선거에 의해 하원인 중의원과 상원인 참의원의 의원을 뽑는다. 양원은 헌법에 의해 보장된 국가의 최고기관이며 유일한 입법기관이다.

현대의 양원제가 그러하듯이 중의원이 참의원에 대해 우월한 권한을 갖는다. 중의원의 임기는 참의원보다 짧으며 그나마 해산되면 그대로 임기가 끝난다. 이 때문에 원리상 국민의 의사가 강하게 반영되어 더 많은 권한을 갖게 되는 것이다. 양원제는 중의원과 참의원에서 같은 사안을 차례로 검토해야 하므로 속도가 느려지겠지만, 그만큼 더 신중하게 사안을 살필 수 있다는 장점이 있다.

일본의 국회가 하는 일은 한국과 거의 동일하다. 입법부로서 국회는 헌법과 법률을 제정하고 수정·폐기할 수 있는 유일한 기관이다. 그러나 일본의 헌법과 법률의 제정절차는 까다롭고 오래 끌기로 유명하다. 두 개의 원을 거쳐야 하기 때문이다. 특히 헌법을 개정하려는 시도는 1946년 신헌법 이후 60년간 지속됐지만, 까다로운 절차 때문에 아직 개정되지 못했다.

헌법개정이 문제가 된 것은 천황제의 모호한 지위도 있지만 무엇보다 분쟁의 해결수단으로서 무력의 사용을 포기하고 군대보유를 포기한 헌법 제9조 때문이다. 그러나 헌법을 개정하려면 중의원과 참의원에서 차례로 의원 과반수 참석에 3분의 2 이상이 찬성해야 한다. 게다가 국민투표에서 과반수의 찬성을 얻어야 한다. 과거 60여 년간 일본 정치는 거의 대부분의 기간을 자유민주당(자민당)을 중심으로 한 보수정당이 집권했다. 여러 차례 헌법 개정을 시도했으나 개헌선을 넘지 못해 아직 평화헌법이 유지되고 있는 것이다.

그러나 탈냉전기 이후 일본 정치의 보수화가 심화된 데다 이미 평화헌법의 한도를 넘어버린 자위대의 위상 때문에 최근 헌법개정에 대한 주장은 어느 때보다 설득력을 얻고 있다. 더욱이 헌법개정에 반대해 온 사회당과 공산당 세력이 힘을 잃은 지 오래다. 이미 2005년 중의원과 참의원에 설치된 헌법조사회가 개헌논의를 일단락지었고 2007년 5월에는 헌법개정을 위한 「국민투표법」도 통과됐다. 이제 3년의 '냉각기간'이 지난 2010년 이후에는 본격적인 개헌일정이 구체화된다. 60년 동안 한번도 바뀌지 않았던 헌법의 개정은 조만간 현실로 나타날 것이다.

일본 국회의 두 번째 기능은 국민의 세금을 어떻게 쓰는지 감시하는 예·결산 승인권이다. 예·결산 승인권은 원래 유럽에서 의회제도가 성립하게 된 원인이 될 정도로 중요한 권한이다. 법률안과 마찬가지로 중의원과 참의원의 의결과정을 거쳐야 하며, 중의원이 우월권을 갖는다.

사실 현대민주주의 국가들이 대부분 그러하듯이 법률안을 작성하는 것은 아무래도 전문성과 조직력을 갖고 있는 행정부가 주도하는 경우가 많다. 한국이나 일본도 마찬가지여서 행정부의 법률안 제출이 국회의원의 입법보다 훨씬 많다. 그래서 국회가 최고의 헌법기관으로서 작동하는 권력은 오히려 예·결산 심의기능에서 크게 발휘된다. 정부가 한 해 동안 쓸 돈은 모두 국회에서 허락을 받아야 하고 국회의 감시를 받다가 결산을 심사받는 ㄱ 능이다.

일본의 경우 자유민주당이 장기집권하면서 국회의 예·결산 심의기능은 정계(政界)와 관계(官界), 재계(財界)의 유착으로 국가 차원의 공정하고 엄격한 재정적 분배가 왜곡되는 현상이 강했다. 집권여당인 자민당은 행정부와의 당정협의회를 통해 영향력을 행사했으며, 행정부의 제재를 받는 재계는 자민당과의 물밑접촉을 통해 이권확보의 압력을 가하는 악순환이었다. 연이은 부패사건이 공개되고 일련의 개혁이 시도되어 많은 부분이 개선됐으나 특정 이익의 추구경향은 여전히 남아 있다.

이 밖에 국회는 조약의 승인, 총리의 지명, 내각불신임, 임시국회의 회기를 결정할 권한을 갖는다. 중의원의 우월권은 계속 유지된다. 2007년 9월 아베 총리의 뒤를 이어 총리선거가 있었다. 참의원은 민주당의 오자와 이치로(小澤一郎) 총재를 지명했고, 중의원은 후쿠다 야스오(福田康夫) 자민당 총재를 지명했다. 이 경우 중의원 우월의 원칙에 따라 후쿠다 총리가 확정된 것이다.

의원내각제란 국회의원이 내각의 구성원으로서 정부내각을 구성한다고 했다. 대통령제는 비교적 뚜렷하게 대통령이 이끄는 행정부와 입법부가 분리된다. 그러나 의원내각제의 경우 내각은 입법부가 총리를 선출하고 그 총리가 내각을 구성하므로 입법부와 융합돼 있다고 볼 수 있다.

일본의 내각은 부서의 장인 장관 아래에 정치적 역할을 담당하는 정무차관과 행정관료출신의 행정차관이라는 복수의 차관을 두고 있다. 행정차관 이하의 정부관료들은 정년이 보장되는 공무원으로서 일본의 행정과 경제발전에 커다란 기여를 했다. 그 과정에서 얻어진 전문성과 실적으로 상당히 독립적인 관료권력을 보유하고 있다.

일본 국회로의 가상여행

(1) 국회의사당

이제 본격적으로 일본 국회의 '버추얼 투어'를 시작해보자. 국회지역의 중심인 국회의사당 건물은 1936년 완공된 것이다. 1890년 제국의회가 시작된 이

래로 국회는 화재와 이전을 거듭하다 현재의 위치에 자리잡았다. 그러나 현 국회 건물이 완공될 시기에는 이미 극우와 군국주의 세력이 침략적 태도를 신념화하고 천황을 신격화해 정상적인 국회의 기능이 점점 어려워질 때였다. 이후 약 10년간은 무력하게 2차 대전과 군정기라는 격동의 시기를 지켜볼 수밖에 없었던 건물이다.

국회의사당은 철골콘크리트

구조로 중앙탑 4층(옥탑 포함 9층)을 중심으로 3층의 중·참의원 건물이 좌우로 연결돼 있다. 중앙탑의 높이는 65.45m로 2층 이상은 개방된 구조다. 1964년까지 일본에서 가장 높은 건물이었다고 한다.

국회의사당은 설계부터 건축까지 일본인에 의해 이뤄지고 재료도 대부분 일본산으로 썼다. 전국 각지에서 최상급만을 엄선했다. 옅은 분홍색을 띠는 외부의 화강암은 히로시마의 구라하시 섬(倉橋島)의 특산물로 당시에는 '의원석'(議院石)이라는 별명까지 생겼다. 기둥과 내부벽은 오키나와에서 채굴한 산호석회암으로 장식해 자세히 살펴보면 암모나이트화석이 박혀 있다. 수입품은 단 세 가지. 중앙탑과 중·참의원 회의실에 장식된 스테

국회 내부장식용 석회암의 암모나이트화석(위)
중의원 본회의장 천장의 스테인드글라스(아래)

인드글라스는 이태리 산이다. 한 개의 열쇠로 자물쇠를 딸 수 있는 마스터키 체제는 미국의 특허품. 파이프에 공기를 불어넣어 우편을 전달하는 우편전달 체계도 미제다.

특이한 것은 국회의사당의 소유권이다. 단원제인 한국과 달리 양원제이기 때문에 한 개의 건물이지만 담당지역은 상이하다. 중의원은 남쪽 회랑과 국회 앞 정원을, 참의원은 국회 북쪽 회랑과 중앙탑을 소유한다. 국회도서관은 부속건물을 담당하고 있다.

(2) 중의원 구성

이제부터 살펴볼 국회의 내부는 중의원이 해산되고 새로 국회가 시작하는 가상의 국회일정과 함께 진행한다. 중·참의원의 권한과 기능을 함께 살펴보기 위해서다.

2000년대의 어느 겨울. 총리는 국회해산을 결심한다. 의식절차는 천황에게 해산을 건의해 천황이 해산을 명하는 것이다. 국회해산명령은 중의원이 표결로 반대하지 않는 한 시행된다. 국회해산에 따라 모든 중의원들의 의원자격은 중지됐다. 중의원의 임기는 4년이지만 의원내각제에서는 총리의 권한에 의해 임기가 줄어들기도 한다.

제국의회 시기에도 중의원 선출을 위한 선거권과 피선거권은 있었다. 그러나 소수의 부유층만이 선거에 참여했고 저명인사가 중의원에 도전했다. 보통선거권(여성 제외)이 도입된 '다이쇼(大正) 데모크라시' 시기에 와서야 유권자 수가 늘고 민주적 정당정치가 잠깐 동안 활발하게 전개됐다. 현대적 의미의 민주정치는 1946년 공포되고 1947년부터 시행된 신헌법(평화헌법)이 도입된 뒤 시작됐다. 다음 해 제정된 중의원선거법에 따라 전후 최초의 중의원이 구성됐으며, 이후 몇 차례의 개정으로 현재에 이른다. 특히 1993년 정치개혁에 따라 과거 중선거구제는 폐지되고 소선거구제와 비례대표제가 결합된 새 선거제도가 정착됐다. 현재 중의원 중 300명은 소선거구에서 직접 선출하고 180명은 비례대표로 선출한다. 국민 27만 명당 1석의 비율이다.

새로 선출된 480명의 중의원은 국회 건물의 남쪽에 마련된 의원사무실에서 오후 1시에 시작될 첫 번째 중의원 소집을 위해 국회로 향했다. 12시 55분. 중의원 개회의 5분전을 알리는 벨소리가 은은히 울린다(참의원은 오전 10시에 열리고 예령은 10분전에 울린다). 중의원 대회의실은 국회의 남쪽 날개 부분 2층과 3

층의 공간을 차지하고 있다. 중·참의원 모두 입장을 위해서는 양복정장과 의원 배지가 필요하다. 총리라 해도 없으면 빌려서 달아야 한다. 만약 한 가지라도 없으면 국회경비에게 제지당한다. 국회 경비는 삼권분립의 원칙에 따라 경시청의 도움을 받지 않고 국회 스스로 경비대를 보유하고 있다.

중의원(위)과 참의원(아래)의 대회의실.
천황석의 위치 차이가 확연하다.

사진: 일본중의원, 참의원

국회로 들어서자 출석을 점검하는 장치가 기다린다. 사무처직원의 도움을 받아 의석을 지정받고 본회의장에 들어섰다. 의장석을 중심으로 의장의 오른쪽은 여당, 왼쪽은 야당이다. 이제 각자의 나무명패가 놓인 의자에 앉은 중의원들은 첫 번째 의사결정을 해야 한다. 바로 의사를 진행하기 위한 사회자를 뽑는 것. 즉 중의원의장과 부의장의 선출이다. 첫날만 국회사무총장이 의장선거의 사회를 본다. 회의장 중앙의 의장석 오른쪽 자리가 사무총장이 앞으로 중의원회의에서 앉을 자리다.

보통 의장은 제1여당에서 부의장은 제1야당에서 뽑는 것이 관례. 투표는 자신의 명패와 후보를 적은 투표용지를 각각 제출하는 식이다. 일단 의장단이 선출되면 공정한 의사진행을 위해 스스로 정당에서 탈퇴해 무소속이 된다. 부의장은 의장석 옆에 자리가 없으므로 자신의 원래 의석에 앉아 다른 의원과 똑같은 의사진행을 하되 의장이 궐석일 경우 의장의 역할을 대신한다.

중의원 의장(議場)으로 불리는 중의원 대회의실은 한국의 국회 본회의장과 닮았다. 부채꼴로 펼쳐진 의원석에는 의원의 명패와 전자투표를 위한 버튼이 붙어있다. 의장석 앞은 속기사들의 공간이다. 각료들의 자리는 의장석 좌우의 단상 위이며 의원석을 향하고 있다. 그리고 뒤쪽에는 방청석과 기자석이 회의장 전체를 조망할 수 있도록 돼있다. 일본 국회는 중의원과 참의원의 좌우 동형이다. 그래서 회의실도 거의 비슷하게 생겼다. 얼핏 봐서 구분할 수 있는 가장 좋은 기준은 의장석 위에 있는 천황석이다. 의장석 뒤의 2층에 화려한 커튼

으로 장식된 곳이 그곳. 반면에 참의원은 의장석 뒤쪽 같은 층의 계단 위에 천황석이 있다. 제국의회 시절에 건립됐기 때문에 천황과 귀족원, 중의원의 높이의 차이가 당시 계급의 차이를 적나라하게 보여주는 구조다. 중의원에 천황이 참관하는 예는 거의 없다.

(3) 내각의 구성

의원내각제에서 총리가 중의원을 해산하면 의원신분인 총리와 내각의 임기도 자동종료된다. 그래서 새로운 선거로 중의원이 구성되면 총리도 새로 선출한다. 중의원이 정상적인 4년의 임기를 마치고 다시 총선거를 했을 경우도 마찬가지.

총리공관(위)
일본동전 500엔 뒷면의 그림으로 유명한 구 총리공관이 노후해 2002년 신축했다. 4면이 방탄유리로 덮여있는 5층 건물이다.
아래는 국회의사당 내부에 있는 대신실. 총리와 각료가 국회방문시 대기하는 방이다. TV화면에 자주 나오는 배경.

일본 헌법은 총리와 내각의 구성원이 문민(文民)이어야 한다고 규정하고 있다(헌법 66조 2항). 2차 대전 직전의 제국일본은 군부의 득세로 현역군인이 총리와 장관을 맡았다. 그래서 미 군정기에 이 조항을 넣었던 것이다. 당시의 일본어에 'civilians' 라는 말을 대체할 적절한 단어를 찾지 못해 '문민' 이라는 신조어를 만들었다. 한국의 김영삼 정부에 대해 '문민정부' 라는 표현을 했는데, 여기서 문민은 1946년 일본의 헌법에서 따온 말이다. 또 총리는 국회의원(중·참의원) 중에 뽑아야 한다.

중의원의 다수당 또는 다수당연합에 의해 총리가 선출되면 천황을 만나 의식(儀式)적인 재가를 받는다. 총리의 직무수행은 중의원 건물 뒤쪽에 있는 총리관저가 중심이다. 총리는 장관(대신)을 임명해 내각을 구성하며, 외교의 실질적 대표이며, 행정의 지휘자이며 국방을 통수한다. 헌법상 일본은 군대를 가질 수 없다. 그러나 자위대법의 개정으로 총리에 의한 자위대의 소집과 파견이 가능해졌다.

무엇보다 총리가 처음 해야 할 일은 내각을 구성하는 것이다. 보통 한국의 청와대 비서실장과 역할이 유사한 관방장관을 제일 먼저 뽑는다. 밤늦게 총리관저로 드나드는 국회의원들을 취재하려는 방송국 차량과 기자들로 총리공관이 떠들썩해지는 날이다. 총리가 내각후보에게 전화해 공관으로 부르기 때문. 14~17명 정도의 내각구성이 완료되면 곧바로 천황의 인증을 받고 새로운 내각정부를 구성한다. 천황은 형식적이지만 중·참의원 의장, 총리, 최고재판소장, 내각의 국무대신에 대해 옥새가 찍힌 임명장을 부여한다.

(4) 국회 개회식

다시 중의원으로 돌아가자. 원의 구성이 끝나면 이제 공식적으로 국회를

개원해야 한다. 개회식은 중의원과 참의원이 새로 선출되면 치러진다. 이제 본격적인 의식을 살펴보자.

가장 먼저 그동안 폐쇄했던 국회의사당의 정문이 개방된다. 국회 개회식과 천황이 방문할 때, 외국의 국가원수가 방문할 때만 열리는 문이다. 동으로 만들어진 문은 한 장당 무게가 1.1톤이다. 문을 지나 계단을 올라가면 국회 건물 중앙탑 내부의 공간이 나타난다. 중앙로비(中央廣間)로 천장까지 뚫려있다. 로비의 네 쪽 귀퉁이에는 3개의 동상과 1개의 비어있는 동상대가 있다.

가운데 사진에서 등을 진 사람이 이토 히로부미. 대각선 쪽이 이타가키 다이스케(板垣退助), 그 오른쪽이 오쿠마 시게노부(大隈重信)다.

이타가키 다이스케는 메이지 시대 최초로 국회의 개설을 주장한 인물로, 자유민권운동을 만들고, 일본에서 최초의 정당인 자유당의 당수를 역임했다. 오쿠마 시게노부는 일본 최초의 정당내각의 총리대신이었고, 헌법개진당의 당수로 의회정치확립을 위해 큰 활동을 했다. 이토 히로부미는 일본 최초의 내각총리대신이며 초대 귀족원 의장이었다.

마지막 귀퉁이에는 동상 없이 단상만 덩그러니 놓여있다. 정치란 완성이 없으며 미완성인 채 완성을 향해 나가는 것. 따라서 미완성의 상징으로 남겨뒀다는 설과 미래 일본국회를 빛낼 인물을 위해 남겨뒀다는 설이 있다.

개원식의 전 과정은 국회를 구성하는 모든 담당자의 참여로 이뤄진다. 장소는 참의원 본회의장. 이날만큼은 중의원들도 참의원 회의장으로 이동한다.

개원식의 하이라이트는 천황의 행차다. 황거에서 앞뒤로 경찰차와 황궁호위대의 경호를 받고 출발한 천황은 잠시 뒤 국회의사당 정문에 도착한다. 다른 나라의 국회와 마찬가지로 일본의 국회 역시 주권을 가진 국민이 선출한 최고의 헌법기관이다. 그러나 정문앞 현관까지 차를 타고 들어갈 수 있는 사람은 천황뿐이다. 정문에서부터 넓고 붉은 카페트를 따라 중앙의 로비를 지나면 천황이 국회의 행사때 이용하는 휴소(休所)가 나온다. 국회의사당의 총공사비는 당시 가치로 2,573만 6천엔(현재 가치로 수천억 엔)이 들었다. 이중 10%가 휴소를 꾸미는 데 집중됐다. 노송나무와 금도금 장식으

중앙현관(위)
중앙로비에서 휴소로 향하는 통로(가운데)
화려하게 치강된 휴소(아래)

사진: 참의원

중의원과 참의원의 정수와 임기

구분	중의원	참의원
의원정수	480명 / 소선거구 300명 / 비례 대표 180명	242명 / 대선거구 146명 / 비례 대표 96명
임기	4년 (해산시 임기종료)	6년 (3년마다 절반씩 선거)
선거권	만 20세 이상	만 20세 이상
피선거권	만 25세 이상	만 30세 이상
선거구	소선거구 300구=300명 / 비례 대표 11구=180명	선거구 47구=146명 / 비례 대표=96명

로 꾸며져 의사당 전체를 통틀어 가장 화려한 곳이다. 휴소에는 중·참의원 의장과 부의장이 서서 대기하고 있다.

곧이어 새로운 중의원의 출범을 알리는 국회개회식이 시작된다. 개회식이 거행되는 참의원 회의실(의장)의 구조는 중의원 회의실과 흡사하다. 커다란 차이는 의장석 뒤로 5개의 계단이 있고 커튼이 쳐진 천황의 좌석이 있다는 점. 개회식을 위해 커튼이 열리고 완만한 계단이 다시 설치된다.

제국의회 시절 귀족원은 평민인 중의원이 들어오지 못하는 공간이었다. 개회식 때만 중의원에게 개방됐지만 귀족과 평민의 자리구분은 엄격했다. 심지어 출입순서도 차별을 뒀다. 그러나 귀족원이 폐지되고 참의원으로 바뀐 이후의 위상은 과거와 완전히 역전된다. 국회의 모든 활동에 대해 중의원 우위원칙이 적용됐기 때문이다. 그래서 영국의 상원처럼 실제 권력이 없는 귀족들의 사교클럽으로 전락할 수 있다는 우려도 있었다. 그러나 비례대표제 도입이후 집권당이 중의원 3분의 2 의석을 확보하기 어려워지자 참의원의 위상은 더 높아졌다. 참의원이 반대할 경우 그것을 뒤집기 위한 중의원의 의결정족수가 3분의 2나 되어 재의결이 어려워졌기 때문이다. 그래서 일본의 상원은 영국보다는 미국의 상원에 가깝다는 평가를 받는다.

참의원의 임기는 6년으로 중의원보다 2년 많다. 3년마다 선거를 통해 절반을 새로 선출하며 일부는 선거구별로 직접 뽑고 일부는 정당명부에 의한 비례대표제로 뽑는다. 4년 임기인 중의원은 총리에 의해 해산될 수 있어 1946년 이후 총 23회의 선거를 했다. 그러나 참의원은 1947년 제1회 선거이후 매 3년마다 절반씩 교체해 2007년까지 총 21회의 선거를 치렀다. 한 번도 중단 없는 규칙적인 선거였다. 현재 참의원의 총의석수는 242석이다.

개회의 '말씀'을 선포하는 천황(위)
개회사를 낭독하는 고노 요헤이(河野洋平) 중의원 의장 (아래).

고노는 관방장관과 외무장관, 자민당 총재를 역임했으나 총리가 되지는 못했다. 자민당 총재 중 총리가 못된 유일한 예외다.
1993년 관방장관으로서 '고노 담화'를 발표해 한국에 깊은 인상을 주었다. 종군위안부에 대해 일본정부의 잘못을 인정하고 사과한다는 내용이다. 71대와 72대 중의원 의장을 맡고 있는 온건 보수주의자다.

이제 휴소에서 잠깐 휴식을 취한 천황은 참의원 회의실로 이동한다. 회의실에는 이미 참의원과 중의원의 의원들, 내각과 사무처직원들로 빽빽하다. 참의원 좌석수는 460개. 나머지 의원들은 통로와 회의실 뒤편에서 개회식을 참관한다. 이날만큼은 내각과 주요 당직자들이 연미복을 입고 대기한다.

일본공산당은 천황이 참석하는 국회 개회식을 두고 "제국의회의 의식을 계승하는 것으로, 이는 헌법이 규정한 천황의 국사 행위에서 벗어난 것"이라고 비판하면서 출석하지 않는다.

개회식은 중의원 의장이 주도한다. 간단한 연설 뒤 천황의 '말씀'이 이어진다(168회 국회 개회식, 2007.9.10).

일본국회의 종합흐름도

의원제출
중의원 20인/참의원 10인 이상 찬성 필요(예산안의 경우 중 50/참 20인 이상)

내각제출
각 성청에서 입안. 각의결정후 총리가 제출, 예산, 조약은 내각전유

중의원 의장

중의원

상임위원회(17개)
내각, 총무, 법무, 외무, 재무금융, 문부과학, 후생노동, 농림수산, 경제산업, 국토교통, 환경, 안전보장, 국가기본정책, 예산, 결산, 행정감시, 의원운영, 징벌

특별위원회
재해대책, 윤리선거, 청소년, 이라크지원, 납치문제, 헌법

헌법조사회

정치윤리심사회

중의원 본회의

재가결/동의
부결/수정

참의원 의장

참의원

상임위원회(17개)
내각, 총무, 법무, 외교방위, 재정금융, 문교과학, 후생노동, 농림수산, 경제산업, 국토교통, 환경, 국가기본정책, 예산, 결산, 행정감시, 의원운영, 징벌

특별위원회
재해대책, 오키나와 북방, 윤리선거, 납치문제, 정부개발지원

헌법조사회

정치윤리심사회

참의원조사회

참의원 본회의

예결산 통과, 법안 성립

법안 공포(천황)

본회의
· 법안은 참의원 – 중의원 순으로 심의가능
· 제적 1/3 출석, 출석 과반수로 의결

위원회
· 위원의 반 이상 출석, 출석 과반수 의결
· 필요에 따라 공청회 개최
· 참의원 조사회는 장기적 조사 대상을 심의

양원협의회
양원의 의견이 다를 경우 개최

수정과 재가결
· 참의원이 수정할 경우 동의하면 통과
· 참의원이 부결할 경우 중의원 2/3 통과
· 예산, 조약, 총리지명은 중의원 우월

"오늘 국회의 개회식에 임해, 전 국민을 대표하는 여러분과 한자리에 모이는 것은 나의 깊은 기쁨입니다. 여기에 국회가 당면한 내외의 여러 문제에 대처해 국권의 최고기관으로 충분히 그 사명을 완수해 국민의 신탁에 호응하기를 간절히 희망합니다."

이제 중의원은 유일한 주권자인 국민을 대표해 헌법에 정해진 중의원의 직무를 본격적으로 시작하게 된다.

(5) 국회의원의 1년

양원제라는 특징 이외에 일본 국회의원의 1년은 한국과 흡사하다. 중의원과 참의원의 일정은 1월에 시작되는 통상국회(한국의 정기국회)로 시작한다. 회기는 150일. 한 번만 연장할 수 있다. 총리의 '시정방침연설'과 주요 장관들의 연설로 시작해 예산과 법률안이 차례로 심의된다. 7~9월은 보통 국회가 폐회되고 의원들은 지역구활동이나 실정조사에 몰두한다. 정기적인 중의원 총선거나 참의원 선거도 폐회중인 7월경에 치러진다.

하반기는 임시국회가 개최된다. 소집요건은 내각이나 국회의원 4분의 1이 요구할 경우, 임기만료에 의한 중의원의 총선거나 참의원 선거 이후다. 총리의 연설로 시작해 보정예산과 법률안 심의, 결산심의가 이어진다.

독특한 점은 특별국회와 긴급집회다. 총리에 의해 해산된 중의원이 새로 선출된 의원들로 채워지면 개최되는 것이 특별국회다. 총리의 해산시기가 그때그때의 정치상황에 따라 변하므로 중의원 선출 30일 이내에 소집한다. 만일 중의원 해산을 한 후 특별국회가 열리기 전까지 국가적인 비상사태가 발생한다면? 그때는 참의원을 소집해 급한 안건을 처리한다. 그래서 긴급집회라 부른다.

각 국회의원은 다음과 같은 독립적인 권한을 행사한다. ① 의원(議院)의 자율권(의장 등 선출, 위원회 설치, 의회규칙 제정), ② 국정조사권, ③ 내각불신임 결의권(중의원), ④ 긴급 집회(참의원), ⑤ 청원 수리 및 의결권.

예산위원회가 열리는 중의원 제1회의실

이제 국회의 핵심기능인 예산과 법률안 심의를 살펴볼 차례다. 보통 국회가 개원하면 총리와 각 장관들이 기조연설을 하고 각 당의 대표가 질의를 하는 것은 한국 국회와 유사하다. 단지 양원에서 각각 해야 하는 것이 다를 뿐이다.

의원 전체가 중의원과 참의원에 각각 모이는 본회의는 의사활동의 시작과 끝이다. 여기에서 예산과 의안이 상정되고 표결로 그 통과가 결정된다. 표결에는 기립, 기명(찬성의원은 백색표, 반대의원은 청색표 투표), 버튼식 투표가 있다. 의장은 주어진 안건에 따라 각 위원회에 안건을 배분해 심의하도록 한다.

한국과 마찬가지로 일본 국회 역시 위원회 중심주의를 채택하고 있다. 즉 모든 안건은 위원회를 중심으로 검토되고, 검토된 의안에 대해 의사결정을 한 뒤 본회의로 회부한다. 모든 중·참의원은 최소한 1개 이상의 위원회에 적을 두어야 한다. 전문지식을 가진 다선의원들이 활동하는 주 무대이기도 하다. 위원회는 국회도서관, 전문가 초청, 공청회 등의 협력으로 안건의 내용과 문제점에 대해 상세하게 검토한다. 위원회 중 가장 중요하며 관심의 초점이 되는 것은 예산위원회다. 중·참의원은 가장 큰 제1회의실에 예산위원회를 배정하고 있다.

국가기본정책위원회 합동심사회에서 1대1 토론을 벌이는 신조 아베 총리와 오자와 이치로 민주당총재(2007.5.30).
사진: 일본중의원

흥미로운 점은 중·참의원 합동으로 열리는 국가기본정책위원회에서 내각의 총리와 야당의 당수 간 1대1의 토의가 진행된다는 것이다. 양당의 총재가 서로 얼굴을 맞대고 토의하는 장면은 영상으로 그대로 중계된다.

위원회의 심의가 종료되면 안건은 본회의로 다시 넘어가 최종표결을 하게 된다. 앞서 언급했듯이, 이때 중의원과 참의원의 의견이 일치하지 않을 경우 중의원 우위의 원칙이 적용된다. 우선 예산안, 외국과의 조약, 총리지명의 경우 무조건 중의원의 결정에 따르게 된다. 상충하는 의견을 조정하기 위해 양원협의회가 이용되기도 한다. 그러나 이 경우 중의원 우위원칙이 확고해 원만한 타결을 기대하기는 어렵다.

법률안의 경우는 의견불일치를 두 가지로 나눌 수 있다. 하나는 참의원이 중의원에서 통과된 법률안을 수정한 경우다. 수정안이 중의원에서 동의되면 그대로 법안으로 성립한다. 참의원에서 아예 법안을 부결시킬 경우는 얘기가 다르다. 중의원은 과반수 출석에 3분의 2 이상의 찬성으로 재가결해야만 참의원의 부결을 뒤집고 법안으로 성립시킬 수 있다. 그러나 중의원 의원의 3분의 2 이상의 확보가 어려워 참의원의 거부권이 강력한 효과를 갖게 된다. 참의원이 법률안 또는 예산안을 각각 60일과 30일 이내에 통과시키지 않을 경우 참의원이 부결시킨 것과 동일한 효과를 갖는다.

법률안을 참의원에서 부결시켜 중의원이 3분의 2 찬성으로 재가결시킨 예는 과거 28건의 사례가 있다. 모두 1947~1957년 사이에 일어났다. 예산안과 조약을 참의원에서 30일 이내에 통과시키지 않아 자연성립된 예는 과거 13건의 사례가 있다.

이 밖에 국회는 재판관탄핵재판소의 설치, 국정조사권을 보유하며, 중의원은 내각불신임을 결의할 수 있다. 내각에 대한 불신임이 가결되면 내각은 중의원을 해산하거나 스스로 총사퇴를 해야 한다.

4장

일본의 행정부:
누가 일본을 통치하는가?

이상훈

가스미가세키 전경

정치인인가? 관료인가?

국가의 권력을 쥐고 통치의 주역이 되는 것은 정치인과 관료다. 어느 국가에서든 정부를 형성하고 통치를 행하는 데 있어서, 정치인과 관료를 어떻게 조합할 것인가 혹은 정치와 행정이라는 두 가지 활동을 어떻게 관계 지을 것인가는 항상 어려운 과제이다. 말할 필요도 없이 정치인은 국민으로부터 직접선출된 대표자이며, 민주주의 또는 국민주권의 원리 하에서는 정책의 결정이나 국정의 운영에 최종적인 책임을 져야만 하는 존재이다. 이에 대해 관료는 전문적인 능력에 기초하여 채용된 공무원이다. 정치인은 대표성, 관료는 전문적 유능함을 그 특징으로 하고 있다.

가스미가세키
도쿄 중심부에 자리 잡은 가스미가세키는 일본 중앙 정부 부처들이 거의 대부분 모여 있는 지역으로 관료를 의미하는 대명사로 사용되고 있다. 이에 반해 국회가 있는 나가타초는 정치일번지로 불린다.

마찬가지로 일본의 민주주의를 이해하고, 정치를 이해하는 데 있어서

아베 신조(1954~)

부친과 조부가 국회의원이었으며, 외조부는 전범용의로 체포됐다 석방된 후 총리가 된 기시 노부스케(岸信介)다. 1982년 외무대신이던 아버지의 비서관으로 정계에 입문했으며, 1993년 중의원의원에 당선됐다. 그 후 자민당간사장을 거쳐 고이즈미 내각에 관방장관으로 기용됐고, 2006년 자민당 총재선거에서 총재로 선출됐다. 전후 총리 중 최연소인 52세에 총리가 되었으며, 동시에 전후 태어난 정치가로서는 처음으로 총리가 됐다.

'누가 일본을 통치하는가?'에 대한 해답은 대단히 중요한 의미를 내포하고 있다고 생각한다. 일본 통치의 주역은 누구인가? 일본의 정책은 누가 결정하는가? 총리가 이끄는 내각인가? 가스미가세키(霞が関)의 관료인가? 아니면 나가타초(永田町)의 자민당인가?

행정권 행사주체로서의 내각

1945년 패전에 따라 일본을 단독 점령한 미국은 전후개혁을 실시했다. 그 과정에서 맥아더 점령사령관의 지도 하에 메이지(明治) 헌법을 근본적으로 수정한 일본국헌법을 탄생시켰다. 일본을 군국주의와 결별시키고, 민주주의와 기본적 인권을 확립시키기 위함이었다. 일본국헌법에서 채용한 정치체제는 영국식 의원내각제다. 즉 내각의 존립기반을 국회 신임에 두고, 국회에 대해서 책임을 지는 구조이다. 헌법에는 내각이 행정권 행사에 있어서 국회에 대해 연대책임을 진다는 점이 명확하게 규정되어 있으며, 행정권이 내각에 속한다는 점도 강조되어 있다. 행정권이 무엇을 가리키는가에 대해서는 다양한 논의가 존재하지만, 일반적으로는 국가의 통치권 중에서 입법권과 사법권을 제외한 모든 작용을 의미한다.

내각이 국회에 대해서 연대책임을 진다는 것은 내각이 국회 과반수의 지지를 잃게 되면 원칙적으로 총사퇴해야 한다는 것을 의미한다. 헌법에는 중의원이 내각불신임 결의안을 가결 혹은 신임 결의안을 부결했을 경우, 10일 이내에 중의원이 해산되지 않는 한 내각이 총사퇴하지 않으면 안 된다고 규정되어 있다. 다만 실제로 내각불신임 결의안이 가결되는 경우는 이른바 소수여당 정권이거나 여당이 분열되었을 경우로 한정된다는 점은 말할 필요도 없다.

헌법에는 내각의 직무로서, 법률을 성실히 집행하여 국무를 총괄하고, 외교관계를 처리하며, 조약을 체결하고, 예산을 작성해 국회에 제출하며, 정령(政令)을 제정하는 것 등이 규정되어 있다.[1]

(1) 총리의 선출과 그 직무

천황이 모든 권력을 장악하고 있던 메이지 헌법에서 내각총리대신, 즉 총리는 천황의 칙명에 의해 임명됐다. 당시의 총리는 내각을 조직하고 의사합의를 유도해 천황을 보필하는 직책으로 동년배 중의 수석(primus inter pares)에 불과했다. 그래서 총리는 군부의 개입을 막지 못하고 나중에는 군부에 의해 끌려다니는 위치로 전락한다. 이에 따라 미군 점령기 신헌법 작성과정에서 총리의 직무와 권한은 크게 신장돼 명실상부한 행정부의 수장으로 자리매김하게 됐다.

총리는 국권의 최고기관인 국회의 의결에 의해 국회의원 중에서 선출한다. 총리지명선거는 중의원과 참의원에서 각각 투표에 의해 실시되며, 과

총리가 조관을 모두 뽑아 내각을 구성하면 관례적으로 총리공관의 계단에서 단체사진을 찍는다. 위는 1996년 하시모토 내각, 아래는 2006년 다베 내각이다.

반수를 획득한 후보자가 총리에 지명된다. 만약 과반수에 달한 후보자가 없을 경우에는 상위 2명에 의한 결선투표를 한다. 통상은 여당의 대표가 총리로 지명된다.

중의원과 참의원에서 다른 인물이 총리로 지명된 경우, 양원협의회를 열어 지명에 대해 협의하도록 규정되어 있다. 양원협의회에서도 의견이 일치하지 않았을 때는 '중의원 우월원칙'에 의해 중의원 의결이 국회의 의사가 된다. 예를 들면, 1989년 중의원은 자민당 가이후 도시키(海部俊樹)를, 참의원은 사회당 도이 다카코(土井たか子) 의원을 총리로 지명했으나, 가이후 의원이 총리로 선출됐고, 1998년에는 중의원이 자민당 오부치 게이조(小淵惠三) 의원을, 참의원이 민주당 간 나오토(菅直人) 의원을 지명하였으며 오부치 의원이 선출됐다.

총리는 내각의 장으로서 내각의 구성원인 국무대신의 임면권을 보유함과 동시에, 각의를 주재하고 내각의 중요 정책에 관한 기본방침을 발의하며, 각의에서 결정된 방침에 의거하여 행정 각부를 지휘 감독한다. 그리고 총리는 국회에 대해 내각을 대표하여 법안을 제출하고 일반 국무와 외교안건에 관해 국회에 보고한다. 내각이 갖고 있는 중의원 해산권도 실제로는 총리의 전권사항이다.

(2) 내각의 구성

총리에 지명되면 내각을 수립하게 되는데, 내각을 구성하는 국무대신의 수는 한때 '20명 이내'까지 증가하기도 했으나, 현재는 원칙적으로 '14명 이내'다. 특별히 필요할 경우에 한해 '17명 이내'까지 늘릴 수 있도록 정해져 있다. 국무대신은 원칙적으로 여당의원이 임명되어 왔다. 그러나 오늘날에는 국회에 의석을 지니지 않은 국무대신, 즉 민간기용도 드문 경우는 아니다. 후쿠다 내각 국무대신 중 국회의원이 아닌 민간인은 2명이었다.

총리선거가 시작되기 전 이미 내각은 구성되기 시작한다. 장기간 여당의 지위를 내어주지 않았던 자민당은 국회가 새로 구성되면 간사장, 총무회장, 정무조사회장으로 구성된 당3역을 결정한다. 총리선거가 시작될 때 당3역과 참의원의원회장 등으로 구성된 조각본부가 설치되는 것이 일반적이다. 조각본부는 각 파벌의 추천명단을 받아 각료의 배분을 조정한다.

후쿠다 야스오(1936~)
아베 총리의 급작스런 사임으로 제91대 총리(2007.9.26)로 선출됐다. 부친이 후쿠다 다케오 총리로 역대 최초의 부자 총리다.

일본에서 각료인사가 파벌배분 인사, 연공서열 인사라는 등의 야유를 받아 온 것은 내각총리대신에게 각료 임명권이 부여되어 있음에도 불구하고, 그것이 여당 내 파벌역학 등에 의해 크게 제약을 받아왔기 때문이다. 2001년 4월에 탄생한 고이즈미 준이치로 총리는 이러한 관례를 타파하는 내각인사를 시도하여 주목을 받았다.

정책결정과정의 주역, 관료제

메이지 정부 하에서는 모든 정책이 국가 주도로 행해졌고, 그 핵심에 관료집단이 있었다. 전전의 관료는 천황의 직속 관리로서 의회의 영향을 받지 않는 지위에 있었다. 전후에 제정된 신헌법에서 관료집단을 국긴 전체의 봉사자로 규정함에 따라 그들은 전전과 비교하여 정책결정과정에서 제약을 받는 듯

공직추방

1946년 1월 4일 맥아더 연합군 최고사령관의 각서에 의해 제2차 세계대전 중에 활동했던 군국주의 지도자를 공직에서 추방한다는 소위 공직추방령이 실시됐다. 해당자는 전범, 직업군인, 극단적인 국가주의단체의 간부, 팽창정책에 관여했던 금융기관의 간부, 대정익찬회(大政翼贊會)의 간부, 점령지 행정장관을 포함한 군국주의자 등이었다. 이러한 조치에 의해 공직에서 추방된 사람은 20만 명을 넘었다.

관방

독일 절대왕정시대에 왕을 보좌하여 왕실재정의 유지 및 관리를 중요한 임무로 했던 소수의 중신들의 직무실에서 기원했다. 여기에서 내정이나 외교에 관한 기밀사항의 처리가 행해졌기 때문에 관방은 행정기구의 중추를 의미하게 됐다. 현대 일본에 있어서도 내각관방 이외에 각 성청에 관방이 설치되어 기밀사항을 비롯하여 재정·인사·문서 관리 등을 처리하고 있다. 그러한 의미에서 관방은 다른 부서에 대해 통합적 기능을 가지고 있으며, 행정관리의 중심이라고 말할 수 있다.

했다. 그러나 냉전의 격화와 함께 일본을 민주화시키기보다는 '반공의 방파제'로 삼는 방향으로 미국의 점령정책이 전환된다. 미점령군은 일본의 경제부흥이라는 목표를 달성하기 위해 점령통치의 효율성이라는 측면에서 관료시스템에 의존할 수밖에 없었으며 관료제의 영향력은 부활됐다. 같은 맥락에서 전후 주요 정치지도자들이 공직추방(公職追放)을 당한 반면, 관료들은 점령정책의 필요성에 의해 추방에서 제외됐다.[2]

(1) 일본인의 관료관: 일본의 관료는 우수하다?

전후 오랫동안 일본의 행정은 우수한 관료에 의해 유지되어 왔다고 평가받아 왔다. 여기에서 관료라고 하는 것은 국가공무원 일반을 가리키는 것은 아니며, 기본적으로 중앙성청에 근무하는 행정간부 및 그 간부후보생공무원을 의미한다. 현재의 국가공무원채용시험의 분류[3]에 따르면, 한국의 행정고시에 해당하는 Ⅰ종 시험의 합격자이다. 그들만이 중앙성청 조직의 중추에 위치할 수 있으며, 관방(官房)장, 국장, 사무차관 등 조직의 정점에 올라갈 수 있는 가능성을 가지고 있다. 이들 정책형성의 핵심을 점하는 엘리트 공무원의 전문능력과 헌신적 노력에 의해 경제사회의 근대화가 이루어져 일본인들이 풍요로움을 향수할 수 있었다고 평가받아 왔다.

물론 일본의 관료기구를 둘러싸고는 다양한 문제도 지적되어 왔다. 관료제가 자신들만의 특권의식이나 **아마쿠다리**(天下り), 관료비리 등에 의해 비판을 받아 온 것도 사실이다. 또한 이른바 종적 행정의 폐해, "성익(省益)은 있지만 국익은 없다"는 말로 대표되는 과도한 **섹셔널리즘**(sectionalism), 나아가서는 파킨슨의 법칙을 들 필요도 없이 그 비효율성이 비판받는 경우도 있다. 그러나 전체적으로 본다면, 관료라는 말은 우수하다는 플러스 이미지를 일본인들에게 심어 왔다고 말해도 좋다. 그렇기 때문에 "경제 일류, 정치 삼류"라는 말과 함께 "정치가 형편없어도 관료가 우수하기 때문에 일본의 발전이 있었다"고 하는 평가가 일본인들에게 정착되었던 것이다.

아마쿠다리

낙하산인사를 의미하는 아마쿠다리는 관민(官民)관계와 중앙·지방정부관계에 있어서 그 뜻을 달리한다 관민관계 속에서는 국가·지방공무원이 퇴직 후 민간기업, 업계단체, 특수법인 등과 같은 정부관계기관의 간부직에 재취직하는 것을 의미하며, 중앙정부와 지방정부의 관계 속에서는 국가공무원이 지방자치단체의 간부직에 재취직하는 것을 말한다.

섹셔널리즘

관료제의 할거(割據)적 구조 때문에 조직 구성원들이 자신이 소속된 기관과 부서의 이익만을 생각하고 타부서에 대한 배려와 국민 전체를 생각하지 않는 편협한 태도를 취하는 현상과 그러한 현상이 야기하는 폐해를 의미한다

(2) 관료의 영향력이 강한 이유

원래 관료는 그 포스트에 따르는 권한이 있기 때문에 혼자서도 일정한 영향력을 행사할 수 있다. 성청의 과장이나 심의관, 국장에게는 당연히 일정한 재량권이 부여된다. 그러나 관료가 정책결정과정에서 강한 영향력을 발휘할 수 있는 것은 개인으로서보다는 오히려 조직으로서다. 전문지식과 정보, 입법기술 나아가서는 전통과 인맥 등과 같이 관료가 정책결정과정에서 영향력을 발휘할 수 있는 리소스(resource)는 각각의 관료가 아니라 조직으로서의 관료기구가 유지해 온 것이다.

일본에서 관료는 정책의 기획이나 입안의 조정에 이르기까지 커다란 역할

을 수행해 왔다. 관료제라는 조직 없이는 법률안 작성도 제대로 이뤄지지 않는다. 타국에 비해 일본에서 의원입법이 극히 적은 이유 중 하나도 여기에서 찾을 수 있다. 법안의 작성이나 심의 단계에 있어서도 정치가는 관료에 의존하고 있다. 정치가와 관료 사이에 전문지식이나 정보, 입법기술 등의 차이가 존재하지만, 무엇보다도 문제시되고 있는 것은 정치가가 주체적으로 정책을 작성한 예가 극히 드물었다는 점이다.

　의원내각제에 있어서는 정부와 여당이 일체화되어 있기 때문에 집권당이 관료기구를 활용하는 것이 당연하다. 그러나 실제로는 집권당이 관료기구에게 이용되어 왔다는 지적이 많다. 인허가라는 권한을 통해 경제계에 대한 규제와 지도를 해왔을 뿐만 아니라 국회나 정당에 대한 위와 같은 영향력을 통해서 관료는 그 존재의의를 높여왔던 것이다. 일본에서 제기되어 온 이른바 관료우위론은, 전문지식과 정보라는 관료제의 능력에 기초하고 있지만, 다른 한편으로는 정치가, 나아가 정치권 그 자체의 역량부족의 반증이라고 말할 수도 있다. 원래 영미에도 유능한 관료는 존재한다. 그럼에도 불구하고 관료우위론의 목소리가 들리지 않는 것은 정치주도가 확립되어 있기 때문이다.

정치인과 관료의 관계

　일본의 정책결정과정에 있어서 관료가 중요한 역할을 수행해왔다고 하는 점에 대해서는 대개 의견이 일치한다. 왜냐하면 원래 행정을 담당하는 관료제가 정책결정과정에 있어서 중요한 지위를 차지하지 않는 국가는 생각하기 힘들기 때문이다. 견해를 달리하는 것은 정치가, 특히 정부를 구성하는 집권당의 정치가와 관료 중 어느 쪽이 정책결정에 보다 커다란 영향력을 행사하고 있는가 하는 점에 대해서이다. 제도상의 원칙에 의한다면, 정책집행의 장치로서 중립적이어야 하는 관료제는 당연히 국민의 대표인 국회의 다수파에 의해 구성된 정부의 결정을 충실하게 집행하는 도구라는 위치가 부여되어 있다.

(1) 관료우위론과 정치우위론

그러나 정관관계에 대해 일본의 정치학, 행정학에서 통설이라고 하는 위치를 오랫동안 점해 온 것은 관료우위론이었다. 그 대표적 인물이라고 할 수 있는 쓰지 기요아키(辻淸明)는 관료가 정당에 대해 우위이며, 그것은 전전 전후 일관해서 변하지 않고 있다고 논하고 있다. 패전과 점령개혁을 거쳤어도 관료들은 천황의 관리로서 전전에 가지고 있던 국익의 수호자라는 의식도 권력도 변함없이 계속 유지하고 있다는 견해이다. 이 연속설은 정관관계의 문맥에서는 관료우위론이 되며, 중앙지방관계에 있어서는 중앙정부지배론이 된다. 일본 통치기구의 중추에 고급관료라고 하는 권력엘리트가 있으며, 이들이 일본 지배구조의 중핵이라고 하는 구도를 성립하는 것이다.[4]

이러한 통설에 대해서 고급관료의 의식조사 등에 의해 실증적으로 반대론을 제창한 것이 무라마쓰 미치오(村松岐夫)이다. 정치인과 행정관료의 영향력 관계에서 말한다면 정치인이 우위이며, 전전과 전후의 관계에서는 연속하고 있는 측면보다도 단절되고 있는 점을 강조하고, 중앙과 지방의 관계

가스미가세키빌딩
관청가의 랜드마크. 지금은 더 높은 건물들 때문에 빛이 바랬지만 1968년 완공당시 높이 147미터로 일본 최고의 빌딩이었다.

에서는 중앙집권 일변도가 아니라고 하는 주장을 행하고 있는 것이다. 무라마쓰에 의하면 정통성의 소재가 헌법에 의해 변화하고, 나아가 이 헌법체제 하에 국민의 정치의식도 변화했다. 관료는 전전에 가지고 있던 정책형성에 관한 특권적 지위를 상실했으며, "어떠한 레벨의 정책이라 하더라도 정치가 관심을 갖는 한, 그리고 정치적 의사가 명확하게 형성되는 한, 정치의 의사가 될 수밖에 없다"[5]고 할 것이다.

(2) 정관관계를 둘러싼 제도적 환경

전후 일본에서의 관료제와 정치의 관계, 즉 정관관계를 둘러싼 제도적 환경을 보면 다음과 같다. ① 총리와 내각의 관계를 보면, 자민당정권과 같이 내각이 파벌균형에 의해 구성되어 있는 경우 총리는 리더십을 행사하기 어려웠다. ② 총리와 보좌기구의 관계를 보면, 일본의 총리를 직접 보좌하고 있는 것은 내각관방이며, 이것은 내각관방장관, 2명의 부관방장관, 5인의 비서관, 그리고 정보수집과 정책의 준비를 하는 내정심의실이나 외정심의실 등 6개의 실로 구성되어 있었다. 전문적 인적자원이 미약했다고 볼 수 있다. ③ 총리와 관료제의 관계를 보면, 일본에서는 관료제가 자민당정권에 협력적이었지만, 성청, 족의원, 관련업계의 삼자로 구성되는 하위정부의 이익을 해치는 경우에는 총리의 의향에 반하여 족의원이나 관련단체와 연계

구 사법성 청사
가스미가세키에서 가장 아름다운 건물로 꼽힌다. 1895년 독일인에 의해 설계된 바로크양식으로 관동대지진에도 버텼으나 2차 대전 때 손상됐다. 1994년 복구돼 현재 법무연수원과 도서관으로 이용 중이다. 법무성 뒤에 있다.　　사진: wikimedia/663highland

하여 저항했음을 알 수 있다. ④ 총리와 집권당의 관계를 보던, 집권정당이 파벌화하여 유력간부가 병립해 있을 경우에는 총리로의 당 권력의 집중은 발생하지 않으며, 리더십 리소스로서 이용할 수 없었다.[6]

이와같이 제도의 측면에서 보면 일본 총리의 권한이 극히 약하다는 것을 알 수 있다. 그럼에도 불구하고 총리에게 절대적인 권력이 구비되어 있는 것처럼 생각되어져 온 것은 일본의 경제발전과정에 있어서 역대총리가 자민당 내 유력파벌의 영수였으며, 또 파벌 간의 합종연횡에 의해 정권이 유지되어 왔기 때문이다. 총리의 권한은 그가 집권당 내에 갖고 있는 영향력에 의해 보완되어 왔던 것이다. 동시에 그것이 가능했던 것은 미소 냉전체제 하에서 자유주의 진영에 깊게 몸담고 오로지 일본의 발전만을 추구해왔기 대문이라고 볼 수 있다. 총리의 권한이 실제적으로 강화되기 시작한 것은 2000년대에 들어와서부터이다.

(3) 행정개혁과 정치주도의 강화

1990년대에 들어와 일본경제는 버블경제 붕괴에 의한 위기에 직면했다. 심각한 90년대의 경제불황은 일본인들 사이에 자조적으로 '잃어버린 10년', '제2의 패전'이라 불리었다. 그 위에 초고령화사회의 도래라는 악몽이 겹쳤다. 게다가 일본 국민에게 충격을 주었던 것은 세계에 자랑해 온 우수한 관료의 연이은 불상사와 실태가 표면화된 사건이었다. 대장성 간부에 대한 금융기관의 접대가 상습화하고, 후생성이 약해(藥害)에 의한 에이즈(AIDS)의 실태를 계속 감추어왔다고 하는 것이 밝혀지는 등[7] 관료제에 대한 신뢰를 상실하게 하는 사건이 계속됐던 것이다. 또한 대장성은 금융기관에 의한 조기의 불량채권 처리 시도를 지연시켜 금융위기를 초래했다.

그리하여 전후 일본의 발전을 지탱해 왔다고 평가되었던 관료제가 제도피로를 일으키고 있다는 인식이 확산되어 갔으며, 이러한 인식이 지방분권개혁, 중앙성청의 재편, 내각기능의 강화 등을 내용으로 하는 '하시모토 행정개혁'으로 이어졌다.

'하시모토 행정개혁'의 결과 2001년 1월 6일 '1부 21성청'에서 '1부 12성청'으로 중앙성청체제가 재편되었다. 그 내용은 간략히 설명하면 다음과 같다. ① 운수성, 건설성, 국토청, 홋카이도개발청의 4성청이 국토교통성으로 통합됨으로써 공공사업예산의 8할을 손에 쥐는 거대성청이 탄생했다. ② 자치성, 총무성에 우정성이 통합된 총무성은 직원 수 30만 명을 거느리는 또 하나의 거대관청으로 등장했다. ③ 후생, 노동 두 성은 통합되어 후생노동성이 탄생하였고, 대장성은 재무성으로 개편되어 대장성이 가지고 있던 금융행정은 금융감독청이 대장성 금융기획국을 흡수하여 생긴 금융청으로 이관되었다. ④ 문부성과 과학기술청의 원자력행정을 제외한 부문이 문부과학성으로, 통상산업성과 과학기술청의 원자력행정이 경제산업성으로 통합됐다. ⑤ 환경청이 환경성으로 승격됐다. ⑥ 기존의 조직형태가 크게 변화되지 않은 성청은 법무성, 외무성, 농림수산성, 그리고 방위성으로 승격하지 못한 방위청 등이었다. 그러나 방위청은 2007년 1월 9일 방위성으로 승격됐다. 2007년 6월 현재의 중앙정부조직을 간략하게 도표화하면 다

일본의 중앙정부조직

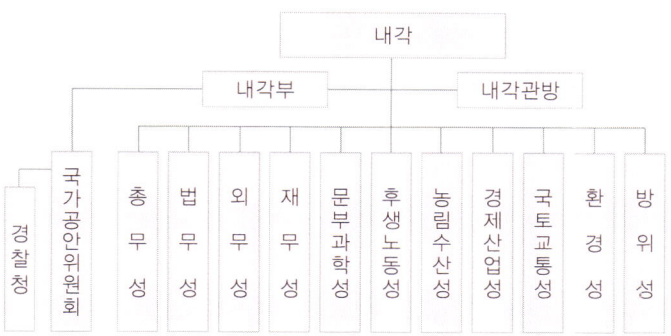

음 그림과 같다.

중앙성청 재편의 핵심이라고도 할 수 있는 내각부는 총리의 리더십과 내각 기능의 강화를 목적으로 총리부, 경제기획청, 오키나와개발청 등이 통합해서 새롭게 내각에 설치된 기관이다. 내각부의 주요임무는 내각관방을 도와 내각의 주요 정책에 관한 기획입안 및 종합조정을 행함으로써 총리를 직접 보좌·지원하는 데 있다. 이를 위해 내각부는 내각관방의 직속기관으로서 다른 성청보다도 한 단계 높게 위치하고 있으며, 총리의 싱크탱크로서의 역할이 기대되고 있다. 이를 요약하면 중앙성청 재편은 내각기능 및 내각총리대신의 리더십 발휘를 위한 제도를 정비하고, 각 성에 부대신·대신정무관을 도입한 것으로 정치주도의 강화를 위해 행해진 개혁이라 할 수 있다. 이때 정치주도가 의미하는 것은 여당으로서의 자민당 주도가 아니라 내각 주도 또는 총리의 리더십이라고 하는 것은 명백하다. 그것은 지금까지의 정치나 행정 관행, 즉 정관관계에 의한 정책결정구조의 발본적인 수정을 요구하는 것이라고 할 수 있다.

정부간관계: 중앙집권에서 지방자치로

일본에서 '정부간관계'라고 하는 말은 'intergovernmental relations'의 번역어로서 사용되기 시작했다. 즉 정부간관계라고 하는 개념은 미국에서 연방-주-지방이라고 하는 다른 레벨의 정부가 각각 자율적인 정치단위라고 하는 것을 전제로 하면서 이들 정부간에 협력적인 상호의존관계를 형성해 가지 않으면 안 된다고 하는 생각을 표현하고 있는 것이다.

일본에서 정부간관계를 파악하는 개념으로서 '국가-지방관계,' '중앙-지방관계' 등이 사용되어 왔지만, 정부간관계라는 개념에는 다음과 같은 발상의 전환이 있다. 첫째, 정부간관계 개념이 'intergovernmental relations'의 개념을 계승하고 있는 이상, 이것이 창출하려고 하는 정부간관계는 '대등한 정부간의 협력적인 상호의존관계'이며 중앙의 의사가 지방으로 일방적으로 하강해 오는 관계여서는 안 된다. 둘째, 정부 업무의 분담은 사무배분의 문제가 아니라 권한배분의 문제라고 생각해야만 한다. 정부간관계는 점점 농밀하게 되고 정부간 조정의 필요성은 증대한다는 것을 상정하고 있는 것이다.[8]

(1) 지방자치의 조직

지방자치란 일반적으로 주권국가 속에서 지역사회가 그 지역의 공공적 사무를 자주적으로 결정·운영해가는 것을 말한다. 일본은 메이지 시대 이후 지방자치제도를 도입했으며, 전후 미국의 점령기간 중에 주민자치의 요소를 가미하면서 점차 그 모습을 형성해왔다. 지방자치의 단위를 지방자치단체(또는 지방공공단체)라고 부르며, 일본의 지방자치단체[9]는 한국의 광역시도에 해당하는 47개 도도부현(都道府県)과 시군구 기초단체에 해당하는 시정촌(市町村)으

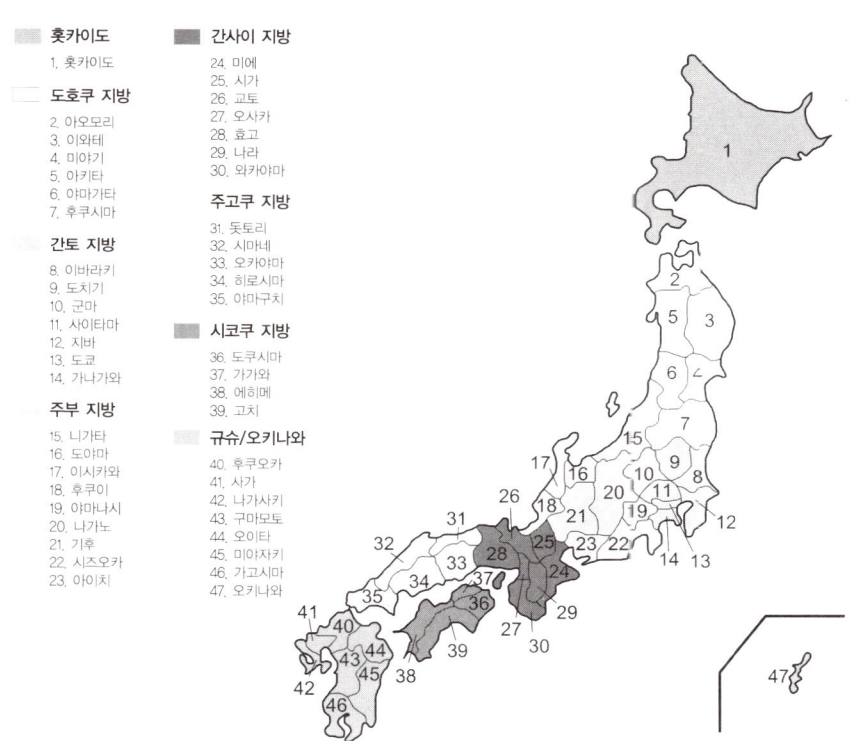

일본의 지방자치단체

▨ **홋카이도**

1. 홋카이도

▨ **도호쿠 지방**

2. 아오모리
3. 이와테
4. 미야기
5. 아키타
6. 야마가타
7. 후쿠시마

간토 지방

8. 이바라키
9. 도치기
10. 군마
11. 사이타마
12. 지바
13. 도쿄
14. 가나가와

주부 지방

15. 니가타
16. 도야마
17. 이시카와
18. 후쿠이
19. 야마나시
20. 나가노
21. 기후
22. 시즈오카
23. 아이치

▨ **간사이 지방**

24. 미에
25. 시가
26. 교토
27. 오사카
28. 효고
29. 나라
30. 와카야마

주고쿠 지방

31. 돗토리
32. 시마네
33. 오카야마
34. 히로시마
35. 야마구치

▨ **시코쿠 지방**

36. 도쿠시마
37. 가가와
38. 에히메
39. 고치

▨ **규슈/오키나와**

40. 후쿠오카
41. 사가
42. 나가사키
43. 구마모토
44. 오이타
45. 미야자키
46. 가고시마
47. 오키나와

로 구성된다. 47개 도도부현은 수도인 도쿄도(東京都), 홋카이도(北海道), 교토부(京都府)와 오사카부(大阪府)의 2부(府) 및 43개의 현(県)으로 이루어져 있으며, 시정촌은 2006년 4월 현재 시(市)가 779개, 정(町)이 844개, 촌(村)이 197개로 총 1,820개이다. 1995년 당시 시정촌의 수는 약 3,200개를 유지해 왔으나, 중앙정부가 추진하는 지방분권화의 흐름 속에서 2005년 이후 급격한 시정촌 합병이 진행되고 있다.

지방의회와 수장의 권한

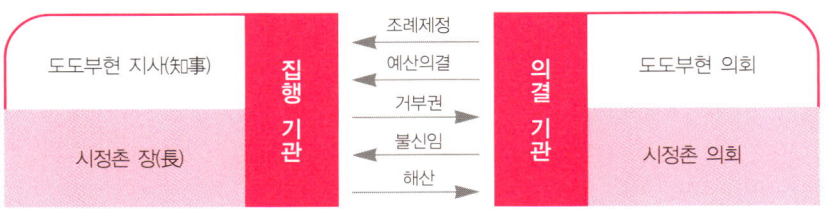

지방자치단체란 일정한 구역 내에서 그 주민을 구성원으로 만들어진 단체이며, 정책을 결정하고 집행해가기 위해 의회, 수장(지사, 시정촌장 등), 행정기구 등을 갖추고 있다. 즉 국가라고 하는 중앙정부와는 별개로 자치체라고 하는 '지방정부'가 존재하는 것이다.

지방자치단체의 조직은 의사결정기관인 의회, 집행기관인 수장(首長) 즉 지사와 시정촌장, 그리고 교육위원회나 공안위원회 등의 행정위원회로 구성되어 있다. 이것을 이원대표제의 정치시스템이라고 말한다. 즉 일본은 지방정부의 집행기관인 수장과 지역대표인 지방의원을 모두 주민이 직접 선거하는 이원대표제를 채택하고 있으며, 의결기관과 집행기관 분리의 원칙에 따라 양자가 상호 독립하여 권한을 행사한다. 또한 의회와 수장의 관계는 대등하며, 의회에는 수장에 대한 불신임의결권, 수장에게는 의회의 의결에 대한 거부권과 의회해산권이 부여되어 있다. 이와 같은 의회와 수장의 권한은 위의 그림과 같다.

(2) 중앙집권적 정부간 관계

'중앙집권' 및 '지방자치'라고 하는 말은 기본적으로 권력과 관계된 개념이다. 즉 누가 결정하는가, 누가 컨트롤 하는가, 누가 영향력을 갖는가 하는 문제다.[10] 전후 일본에서는 중앙정부가 결정하고, 중앙정부가 지방정부를 컨트롤해왔으며, 중앙정부가 영향력을 행사해왔다.

일반적으로 지방자치란 주민자치와 단체자치를 가리키며, 전자는 지역의 문제를 지역주민의 손으로 처리하는 것을, 후자는 국가로부터 독립한 지방공공단체를 두어 지방행정을 담당하게 하는 것을 의미한다. 따라서 지역의 문제, 혹은 주민 신변의 문제는 도도부현이나 시정촌이 중심이 되어 해당 주민의 의사에 기초해 해결해야 함은 당연한 것이다.

국정의 중심은 나가타초(永田町)이며 행정의 중추는 가스미가세키(霞が関)인데, 정치가와 관료가 각 지역의 실정을 정확히 파악해 적절한 정책을 시행하는 것은 불가능하다. 바람직한 행정기준을 책정하거나 지역격차의 시정을 기할 수는 있어도, 지역 실정에 따른 세세한 정책을 그리기는 어렵다. 이러한 정치는 주민에게 있어서 가장 가까운 자치체인 시정촌이 주민의 의사에 입각해 실시할 필요가 있다. 물론 재정력이나 노하우의 부족 등으로 인해 국가나 도도부현의 지원을 받지 않으면 안 되는 경우도 적지 않지만, 어디까지나 담당자는 시정촌이어야 한다.

그러나 전후 일본 지방자치의 변천과정을 보면 일본 정부가 헌법이 내세우고 있는 지방자치 이념의 실현을 목표로 삼아왔다고는 말하기 어렵다. 전후 부흥이나 고도경제성장의 과정에서는 국가에 의한 통일적인 행정이 필요했으나, 오일쇼크 후의 경제 저성장시대에 돌입해도 지방자치의 확립이 본격적인 목표로 설정되지는 않았다. 지방자치의 궁극적인 모습은 다름 아닌 지역의 자기결정과 자기책임 원칙 확립이지만, 대부분의 자치체는 이 원칙에 주저하여 불평불만을 입에 담으면서도 중앙의존에 만족해 왔다.

한편 나가타초나 가스미가세키에 있어서도 표면적으로는 지방의 자립을 촉구하면서도 실은 '3할 자치'를 통해 통치시스템을 유지해 왔다. 나가타초를 대표하는 자민당은 발전도상에 있는 농촌부에 대한 국가의 지원이 불가결했기 때문에, 지방자치단체에게 있어 부족한 재원을 보조금 등을 통해 배분함으로써 자신들의 지지기반을 유지, 강화할 수 있었다. 가스미가세키의 중앙 성청을 봐도 자신들의 시책을 도도부현이나 시정촌에 시행시키기 위해서는 오히려 자립하지 못한 자치체가 더 편리했다. 지방의 이익대변자를 표방해온 자치성은 그 전형으로, 재원과 인허가권을 구사하면서 지방자치체를 컨트롤해왔다.

무라야마 도미이치(1924~)
일본의 제81대 (순서상으로는 52번째) 총리. 1948년 이후 첫 사회당 출신 총리이다.

(3) 지방분권화로의 변화

위와 같은 중앙집권적 정부간관계를 개선하기 위해 전후 일본에서 지방분권개혁은 지속적으로 시도되었지만 거의 성과를 거두지 못했다. 그러나 변화의 조짐은 보이고 있다. 1990년대에 들어 지방분권개혁의 움직임이 활발해지고 있는 것이다.

1994년 호소카와 모리히로(細川護熙) 정권 하에서 작성된 지방분권화개혁안은 1995년 6월 무라야마 도미이치(村山富市) 내각 하에서 지방분권추진법으로 제정되어 지방분권추진위원회가 설치됐다.

위원회는 4차에 걸친 권고를 다음 내각인 하시모토 내각에 제출했다. 이 권고들의 중심내용은 기관위임사무의 폐지이다. 기관위임사무란 주민에 의해 선출된 지사나 시정촌장을 국가의 기관으로 간주하여 중앙정부가 국가의 사무를 위임하여 집행시키는 것을 말한다. 중앙정부는 그 사무에 대한 일반적 지휘감독권을 가지고 있으며, 지방정부에 깊이 관여할 수 있었다. 따라서 기관위임사무의 폐지는 지방자치라는 관점에서 그 의미가 대단히 크다고 말할 수 있다.

고이즈미 준이치로(1942~)
파벌을 견제하고 총리중심의 흐름을 이끌었다. 높은 인기 속에서 개혁을 추진했으며, 사토 에이사쿠, 요시다 시게루 이후 최장기 총리를 지냈다.

　기관위임사무의 폐지와 함께 지방자치에 있어서 획기적인 의의를 갖는 것이 오부치 게이조(小淵惠三) 내각 하인 1999년 7월에 성립된「지방분권추진일괄법」이다. 이 법은 지방분권추진계획에 기초하여 지방자치와 관련된 법률을 일괄해서 개정한 것이다. 중앙정부와 지방자치단체의 관계를 종래의 주종관계에서 대등한 협력관계로 수정하기 위해 중앙정부의 지방정부에 대한 관여를 줄이고, 사무권한의 이양 등을 도입했다. 이것에 의해 지방자치단체에 대한 중앙정부의 관여는 대폭적으로 제한됐다.

　그 후 지방분권화에서 남겨진 과제는 재정면의 분권이었다. 이를 해결하기 위해 고이즈미 준이치로(小泉純一郎) 내각은 삼위일체개혁을 결정했다. 이것은 중앙정부와 지방정부의 행재정(行財政)개혁에 의해 ① 국가로부터 지방으로의 보조금 삭감, ② 지방교부세의 삭감, ③ 국가로부터 지방으로의 세원(稅源)이양이라는 세 종류의 개혁을 동시에 진행한다는 것이다. 이 개혁에 의해 지방자치단체의 자주적 재원(財源)의 비율을 높이고, 지방자치를 강화하려

하고 있다.

위와 같은 중앙정부의 개혁이 지향하는 새로운 '지방의 시대'에 부응하여 지방정부도 나름대로 노력하고 있다. 출산저하와 고령화에 대한 대책을 수립함과 동시에, 도시 활력의 재생과 지역의 정체성 찾기 등의 과제를 설정하고 이를 해결하기 위해 지역주민과 함께 부심하고 있는 것이다.

5장

일본의 정당:
민주주의가 만들어낸 일당 장기지배

김세걸

자유민주당 본부

"엉, 이 나라 민주주의 국가 맞아?"

1955년부터 현재까지 단 한 번(11개월 정도)을 제외하고 일본은 자유민주당(자민당)이라는 한 정당에 의해 통치되어왔다는 사실을 알고 나면 누구나 한 번쯤 고개를 갸우뚱거리며 제기해볼 만한 의문이다.

더구나 자민당 소속 국회의원 가운데 약 40% 가까이가 국회의원을 지낸 부친으로부터 지역구를 물려받아 국회의원이 된 '2세 의원'이라는 사실을 알게 되면 놀라 입을 다물 수 없게 된다. 매스미디어를 통해 이름을 들어본 유명 정치인들, 즉 고이즈미 준이치로(小泉純一郎), 아베 신조(安培晋三), 오자와 이치로(小澤一郎), 후쿠다 야스오(福田康夫) 등이 모두 2세 의원인 것이다. 물론 미국과 같은 민주주의 국가에서도 부시 가문이나 케네디 가문처럼 대를

2세 의원의 뿌리

1953년 자유당 의원총회. 가운데 서있는 요시다 시게루(吉田茂)는 아베 내각에서 간사장을 역임한 아소 다로(麻生太郎)의 외조부. 오른쪽에 앉아있는 사람은 오가와 이치로의 부친 오자와 사에키(小澤佐重喜). 왼쪽은 아베 신조의 외종조부인 사토 에이사쿠(佐藤榮作).

왼쪽: 1978년 G7 정상
회담에 참석한 후쿠다
다케오 총리. 아들 후쿠
다 야스오의 총리선출
(2007. 9)로 최초의 부
자 총리가 됐다.
오른쪽: 고이즈미 준야
(小泉純也) 중의원 부의
장과 소년시절의 고이
즈미 준이치로

이어 정치를 하는 정치명문가들이 있다. 그러나 일본처럼 집권당 국회의원의
40% 가까이가 2세의원이라는 것은 쉽게 수긍이 안 간다. 이렇게 대규모로 공
직의 세습이 이루어지고 있는 나라를 민주주의 국가라고 할 수 있을까?

민주주의란 자유롭고 공정한 선거를 통해 국민의 위임을 받아 정부를 통제
할 권한을 갖는 정치적 공직자들을 선출하는 제도적 절차이다. 선거가 실질적
인 의의를 갖기 위해선 국민들의 포괄적이고 평등한 참여가 보장되어야 할 뿐
만 아니라, 국민의 지지를 획득하기 위해 서로 경쟁하는 여러 정당들이 존재
해야 한다. 공산주의 일당체제나 권위주의 독재체제처럼 형식적으로는 국민
들에게 평등한 투표권을 부여하고 정기적인 선거를 치른다고 하더라도 국민
의 지지를 획득하기 위한 정당 및 후보자들의 자유롭고 공정한 경쟁이 보장되
지 못한다면, 그러한 체제는 민주주의체제라고 부를 수 없다. 그런 체제에서
는 국민들이 기존 정부의 실정(失政)을 문책하고 새로운 정부를 선출할 수 있
는 기회가 사실상 봉쇄되어 있기 때문이다.

민주주의를 이와 같이 이해할 때, 전후 일본은 민주주의 국가임에 틀림없
다. 연합국 사령부에 의한 점령개혁을 통해 여성참정권을 포함하여 국민의 포

괄적이고 평등한 참정권이 인정되었을 뿐 아니라, 정당 활동 및 언론의 자유를 제약해온 각종 악법들이 철폐됨으로써 정기적으로 실시되는 선거과정에서 정당 및 후보자들의 자유롭고 공정한 경쟁이 보장되었기 때문이다. 실제로 전후 일본의 선거과정에는 우익정당에서 좌익정당에 이르기까지 이념과 정책노선을 달리하는 다양한 정치세력들이 참가하여 국민의 지지를 얻기 위해 경쟁해왔으며, 유권자들은 자신의 선호에 따라 자유롭게 정치적 의사를 표현해왔다. 그 과정의 자연스러운 결과가 1955년 이래 자민당의 장기집권이고, 근래에 들어 수적으로 두드러지게 늘어난 2세의원 현상인 것이다.

민주주의 국가에서 어떻게 이런 현상이 나타나게 되었는가에 대한 의문을 품고 전후 일본의 정당정치에 숨겨진 비밀을 하나씩 밝혀 나가도록 하자. 먼저 전후 일본의 민주주의가 만들어낸 자민당의 장기지배 체계를 '55년 체제'라고 부른다는 사실부터 알고 넘어가자. 우리의 탐구여행은 다음과 같은 물음을 풀어가는 방식으로 진행될 것이다. 55년 체제는 어떻게 탄생하였는가? 55년 체제는 어떻게 변용되어왔는가? 자민당은 어떻게 운영되고 있는가? 현재 어떤 변화가 일어나고 있는가?

55년 체제는 어떻게 탄생했나?
외교안보 영역에서 형성된 정당균열

서로 다른 이념과 정책노선 및 지지집단을 가진 정당들이 나타나 장기간에 걸쳐 격렬히 대립하는 현상을 '정당균열'이라고 한다. 정당균열은 이미 형성되어 있는 사회적 균열을 반영하여 나타나기도 하고, 또는 권력을 획득하기

위한 경쟁 과정에서 국민의 지지를 차별적으로 동
원하기 위해 만들어지기도 한다. 전자의 예로는 서
구 사회에서 많이 볼 수 있는 사회민주당과 보수당
간의 정당균열을 들 수 있으며, 후자의 예로는 민주
화 이후 한국 사회에서 나타난 지역주의 정당균열
을 들 수가 있다. 일본에는 어떤 정당들이 있고, 그
들의 세력관계는 어떠한가를 알아보기 위해선 먼저
전후 일본의 정당균열이 어떻게 형성되었는가를 살
펴볼 필요가 있다.

패전 후 일본 정치에서 최대의 쟁점이 되었던 것
은 점령통치가 끝난 후 일본의 방위문제를 어떻게
해결할 것인가 하는 문제였다. 전쟁으로 파괴된 산
업을 조속히 복구하고 '따라잡기 근대화'를 계속 추진한다는 것에 대해 이견
을 제기하는 사람은 없었다. 그러나 방위문제를 둘러싸고 정치권은 물론 일반
국민들 사이에서도 격렬한 의견 대립이 있었다. 참혹한 패전 체험으로 인해
전쟁과 군비를 혐오하는 분위기가 사회에 팽배해 있었기 때문이다. 방위문제
에 대해 당시 세 개의 정책노선이 경쟁하고 있었다.

첫째는 일본사회당의 '비무장 중립외교' 노선이다. 일본은 동서 어느 진영
에도 가담하지 말고 평화헌법 제9조의 정신을 충실히 받들어 무력을 보유하지
않음으로써 국제사회로부터 영구중립 평화국가로 인정받자는 것이다. (이후
일본사회당은 이러한 입장에서 미일안보조약 폐기, 자위대 위헌, 히노마루·기미가요의
법제화 반대 등을 일관되게 주장해왔다.) 이에 대해 당시 좌파세력뿐만 아니라 사회
주의를 지지하지는 않지만 전쟁과 군비를 혐오하는 평화주의자들이 폭넓은

지지를 보냈다.

둘째는 하토야마 이치로(鳩山一郎)가 이끄는 민주당의 '자주개헌·재군비' 노선이다. 일본의 재무장을 가로막고 있는 헌법 제9조는 일본 국민의 의사가 아니라 미국에 의해 강요된 조항이기 때문에 독립 후 개정되어야 하며, 개헌 후 재군비를 통해 일본의 안보는 일본인 스스로가 해결해야 한다는 것이다. 이러한 주장은 민족주의적 성향이 강한 보수 우익들의 지지를 동원할 수는 있었지만, 당시 대중들의 폭넓은 지지를 받지는 못했다. (이 입장은 오늘날 국제사회에서 경제대국에 맞는 정치적 발언권을 누리기 위해서는 일본도 '보통국가'가 되어야 한다는 주장으로 부활하고 있다.)

셋째는 요시다 시게루(吉田茂)가 이끄는 자유당의 '미일동맹' 노선이다. 당시 수상이었던 요시다는, 비무장 중립외교 노선은 아무런 대책 없이 자국의 안보를 타국의 선의에 맡기는 무책임하고 비현실적인 주장에 불과하다고 보았다. 또한 재군비 노선도 일본이 자주국방을 할 수 있을 정도로 재군비를 갖추려면 막대한 경비가 들기 때문에 당시 일본의 경제력을 고려해 볼 때 그리 합리적인 선택은 아니라고 보았다. 요시다는 전쟁으로 피폐된 일본이 다시 일어서기 위해선 국방비에 많은 자원을 할당

하토야마· 이치로(1883~1959)

입헌정우회(立憲政友會) 출신의 우익인사로 공직추방이 풀리자 정계에 복귀해 총리가 됐다. 총리시절 종신형을 살던 A급 전범들을 석방했다.

요시다 시게루(1878~1967)

영국과 이탈리아 대사를 지낸 제국일본의 외교관이었으나 패전 이후 짧은 구속에서 풀려나 시데하라의 뒤를 잇는 총리가 된다. 미국의 재군비 요청에 평화헌법을 이유로 반대했다는 점에서 자유주의자로 알려져 있지만, 요시다는 일본의 재군비를 예측했으며 경제발전을 위해 최대한 시간을 늦춰야 한다고 생각했다.

하기보다는 우선 경제부흥에 모든 힘을 집중해야 한다고 보고, 미국과 군사동맹을 맺음으로써 자국의 방위문제를 해결하고자 했다. 이러한 계산속에서 나온 미일동맹 노선은 당시 사회의 주류를 형성했던 보수적 실용주의자들에 의해 강력히 지지되었다.

이처럼 전후 일본의 정당균열은 서구 사회처럼 보수당과 사회당의 대결구도로 나타났지만, 그 구체적 내용은 사회경제정책 영역에서 노동과 자본의 균열선을 따라 형성된 것이 아니라, 외교안보정책 영역에서 미일동맹·재군비 지지세력(보수)과 비무장 중립외교 지지세력(혁신)의 대립선을 따라 형성되었다는 데 그 특징이 있다.

이상과 같은 갈등 속에서 일본은 1951년 9월 소련과 중국 등이 불참한 가운데 연합국 측 48개국과 강화조약을 체결한다. 이때 요시다 수상은 미국과 별도로 미일안보조약을 맺는다. 일본은 미국에게 자국의 영토를 군사기지로 이용할 수 있는 권한을 주는 대신, 미국은 일본의 안전보장을 책임진다는 내용이었다. 강화조약의 비준 문제를 놓고 일본사회당은 좌·우파로 분열되었다가 1955년 10월에 다시 통합된다. 사회당의 통합은 분열되어 있던 우파 정당들의 통합을 자극하는 계기가 되어 마침내 그해 11월 자유당과 민주당이 통합하여 자유민주당(자민당)이 탄생한다. 이렇게 하여 미일안보와 재군비를 깃발로 내건 자민당과 비무장 중립외교를 대안으로 제시하면서 미일안보 폐기, 자위대 위헌을 주장하는 사회당 간의 보혁대립을 기본 축으로 하는 보수일당우위체제가 출현하였다. 이를 '55년 체제'라고 부른다.

55년 체제는 어떻게 변용되어왔는가?
야당의 다당화와 이익분배정치의 확산

1960년대에 들어 55년 체제는 외형상으로도, 내용상으로도 크게 변용되기 시작했다. 외형상의 변화로는 야당의 다당화를 들 수 있다. 1960년에 자위대와 미일 안보체제의 현실성을 인정하는 사회당 우파가 탈당하여 민주사회당(민사당)을 결성하고, 1964년에는 창가학회를 모태로 하여 결성된 공명당이 의회에 진출했다. 또한 그동안 반체제정당으

창가학회
1930년 일본에서 창설된 불교 종파. 공명당과 창가대학을 만들었다.
사진은 창가학회의 설립자 마키구치 쓰너 사부로(牧口常三郎).

로 활동해오던 공산당이 노선 수정을 통해 의회주의 정당으로 탈바꿈하고 원내 의석을 확대해갔다. 이로 인해 55년 체제 초기의 자민당과 사회당의 양당 대결 구도는 온건한 다당 경쟁 구도로 변모했다.

내용상으로는 1950년대의 이데올로기 정치가 쇠퇴하고, 고도성장의 '파이'를 어떻게 분배할 것인가를 둘러싼 이익분배정치가 주류를 형성하게 되었다. 외교안보 문제에서 현상유지를 추구하는 요시다의 후계자들이 자민당의 당권을 장악하면서 자민당은 헌법개정 노선을 사실상 포기하고 야당과의 타협을 추구했으며, 이에 따라 사회당도 표면상의 명분과는 달리 실제로는 자위대와 미일 안보체제의 현실성을 '묵인'하게 되었다. 이로써 외교안보 쟁점을 둘러싼 정당 간의 갈등은 이면으로 후퇴하고, 경제성장의 이익을 어떻게 분배할 것인가를 둘러싼 정당 간의 경합이 전면에 부상했다.

자민당은 대기업 중심의 성장정책을 견지하면서 전통적 도밭인 농민·중소자영업자층에 대한 이익분배에 주력했고, 민사당은 노사협조주의를 표방하

일본의 명동 '긴자 욘초메'의 역사

1923년 동경대지진 당시(위), 1950년대 초(가운데), 현재(아래). 일본 성장의 역사가 한눈에 대비된다.

는 민간부문 대기업 노동조합(그 연합체인 '동맹')의 이익을 대변했다. 이에 대해 공명당과 사회당은 자민당과 대기업의 유착관계를 비판하면서 전자는 주로 창가학회 신도들이 많은 도시 하층민의 이익을, 후자는 노사대결 노선을 견지하고 있는 공공부문 노동조합 중심의 '총평'의 이익을 대변했다. 한편 공산당은 중도혁신정당들로부터 소외된 채 특정 이익집단에 구애받지 않고 일관되게 반미·반독점 노선을 견지하면서 체제비판세력으로 남았다.

성장이익의 분배를 둘러싼 정당 간의 경합에서 자민당 의원들은 절대적으로 유리한 위치에 있었다. 각 지역의 상공회의소를 중심으로 중소상공업자들과 지역주민들은 지역개발에 따른 이익―지가 상승, 상권 형성, 겸업 및 고용기회 확대, 각종 보조금 등―을 향유하기 위해 중앙정부에 대해 지역개발을 위한 공공사업의 배분을 경쟁적으로 요청했는데, 이는 주로 중앙에 연결고리를 갖고 있는 그 지역 출신 국회의원들을 매개로한 것이었다. 이 과정에서 여당인 자민당 의원들이 야당 의원들보다 훨씬 유리한 위치에 있었다는 것은 자명하다. 자민당 의원들은 중앙정부로부터 공공사업의 배분과 보조금을 따오는 대가로 선거구의 이익집단과 주민들로부터 '정치자금'과 '조직화된 표'를 제공받았는데, 이러한 정치행태를 '이익유도정치'라고 한다.

이익유도정치의 정착은 1950년대에 형성되기 시작한 자민당·관료·재계의 3자 유착관계가 풀뿌리 수준으로까지 확대되었음을 의미한다. 즉 자민당은 집권당의 이점을 살려 관료기구에 압력을 행사하여 정부의 공적 자금을 자신의 정치적 지지집단—주로 농민과 중소자영업자층—에게 편파적으로 배분함으로써 이들 집단으로부터 지지를 안정적으로 조달하게 되었는데, 이는 이권정치의 대상을 대기업 중심의 재계로부터 지방의 풀뿌리 이익단체로까지 확대하는 결과를 가져왔다. 이로 인해 이념적 가치를 둘러싼 '큰 정치'가 사라지고 이익분배를 둘러싼 '작은 정치'가 일본 정치의 지배적 조류가 되었으며, 크고 작은 정치부패가 일상화되었던 것이다.

한편, 산업화와 도시화에 따른 사회계층구조의 변화는 정당들의 지지기반과 성격에 적지 않은 영향을 미쳤다. 1950년대까지 인구의 다수를 차지했던 농민층이 급속히 해체되고 도시 급여생활자층이 급증함에 따라 농촌에 지지기반을 둔 자민당과 대도시에 지지기반을 둔 사회당 간의 여야 역전이 머지않은 장래에 나타날 것이라는 전망이 대두하기도 했다. 자민당의 위기감은 지지율의 장기하락과 혁신자치체의 등장으로 인해 더욱 증폭되었다.

지방정치 차원에서 혁신계 정당들의 집권을 의미하는 혁신자치체는 1960년대 중반 이래 약 10여 년간 일본의 지방정치를 석권하여, 한때 전 인구의 43.5%가 혁신계 단체장의 통치 하에 놓이게 되었다. 그러나 혁신자치체의 전국적 확산에도 불구하고 중앙정치에서 보·혁 역전은 이루어지지 않았다. 자민당의 전통적 지지기반인 농촌 인구가 감소함에 따라 자민당 지지율이 하락한 것은 사실이지만, 농촌에서 유출된 인구가 도시 노동자로 흡수되었다고 해서 곧바로 사회당 지지자로 돌아선 것은 아니기 때문이다. 이들 가운데 상당수는 무당파층으로 머물면서 지방정치 차원에서는 '환경과 복지'를 강조하는 혁신정당을 지지하면서도, 중앙정치 차원에서는 외교안보 정책에서 비현실적인 비무장 중립노선을 표방하는 사회당을 지지하지는 않았던 것이다.

1970년대 중반 이후 석유파동 등의 영향으로 일본 경제가 저성장 국면으로 이행함에 따라 중앙정부와 지방정부의 재정이 급속히 악화되면서, 또한 사회당과 공산당 간의 분열과 대립이 격화되면서 혁신자치체는 하나 둘씩 무너지기 시작하여 1970년대 후반에는 거의 보수자치체에 의해 대체되었다. 또한 1980년대에 들어서는 그동안 장기하락세를 보이던 자민당의 지지율이 회복되기 시작했다. 이를 '보수회귀'라고 하는 바, 이는 대도시의 무당파층 유권자들이 자민당 지지로 선회함으로써 일어난 현상이라고 할 수 있다. 이러한 현상이 나타나게 된 이유에 대해 다음 두 가지 설명이 있다.

하나의 설명은 일본의 야당들이 이데올로기적으로나 정책적으로 경직화되어 있는 데 반해, 자민당은 환경의 변화에 창조적으로 적응하는 정책적 유연성을 발휘할 수 있었기 때문에 유권자들의 요구를 폭넓게 만족시킬 수 있었고, 그 결과 지지를 회복할 수 있었다는 것이다. 예컨대, 1960년대 후반부터 고도성장의 폐해로서 환경문제와 복지문제가 심각하게 제기되자, 자민당은 기존의 성장일변도 정책으로부터 탈피하여 공해규제를 강화하고 복지제도를 확충함으로써 대도시 유권자들의 불만을 흡수하고 그들 가운데서 새로운 지지층을 확대할 수 있었기 때문이라는 것이다.

다른 하나의 설명은 세계적인 경기침체 속에서 서구 복지국가의 위기가 심화되자, 이에 대한 반작용으로 주요 선진산업국에서 신보수주의가 대두했다. 이러한 국제 사조의 영향으로 일본에서도 신보수주의가 득세하게 되었다는 것이다. 즉 경기침체로 재정위기가 가속화되고 있는 상황에서 기존의 복지국가가 더 이상 현실적인 대안이 될 수 없음이 판명되었기 때문에 선진산업국의 신중간층 유권자들은 높은 세금부담과 '큰 정부'를 표방하는 사회민주주의 정당에 대한 지지를 철회하고, 감세와 '작은 정부'를 표방하는 보수정당을 지지하는 쪽으로 선회하게 되었는데, 일본의 상황도 그 연장선상에서 이해할 수 있다는 것이다.

아무튼 1960~1970년대의 위기를 극복해 가는 과정에서 대기업과 농민·자영업자층의 지지에 의존하는 간부정당이었던 자민당은 도시 급여생활자층의 이익까지 폭넓게 대변하는 포괄정당(catch-all party)으로 탈바꿈하게 되었다. 득표극대화를 추구하는 자민당의 무이념적·실용주의적 체질이 자민당의 포괄정당화를 수월하게 만든 것이다. 이에 반해 특정 이익집단의 지지에 크게 의존하는 대중조직정당이었던 사회당과 민사당, 그리고 공명당은 그 조직적 경직성 때문에 대도시의 유권자들을 자신의 새로운 지지자로 조직화하는 데 실패했다.

자민당은 어떻게 운영되고 있는가?
개인후원회 · 파벌 · 정무조사회의 기능

일당 장기집권에도 불구하고 자민당은 권위주의 독재로 흐르지도 않았고, 민심의 흐름을 읽는 데 게으르지도 않았다. 당내 민주주의는 활성화되었고, 사회 각계각층의 요구는 조정과 타협을 거쳐 정책에 골고루 반영되었다. 이러한 과정을 통해 자민당은 각계각층으로부터 골고루 지지를 받는 포괄정당으로 발전할 수 있었다. 무엇이 자민당을 이렇게 유연하고 강하게 만들었는가? 이 절에서는 자민당 의원들의 개인후원회와 파벌과 정무조사회의 기능을 중심으로 이와 같은 의문을 풀어보도록 한다.

(1) 개인후원회: 풀뿌리 민주주의와 이권정치의 공동서식지

자민당 의원들은 중선거구제 하에서 같은 당 후보끼리 한 선거구에서 득표 경쟁을 했기 때문에 각자 자신의 개별적 선거운동조직을 갖고 있다. 이를 개인후원회라고 한다. 정책노선에 있어 큰 차이가 없는 같은 당 후보끼리 같은 당 지지자들의 표를 분할해 갖기 위해선 결국 사적 서비스의 제공을 통해 지지자들의 개인적 충성심을 확보해두는 것이 가장 합리적인 득표 전략이 되기 때문이다.

국회의원들이 개인후원회를 통해 선거구의 고객들에게 제공하는 사적 서비스로는 각종 민원 해결, 취직이나 융자 알선, 관혼상제 부조, 친목·오락 활동 제공 등이 있다. 나아가 국회의원들은 정부예산의 배분 과정에 개입하여 자신의 선거구에 공공사업을 경쟁적으로 유치함으로써 선거구민들에게 각종 개발이익이 돌아가게 하고, 또한 후원회에 가입한 토건업자들에게 공공사업의 수주 기회를 특혜적으로 배분하기도 한다. 이러한 일상적인 유대 활동과 이익분배를 통해 구축된 개인후원회는 선거철이 되면 선거운동조직으로 가동된다. 개인후원회의 발달로 인해 자민당의 지방조직—도도부현 지부연합회 등—은 연락사무소 정도의 기능만 수행하고 있다. 개인후원회를 통한 표밭 관리와 선거운동은 다음과 같은 문제점들을 낳고 있다고 지적된다.

첫째, 정치자금의 과다 지출과 이의 조달을 둘러싼 정치부패를 일상화시키고 있다는 점이다. 개인후원회를 항시적으로 유지하는 데에는 막대한 경비가

들기 마련인데, 이를 국회의원들은 통상 자신의 세비와 당과 파벌로부터의 자금 지원 및 파티입장권의 판매 등을 통해 조달한다. 그러나 이러한 합법적 방법을 통한 자금 조달에 한계가 있기 때문에 결국 불법적인 이권 개입과 뇌물 수수 등을 자행하게 된다. 그 대표적인 것이 1980년대 말의 '리쿠르트 스캔들' 이었다.

리쿠르트 스캔들
리쿠르트라는 일본기업이 다케시타 노보루 총리를 비롯한 정계의 거물급 인사들에게 미공개주식을 공여한 사건. 자민당, 공명당, 사회당까지 포괄하는 대규모 뇌물 공여로 자민당에 대한 지지이탈이 시작됐다.
　　　사진은 긴자의 리쿠르트 본사.

　둘째, 정당 간의 정책 대결을 쇠퇴시키고, 정부 자원의 효율적인 배분을 방해한다는 점이다. 선거에서의 득표 경쟁이 정당 간의 정책 대결로 나타나지 않고 후보자 간의 이익유도 경쟁으로 나타날 경우, 이는 유권자들을 민주시민으로 육성시키기보다는 사적 이익의 추구자로 변모시킬 가능성이 높다. 유권자들은 누가 사회 전체의 공익을 위해 일을 잘할 수 있는가가 아니라 누가 자신에게 보다 많은 사익을 가져다 줄 수 있는가를 판단 기준으로 하여 후보자를 선택하게 된다. 이는 다시 정치가들의 이익유도 경쟁을 격화시키게 되고, 그 결과 정부의 자원 배분을 크게 왜곡하게 된다. 즉 영향력 있는 정치가의 압력에 의해 정부는 효율성이 낮은 곳에 정부 자원을 과잉 배분하게 되고, 나아가 정부예산의 지속적인 팽창을 가져오게 된다.

　셋째, 유능한 정치 신인의 정계 진출을 방해하고, 국회의원직의 세습화를 가져온다는 점이다. 개인후원회를 통한 선거경쟁이 현역 의원에게 절대적으로 유리하다는 것은 자명한 사실이다. 개인후원회를 조직 육성하는 데에는 많은 돈과 시간이 드는데, 이 점에서 현역 의원들은 훨씬 유리한 고지를 선점하고 있기 때문이다. 문제는 개인후원회가 사유물처럼 국회의원 자신의 2세에게 상속되고 있다는 점이다(개인후원회는 정당의 지방조직이 아니라 의원 개인의 사조직이다). 은퇴한 정치가의 후원회를 상속받은 후보자는 그의 개인적 능력과는 큰 관계 없이 선거에서 '조직화된 지지'를 동원할 수 있기 때문에 상대적으로 수월하게 정계에 진출할 수 있다. 그 결과 민주주의 정치체제에서 상상하기 어려운 정치적 공직 세습화 현상이 나타나고 있는 것이다.

개인후원회는 중선거구제의 산물이지만, 중선거구제가 폐지된 후에도 여전히 '제도유산'으로 남아 국회의원의 활동과 선거에서 가장 중요한 조직으로서 기능하고 있다. 개인후원회가 소선거구·비례대표 병립제 하에서도 정당의 지방조직을 대체하는 한 위에서 지적한 문제점들은 해결되지 않고 계속 재생산될 것이다.

(2) 파벌: 보스정치의 도구인가, 당내 민주주의의 보루인가

파벌은 거의 모든 정당조직에서 발견할 수 있는 보편적 현상이지만, 일본 자민당의 파벌은 몇 가지 독특성을 갖고 있다. 무엇보다 파벌의 규모와 조직력이 독립적인 정당에 준할 정도로 강력하며 독자적인 기능을 수행하고 있다는 점이다. 1993년 이후의 정계재편 과정에서 볼 수 있듯이, 자민당 파벌의 한 분파가 독립하여 곧바로 독자적인 정당을 만들 정도이다. 자민당의 파벌은 당에 기탁된 정치자금과 정부의 직책을 파벌의 의석수에 따라 비례대표제로 배분할 만큼 제도화되어 있다. 그러한 의미에서 자민당 정권은 '파벌들의 연합정권' 혹은 '사실상의 연립정권'이라고 부를 수 있다.

자민당의 파벌은 당 총재직─자민당의 장기집권 하에서 이는 곧 총리직을 의미한다─을 둘러싼 유력 정치가들의 권력경쟁을 매개로 하여 형성되었다.

1977년에 전 당원이 참가하는 예비선거제가 도입되기 전까지 자민당 총재는 중·참 양원의 자민당 소속의원과 각 현(県) 지부의 대표 1인으로 구성된 선거인단에 의해 선출되었다. 따라서 총재 경선을 준비하고 있는 유력 정치가들은 자신을 지지해줄 의원들을 조직할 필요가 있었는데, 이 과정에서 파벌 영수와 일반의원 간의 정치적 교환관계, 즉 파벌 영수는 자신을 추종하는 의원들의 당 공천이나 정치자금 및 당과 정부의 직책 획득을 후원해주고, 추종자들은 파벌 영수의 권력경쟁을 지원하는 교환관계가 형성되었던 것이다.

자민당 결성 초기에는 총재를 배출한 파벌과 그를 지원한 파벌이 당과 정부의 직책을 독식했지만, 파벌 간의 항쟁과 합종연횡이 심해지자 1970년대부터는 주류·비주류에 관계없이 파벌의 의석수에 따라 당과 정부의 직책을 비례대표제로 배분하는 방식이 제도화되었다. 이와 더불어 파벌의 총재선출 기능이 상대적으로 약화되고, 파벌 영수와 추종자 간의 수직적·정서적 관계도 점차 수평적·합리적 관계로 변모되었다.

이러한 과정을 통해 제도화된 자민당의 파벌이 수행하고 있는 정치적 기능을 요약하면 다음과 같다. ① 당 공천과 선거운동의 지원, 그리고 이와 관련하여 정치 신인의 발굴, ② 정치자금의 조달, ③ 당과 정부 직책의 배분, ④ 정책적 이해대립의 조정, ⑤ 정보의 수집과 공유, ⑥ 당 지도부의 결정에 불복하는 의원의 처벌 등이다. 이 가운데 자민당의 파벌을 지속시키고 있는 최대의 요인으로 지적되고 있는 것은 ①의 선거 관련 기능이다. 즉 중선거구제 하에서 한 선거구에 복수의 후보자를 공천해야 하는 자민당은 서로 다른 파벌의 후보자를 공천함으로써 파벌 간의 경쟁을 이용하여 표 분할과 득표극대화를 추구하는 전략을 사용하게 된다. 각 파벌은 자신의 세력을 유지·확대하기 위해 현역 의원 이외에도 새로운 정치 신인을 발굴하여 추천하고 지원한다. 파벌을 선거경쟁의 기본단위로 이용함으로써 자민당은 공천을 둘러싼 갈등을 최소화하고 경쟁의 이득을 최대화할 수 있었던 것이다.

자민당의 파벌에 대한 평가는 양면적이다. 이를 부정적으로 평가하는 사람들은 파벌이 당을 분열시키고 당 집행부의 합리적인 정책결정과 효율적인 정치 리더십을 저해하고 있다고 비판한다. 특히 국정의 최고책임자인 총리가 자민당 내 파벌 간의 막후 협상에 의해 사실상 결정되기 때문에 총리가 파벌의 역학관계에 구속되어 정치 리더십을 제대로 발휘하지 못하고 있다는 점을 지적한다. 나아가 파벌은 연공서열(=당선 횟수)에 따른 승진을 제도화함으로써 능력 있고 비전을 가진 신진 정치가들의 등용을 가로막고 있으며, 정치자금의 모금 창구가 됨으로써 일본 정치의 고질적 병폐라고 할 수 있는 정치부패의 온상이 되고 있다고 비판한다. 따라서 책임 있는 정당정치를 구현하기 위해선 파벌을 해체하고 당 집행부로 권력을 집중시켜야 한다고 주장한다.

이에 대해 자민당의 파벌을 당내 민주주의의 한 장치로 보는 견해도 있다. 즉 파벌 간의 경쟁은 국민들에게 인기 없는 총리를 교체하는 역할을 함으로써 의사(擬似) 정권교체의 효과를 낳는다는 것이다. 또한 파벌 간의 경쟁은 자민당의 장기집권에도 불구하고 권력이 어느 1인에게 집중되는 독재화 경향을 예방하는 데 기여해왔다고 할 수 있다. 파벌이 당을 분열시키고 있다는 주장도 역으로 생각해보면, 파벌의 제도화가 오히려 여러 개의 정당들로 난립할 수 있는 세력들을 하나의 정당으로 통합하는 기능을 수행해왔다고 말할 수 있다.

이처럼 자민당의 파벌은 부정적·긍정적 측면을 모두 갖고 있다고 할 수 있다. 1994년의 정치개혁 이후 자민당은 파벌 해체를 선언했지만, 그것이 일단 제도화된 이상 앞으로도 상당 기간 앞서 제시한 기능들을 수행하면서 지속될 가능성이 높다고 하겠다. 다만 새로운 정치환경 속에서 파벌의 기능은 점차 약화되어갈 것으로 전망된다.

(3) 자민당 정무조사회: 모든 로비는 이곳으로 통한다.

자민당 장기정권 하에서 자민당의 정책심의기구인 정무조사회는 국회 상임위원회의 심의에 앞서 내각제출 법안과 예산안을 실질적으로 심사하는 역할을 담당해왔다. 정무조사회는 행정부 내의 각 성청과 국회 상임위원회에 대응하는 형태로 설치된 17개의 부회와 각종 특별조사회로 구성되어 있다. 예산편성 및 입법에 관한 심의는 각 소관 부회에서 행해지고, 장기적인 전망의 정책 개발 및 심의는 각종 특별조사회에 맡겨진다.

각 성청이 제출한 법안은 그 성청을 담당하고 있는 부회에서 먼저 심사를 한다. 대부분의 정책은 정책수혜자와 비용부담자를 동시에 수반하기 때문에 법안의 내용을 둘러싸고 다양한 이익들이 충돌하기 마련이다. 따라서 부회에서의 법안 심사는 사회의 다양한 이익을 대변하는 자민당 의원들의 요구와 관청의 입장을 조정하는 장인 동시에 자민당 의원들 상호 간의 이해를 조정하는 장이기도 하다. 하나의 관례로서 부회의 결정은 전원일치를 원칙으로 하고 있다. 부회 내부에서 의원들 간의 의견이 갈라져 강경한 반대가 있는 경우 당 간부들에 의해 설득이 행해지지만, 그래도 반대파의 동의를 얻지 못하면 조정이 이루어질 때까지 법안의 제출이 유보된다. 따라서 각 성청은 법안의 입안 단계에서부터 부회장을 비롯한 간부 의원들에게 법안의 취지를 설명하고 법안이 무사히 통과될 수 있도록 협조를 부탁한다. 관련 이익집단들은 자신에게 불리한 법안이 통과되지 않도록 관련 부회의 의원들에 대해 로비를 행한다.

정무조사회의 각 부회에 배속되어 장기간 활동하는 과정에서 자민당 의원들은 각 정책영역별로 관료들에 못지않은 정책전문가로 성장하게 된다. 이렇게 양성된 전문가 의원집단을 '족의원'(族議員)이라고 부른다. 예컨대, 정무조사회의 상공부회와 국회 상공위원회에 장기간 배속되어 활동하면서 그 분야의 정책과 법률에 대해 높은 수준의 전문지식과 경험을 갖고서 정책결정에 큰 영향력을 행사하는 의원들을 '상공족' 의원이라고 한다.

정책전문가로서의 족의원의 출현은 관료들의 전문성 독점을 약화시킴으로써 정책결정과정에서 정치가들의 영향력을 증가시키는 계기가 되었다. 여기에 더해 사회적 이익의 다원화와 관료제 내부의 이해대립의 격화는 정치가에 의한 이익조정의 필요성을 증가시킴으로써 자민당 정무조사회를 실질적인 정책결정의 장으로 격상시키는 데 기여했다. 이와 더불어 일본의 정책결정과정이 관료들에 의해 실질적으로 지배되고 있다고 보는 관료우위론적 시각이 후퇴하고 정당우위론적 시각이 대두했다.

그러나 관료우위론이나 정당우위론은 모두 복잡한 정책결정과정의 어느 한 측면을 강조한 것에 불과하다고 할 수 있다. 관료우위론의 주장처럼 관료들이 정책결정과정에서 자율성을 발휘한다고 해도 그것은 어디까지나 정치가들이 설정하고 위임한 범위 내에서의 자율성이며, 만약 관료들의 정책이 집권당의 기본노선에서 크게 이탈한다면 곧바로 정치가들의 개입을 불러들일 것이다. 한편 정당우위론의 주장처럼 정책결정과정에서 자민당 정치가들의 역할과 영향력이 크게 증가했다고 해도 그것은 어디까지나 관료들이 작성해놓은 정책대안의 연장선상에서 이익조정의 기능이 강화되었다는 것을 의미할 뿐이다. 사실 정책결정과정에서 관료와 정치가는 상호경쟁적인 측면도 있긴 하지만, 그보다는 상호의존적이고 상호보완적인 측면이 더 크다고 하겠다. 또한 양자의 영향력 관계는 일률적으로 결정되어 있는 것이 아니라, 정책의 내용과 성격, 제도적 절차, 정치적 쟁점화 정도 등에 따라 다양한 형태로 표출되고 있는 것이 현실이다.

요컨대, 자민당 정무조사회는 각 부회별로 다양한 사회적 이익을 집약하여 정책결정과정에 반영함으로써 자민당의 포괄정당화에 크게 기여해왔으며, 또한 정책전문가인 족의원들을 양성함으로써 관료에 대한 정치가의 민주적 통제 기능을 강화하는 데 기여해왔다고 할 수 있다. 그러나 다른 한편 정-관-업의 유착구조를 형성하는 장으로 기능함으로써 이익유도정치의 온상이 되고, 나아가 자민당의 정책결정구조를 극도로 분절화시킴으로써 내각의 종합조정 기능과 정치 리더십을 제약하고 있다고 비판받기도 한다.

현재 어떤 변화가 일어나고 있는가?
– 55년 체제의 붕괴와 보수양당제의 모색

1980년대의 보수회귀로 인해 자민당 지배체제는 더욱 안정될 것처럼 보였지만, 사실 그 체제는 균열되고 있었다. 1980년대의 재정위기와 미일 경제마찰은 자민당 지지기반의 균열을 촉진하는 계기가 되었으며, 1990년대의 냉전 종식은 외교안보 영역에서 형성된 전후의 정당균열을 융해시킴으로써 55년 체제의 붕괴를 가져왔다.

자민당 정권은 재계의 '정치헌금'과 농민·자영업자층의 '조직화된 표'에 의해 지지되어왔다. 그런데 1980년대의 재정위기와 미일 경제마찰은 이 양대 집단의 이해관계를 제로섬적 관계로 전환시키는 계기가 되었다. 즉 재정위기를 타개하기 위해 자민당 정부가 증세를 시도하자 재계는 '증세 없는 재정재건'을 주장하면서 농민·자영업자층에게 주어져온 각종 정책적 편익의 삭감

일본 정당정치의 쟁점과 구조

	1950년대	1960~70년대	1980년대	1990년대 이후
정치의 주요 쟁점	– 평화헌법 수호 　vs 자주개헌(재무장) – 미일안보 존속 vs 폐기 – 자위대 합헌 vs 위헌	– 개헌논쟁 중단 – 공해, 복지문제 　(합의 쟁점) – 이익유도정치 　vs 정치부패 비판	– 신자유주의적 구조개혁 　(행정개혁, 규제완화, 　시장개방) 　vs 글로벌리제이션 비판 – 이익유도정치 　vs 정치부패 비판	– 군사적 국제공헌 　vs 비군사적 국제공헌 　(개헌론 부상) – 신자유주의적 구조개혁 　vs 글로벌리제이션 비판 – 정치리더십의 강화 　(수상공선제)
정당제의 구조	자민당 일당우위 하의 자민–사회 양당 대결 구도	자민당 일당우위 하의 다당화 / 보–혁구도 유지	자민당 일당우위 하의 다당화 / 보–혁구도 약화	자민당 일당우위의 동요 / 연립정권 / 보수세력의 다당화
사회집단 간의 연합 구도	농민+자영업자+재계 vs 도시중간층+노동조합	농민+자영업자+재계 vs 도시중간층+노동조합 무당파층의 증가	농민+자영업자+공공부문 노조 vs 도시중간층+민간 대기업 노조+재계	농민+자영업자+공공부문 노조 vs 도시중간층+민간 대기업 노조+재계
국내외 환경	패전 체험 냉전 격화	고도성장 동서 데탕트	재정위기 미일 경제마찰 국제공헌 압박	냉전종식 장기 불황 국제공헌 압박

을 요구했다. 또한 미일 경제마찰이 격화되자 재계는 미국의 무역보복을 회피하기 위해 일본의 시장개방과 규제완화를 요구했다. 이러한 요구들은 자민당 정부의 각종 보조금과 보호정책에 의존해온 농민·자영업자층의 저항을 불러일으켰다.

이 같은 상황에서 자민당은 그 어느 쪽도 포기할 수 없는 이른바 '포괄정당화의 딜레마'에 빠지게 된다. 자민당 지도부는 재계와 여론의 압력에 밀려 기성체제의 개혁을 시도하려고 하지만, 이는 이익유도정치를 통해 전통적 고객 집단과 밀착되어 있는 당내 의원들의 저항에 부딪혀 근본적인 구조개혁에 이르지 못한 채 실패하고 만다. 이러한 상황에서 자민당 지도부의 정치부패 스캔들이 잇달아 터지자 1993년 여름 자민당의 개혁 리더십 부재에 불만을 품은 개혁파 의원들이 탈당하여 호소카와 모리히로(細川護熙)를 수반으로 하는 비자민 연립정권을 수립하게 된다. 이로써 자민당은 출범 후 38년 만에 처음으로 집권당의 자리에서 내려오게 된다.

한편 1990년대에 들어 본격화된 국제정치의 냉전 종식은 일본 국내정치의 보혁대결 구도를 융해시키는 계기가 되었다. 소련의 붕괴로 인해 미·소 간의 분쟁에 일본이 휘말려들 위험이 현저히 감소된 상황에서 일본사회당의 비무장 중립외교 노선은 더 이상 대중적 설득력을 지닐 수 없게 되었고, 이에 따라 일본사회당도 자위대의 합헌과 미일안보동맹의 견지를 현실적으로 인정하지 않을 수 없게 되었다. 일본사회당의 노선 수정은 자민·사회 양당의 정책 차이를 소멸시킴으로써 55년 체제의 정당균열을 융해시키는 결과를 가져왔다. 1994년 6월 일본사회당의 무라야마 도미이치(村山富市)를 총리로 하는 자민·사회·사키가케 연립정권의 출범은 적대적 관계에 있던 양당이 연립을 구성했다는 점에서 55년 체제의 붕괴를 상징적으로 보여주는 사건이었다.

끝으로 중선거구제에서 소선거구·비례대표 병립제로의 선거제도 개혁도 일본의 정당시스템을 뒤흔드는 중요한 사건이었다. 일반적으로 소선거구제는 3위 이하의 중소정당에게 불리하게 작용하기 때문에 양대 정당으로의 통합을 촉진시키는 경향이 있는 것으로 알려졌다. 이러한 제도 효과에 대한 기대감으로 비자민 연립정권에 참여했던 정당들이 모여 자민당에 대항할 수 있는 통합 야당을 만들려는 시도가 계속 되어왔다. 간 나오토(菅直人), 오자와 이치로 등이 이끄는 민주당이 야당통합의 새로운 중심축으로 떠오르면서 자민당의 일당 장기지배체제가 정권 교대가 가능한 보수 양당제로 진화해가는 것은 아닌가 하는 기대감 섞인 전망이 나오고 있는 상황이다.

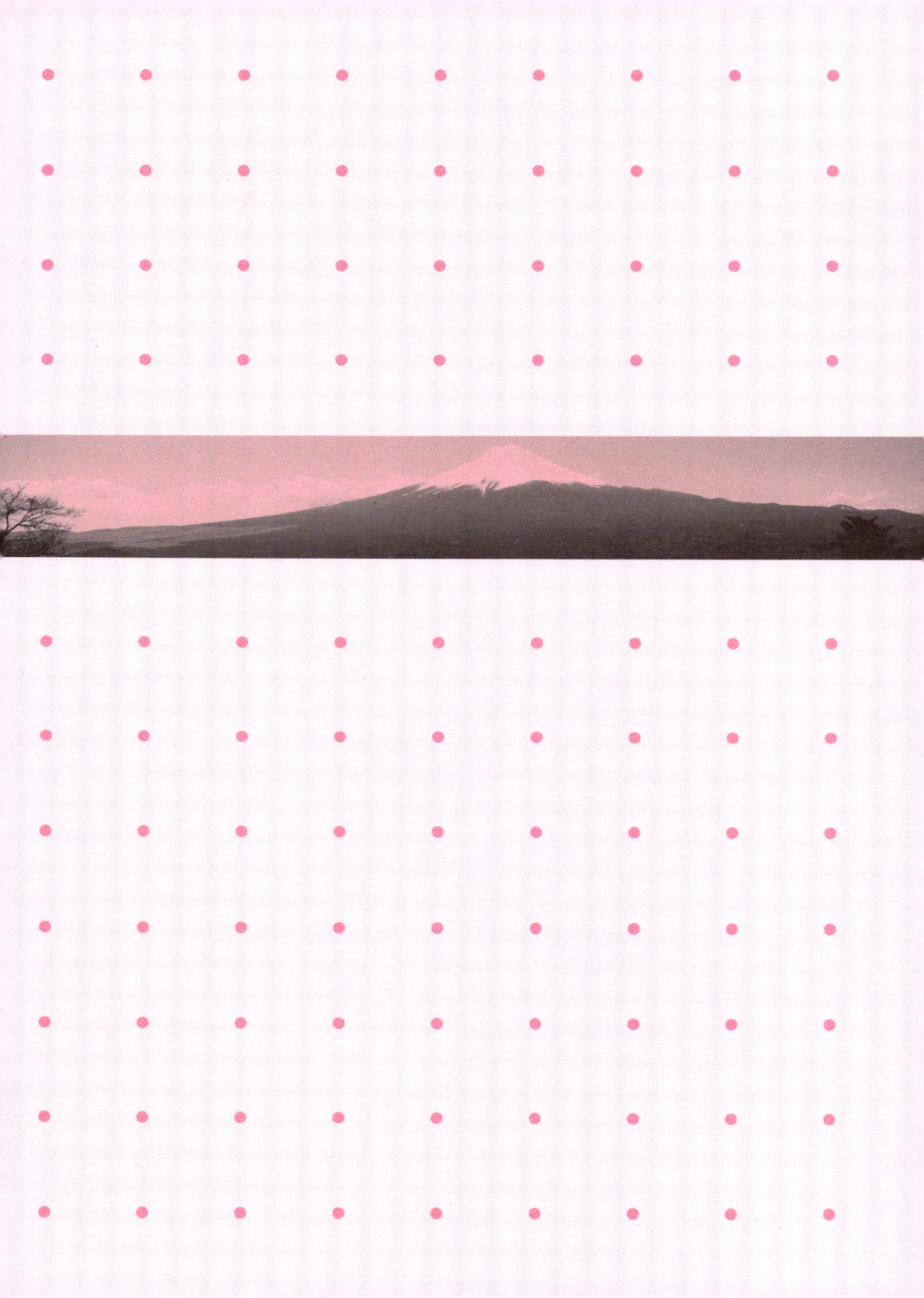

6장

안정적 민주주의의 기반: 일본의 선거

김형철 · 안승국 · 홍재우

선거벽보

일본에서 선거는 언제 시작됐나?

(1) 19세기에서 2차 대전 이전시기

일본은 아시아 국가 중에서는 드물게 100년이 넘는 역사를 갖고 있다. 최초의 선거는 1890년 2월 실시된 제국의회 선거였다. 1889년에 제정된 **제국헌법**(帝國憲法)에 따라 하원인 중의원(衆議院)을 구성하기 위해 실시됐다. 총 300명의 중의원은 1인 선거구 214개와 2인 선거구 43개에서 선출됐다.

선거권은 소득에 따라 일정한 세금을 내는 성인 남성들로 제한됐다. 직접세(지세와 소득세) 15엔 이상을 납부하는 25세 이상의 남성들에게만 투표할 수 있는 자격이 주어졌다. 또한 피선거권도 30세

제국헌법
1889년 제국헌법은 천황이 제정하는 형식을 갖추어 흠정헌법(欽定憲法)이라 불린다.
위 그림은 제국헌법에 의해 결성된 제1회 귀족원(위)과 중의원(아래)의 회의실.

이상의 평민으로 15엔 이상의 세금을 납부해야 했다. 15엔은 당시로서는 상당히 높은 금액이었으므로 유권자 수는 전체 인구의 1.13%에 불과한 45만 872명에 불과했다. 투표방식은 기명투표로 유권자는 투표용지에 이름과 주소를 쓴 뒤 인감을 찍어야 했다. 비밀투표가 시작된 것은 1902년 제7회 중의원 총선부터다.

유권자의 90.91%가 투표에 참여했던 최초선거의 투표율은 지금까지 역대 최고로 남아 있다. 번벌(藩閥) 세력이 중심이 된 초기 메이지 정부는 정부요직을 독점하면서 정당정치에 대해서는 큰 관심을 두지 않았다. 이에 따라 제1회 선거는 친정부성향의 정당들(대성회와 국민자유당)이 84석에 그친 반면, 야당에 해당하는 자유당(130석)과 입헌개진당(41석)이 크게 승리했다.

내각제는 이미 1885년에 채택됐으나 제국의회가 구성된 이후에도 중의원은 내각의 일원이 되지 못했으며 총리를 선출할 권한도 없었다. 총리는 메이지 유신의 겐로(元老)들에 의해 정해졌으며 형식적으로 천황이 임명했다. 번벌 세력들은 일부 정당들과 협력하기도 했지만 기본적으로 초연주의(超然主義)를 지향하며 정당정치를 무시했다. 이러한 번벌 세력에 대항해 야당들은 제한된 정당정치의 분위기에도 불구하고 지속적으로 정부를 비난하면서 야당으로서의 역할을 해냈다. 특히 1898년 야당의 두 축이었던 자유당과 진보당의 세력이 연합해 헌정당을 설립함으로써 야당의 세력이 단일화된다. 곧이어 헌정당은 이토 히로부미(伊藤博文)의 제3차 내각을 물러나게 하고 1898년 제6차 중의원선거에서 승리한다. 이에 따라 군부대신 이외의 모든 각료가 정당인에 의해 구성된 일본 최초의 정당내각이 구성됐다. 그러나 당내갈등으로 4개월 만에 무산된 단명정부였다.

초연주의

메이지 유신을 성공시킨 조슈와 사쓰마 번의 지도자들은 정부수립 이후 초법적 영향력을 행사해 '한바쓰'라 불렸다. 그 중심은 초헌법적 기구인 겐로(元老)였다.

한편, 중의원은 물론이고 귀족원까지 가세해 반발하자 한바쓰는 더 이상 초연주의에 의존하기 힘들게 됐다. 이에 따라 이토 히로부미는 새로운 여당의 존재를 절감하고 일련의 막후정치 끝에 1900년 입헌정우회(立憲政友會)를 창당한다. 입헌정우회는 이토 히로부미파 관료들, 여당인 제국당은 물론이고 과거 야당이었던 헌정당까지 흡수한 거대정당이었다.

입헌정우회
설립된 직후에 촬영된 단체사진(1900.10.3). 정가운데에 사이온지 긴모치와 그 왼쪽에 이토 히로부미가 앉아있다.
사진: 일본국회도서관

또한 정당들의 힘을 분산시키기 위해 대선거구를 중심으로 한 새로운 선거제도를 도입했다. 1902년 제7차 중의원선거는 1인부터 13인으로 이루어진 97개의 선거구에서 실시됐으며 처음으로 무기명 투표제가 도입됐다. 의원정수는 369석이었고 국세 10엔 이상을 납부하는 25세의 남성에게 투표권이 부여됐다. 입헌정우회는 1902년 선거에서 압승하기 시작해 1920년대 말까지 원내 제1당의 지위를 유지했다.

그러나 메이지 천황이 사망하고 1912년 다이쇼(大正) 천황이 등극하면서 국내외적 상황은 더욱 격렬하게 움직이기 시작했다. 메이지 유신 이후 정국을 주도했던 번벌, 여러 차례 전쟁에서 승리해 국내정치에까지 영향력을 확장한 군부, 그리고 산업혁명의 결과로 등장한 노동운동세력 간의 다 결로 정국불안이 계속되었다. 이 과정에서 번벌 타도와 헌정옹호를 주장하는 최초의 민중운동이 1913년과 1914년에 일어났다. '다이쇼 정변(政變)'으로 불리던 이 시기의 대중운동은 즉각 정당정치와 대중의 정치참여의 확대로 이어졌다. 대중운동

다이쇼 데모크라시

다이쇼 천황의 통치시기(1912~1926)에 메이지 헌법을 최대한 민주적으로 해석하여 보통선거권 도입, 정당정치의 확립, 군부의 정치개입 배제 등의 민주적 개혁을 시도한 흐름을 뜻한다. 천황이 병약하고 원로들이 병사하자 권력축이 점차 의회로 넘어갔다.

이에 정부는 보통선거법을 도입했지만 귀족원 개혁의 약속을 어기고 민주적 요구를 탄압하기 위한 치안유지법을 제정하며 맞섰다. 결국 다이쇼 데모크라시는 시민사회의 광범위한 지지기반를 구성하는 데 실패하고 점증하는 정치적 경제적 문제를 해결하지 못해 쇼와 시기의 군국주의 발호와 함께 사라졌다. 사진은 결혼예복을 입은 다이쇼 천황.

은 1차 대전을 통해 유입된 다양한 근대사상으로 이론적 무장을 할 수 있었다.

이러한 상황에서 1918년 '쌀폭동'에 대한 대응 실패로 하라 다카시(原敬) 내각이 출범했다. 하라는 입헌정우회의 3대 총재로, 중의원에 기반한 정당의 당수가 총리가 됨으로써 본격적인 정당내각이 시작됐다. 이때부터 1932년까지 지속된 '정당기반'의 내각교체를 '**다이쇼(大正) 데모크라시**'라고 부른다.

하라 내각은 변화된 정계구도와 대중의 요구에 적응하기 위해 1919년 선거법을 개정한다. 즉 안정적인 여당의석의 유지와 민주주의의 요구가 반영된 것이었다. 다수당인 입헌정우회에 유리한 1구 1석의 소선거구제가 다시 채택됐으며, 선거권을 완화(3엔 이상 납세)해 더 많은 유권자가 투표에 참여하게 됐다.[1]

1923년 관동대지진으로 인한 혼란과 정치참여 확대 요구를 외면할 수 없었던 정부는 다시 한 번 선거제도를 개혁할 수밖에 없었다. 1925년 '보통선거권'의 도입은 점증하는 국민대중의 요구를 반영한 것이었으며 '다이쇼 데모크라시'가 만들어낸 커다란 성과였다.[2] 처음으로 25세 이상의 남성에게 납세여부와 관계없이 투표권이 주어졌다. 그러나 호주가 아닌 사람들은 여전히 투표할 수 없었고 여성의 참정권은 제한됐다.

　1925년 선거법 개정의 주요 내용 중 하나는 중선거구제의 도입이었으며, 1928년 제16차 중의원 선거에서 처음 적용됐다. 중선거구제의 도입은 과거 대선거구제와 소선거구제를 통해 경험했던 문제를 보완하기 위한 것이었다.

　하지만 군국주의의 진행과 함께 1932년 선거 이후 정당정치는 급속히 약화됐고 민주주의의 전망은 불투명해졌다. 중의원은 총리의 선출에 더 이상 영향력을 행사하지 못했고 군부의 권력에 영합하는 모습을 보였다. 제국의회는 군부의 요구를 받아들여 「국가총동원법안」 등을 통과시키는 등 이미 국가의 최고의결기구로서의 위치를 상실해갔다. 중일전쟁이 시작되어 군부의 통제가 더욱 강력해지자 고노에 후미마로(近衛文麿) 총리는 군부를 견제하기 위해 사회 각 분야의 유력 인사들을 모아 대정익찬회(大政翼贊會)를 즈직했다. 그러나 군부는 오히려 이 움직임을 파시스트의 일국일당주의에 적합하다고 보았고 고노에의 의도와는 달리 대정익찬회는 군부의 외곽단체로 전락됐다. 2차 대전 기간 중 마지막 선거였던 1942년 선거에는 대정익찬회를 지외한 어떠한 정당도 참여하지 못했다. 단지 무소속 후보들만이 선거에 참여할 수 있었으며 유권자들은 강압에 의해 투표에 나섰다. 대정익찬회는 총 466석 중 381석을 획득했으며 나머지는 파시스트 정당인 동방회 소속이나 무소속이었다.

(2) 2차 대전 이후의 55년 체제

　패전 이후 미군정은 새로운 선거제도를 채택했다. 선거권이 확대되어 20세 이상의 모든 남녀는 투표를 행사할 수 있게 됐고 선거운동과 관련된 규제도 완화됐다. 또한 미군정은 대선거구제를 통해 새로운 정치세력이 등장할 수 있는 기회를 마련하고자 했다. 이와 동시에 전범과 군국주의자들을 공직으로부

중선거구제 하의 선거구

연도		총의석수	선거구 분류	
1947	중선거구제	466	3인구—40, 4인구—39, 5인구—38	
1950	중선거구제	466		
1953	중선거구제	467	1인구—1, 3인구—40, 4인구—35, 5인구—38	반환된 아마미 군도—1인구
1964	중선거구제	486	1인구—1, 3인구—43, 4인구—39, 5인구—40	
1970	중선거구제	491	1인구—1, 3인구—43, 4인구—39, 5인구—41	반환된 오키나와 현—5인구
1975	중선거구제	511	1인구—1, 3인구—47, 4인구—41, 5인구—41	
1986	중선거구제	512	1인구—1, 2인구—4, 3인구—42, 4인구—49, 5인구—46, 6인구—2	
1992	중선거구제	511	2인구—8, 3인구—39, 4인구—34, 5인구—46, 6인구—2	

출처: 山本信一郎(1998), 37-88: 이경주(2000), 242에서 재인용

터 물러나게 하기 위해 공직추방령이 공포됐다. 이에 따라 전쟁협력자들로 구성됐던 일본진보당의 경우 274명의 중의원 중 262명이 추방됐다.[3]

패전 후 첫 선거인 1946년 총선 결과 새로운 정당들이 의회에 진출하게 됐다. 진보당이 94석, 자유당이 141석을 차지하는 등 여전히 보수정당들이 다수를 차지하고 있었지만 대선거구 덕분에 사회당이 92석을 차지해 제3당이 되었고 공산당도 처음으로 5석을 얻었다. 전체 466명의 의원 중 80%가 넘는 379명이 새로 선출된 정치인들이었다. 대선거구 도입에 따라 좌파 정당들이 진출하자 보수정당들은 선거제도에 불만을 갖게 됐다. 사실 보수정당들은 소선거구를 원했지만 연합국총사령부(GHQ/SCAP)의 의도를 고려할 수밖에 없었다. 요시다 시게루(吉田茂) 내각은 사회당과 공산당의 강력한 반대에도 불구하고

미국의 동의를 받아 중선거구제를 채택하게 된다.

1947년 4월 25일 중선거구제로 치러진 중의원 선거는 하나의 선거구에서 3~5명의 의원을 선출하는 방식이었다. 1구 1석의 선거구는 인구수가 적은 도서 지역에 단 하나밖에 없었다. 1947년 선거결과는 예상과 크게 달랐다. 보수정당인 자유당과 민주당이 제2당과 제3당으로 밀려났고 사회당이 전체 의석의 31%인 143석을 얻어 제1당이 됐다. 공산당

도 5석을 얻어 의회에 진출했다. 사회당이 자유, 민주, 협동당과 함께 만든 연립정권은 사회당의 분열 등으로 오래 유지되지는 않았지만 보수정당들의 불안감을 조성하기에는 충분했다. 보수정당들은 1955년 선거에서 좌우파 사회당의 의석수가 156석에 이르게 되자 사회당 단독정부 혹은 사회당 주도의 연립정권이 다시 수립될 수 있다는 생각을 하게 됐다. 즉 중선거구제에서 보수정당 후보들이 난립하여 당선이 어려워지자 1955년에 자유당과 민주당은 합당하여 거대여당인 자유민주당(자민당)을 탄생시키게 됐다. 자민당은 이후 39년 동안 집권하는데 이를 '55년 체제'라 한다. 이 체제는 좌우파 사회당의 합당에 의한 통일사회당의 등장과 보수당인 자유당과 민주당의 합당에 의한 자유민주당의 결성으로 형성된 것이었다. 따라서 외형상 양당제의 형태를 띠고 있었지만 실제로는 자민당이 압도적 우위를 갖는 일당우위체제였다.

(3) 1994년 선거개혁

1980년대 후반이 되자 끊임없이 정치스캔들이 발생하면서 중선거구제는 일본 정치에 있어서 '악의 근원'처럼 간주됐다. 1987년 발생한 리쿠르트 스캔

들은 자민당 정권의 부패상이 폭로되는 계기가 됐고 이 여파는 1989년 7월 실시된 참의원선거에서 나타났다. 이 선거에서 과반수 의석을 획득하는 데 실패한 자민당은 이후의 중의원 선거에서도 패배할지 모른다는 위기감에 직면하게 됐다. 이러한 상황에서 가이후 도시키(海部俊樹) 총리가 정치개혁을 추진했으나 성과를 거두지 못했고 1992년 교와(共和) 스캔들과 사가와큐빈(佐川急便) 사건을 계기로 「긴급정치개혁관계법」을 성립시켰다. 그러나 1993년 중의원의 소선거구 도입에 대한 자민당 내부의 반발과 야당의 반대로 두 차례의 개혁입법시도는 무산됐다.

정치개혁이 실패하면서 사회, 공명, 민사당 등 세 개 야당이 중의원에 제출한 미야자와 기이치(宮澤喜一) 내각의 불신임안이 가결됐고 이어서 1993년 총선이 실시됐다. 총선에서 자민당이 과반수의석 확보에 실패하자 자민당을 제외한 여덟 개 정당이 연립정권 수립에 합의함으로써 55년 체제의 해체를 알리는 최초의 정권교체가 이뤄졌다. 정치개혁을 매개로 수립됐던 호소카와 모리히로(細川護熙) 연립내각은 1994년 1월 정치개혁법안을 국회에 통과시켰다. 법안의 핵심은 중의원의 중선구제를 폐지하고 소선거구-비례대표 병립제를 도입한다는 것이었다.

정치개혁이 논의되던 1990년 초 자민당은 소선거구제를, 사회당과 공명당은 독일의 소선거구-비례대표 병용제를 선호했다. 연립여당 내에서도 지역선

일본 선거제도의 변화

연도	제 도	선거권	선거구수	의석수
1889	1구 1석 소선거구제	세금 15엔 이상 25세 이상 남성	257	300
1900	대선거구제	세금 10엔 이상 25세 이상 남성	97	369
1919	1구 1석 소선거구제	세금 3엔 이상 25세 이상 남성	374	464
1925	중선거구제	25세 이상 남성	122	466
1946	대선거구 제한 연기제	20세 이상 남녀	53	466
1947	중선거구제	20세 이상 남녀	117	466
1994	소선거구-비례대표 병립제	20세 이상 남녀	소선거구 300 비례대표 200	500
2000	소선거구-비례대표 병립제	20세 이상 남녀	소선거구 300 비례대표 180	480

거구와 비례선거구 간의 의원수 문제로 의견이 엇갈리고 있었다. 또한 중의원과 참의원 간의 갈등으로 43년 만에 양원협의회가 설치되기도 했다. 우여곡절 끝에 최종 결정된 안은 1인 2표제의 소선거구 300석, 비례대표 200석의 병립제를 채택하며 비례대표 선거구를 전국 11개로 나눈다는 것이었다(2000년에는 1994년 선거법에서 정한 정수에서 비례선거구 20인을 감소한 총 480명으로 개정됐다). 이와 같은 정치개혁은 정당들 사이의 정략적 타협의 산물로 이해될 수 있다. 즉 자민당과 같은 거대정당은 소선거구제가 더 유리하다고 판단했고 소수정당들은 비례대표제를 선호했기 때문에 상호이익을 충족하는 타협안으로 소선거구-비례대표 병립제를 수용하게 됐던 것이다.[4]

미야자와 기이치(1919~2007)

호소카와 모리히로(1938~)

중의원은 어떻게 뽑나

(1) 중의원 선거의 특징

중의원 총수는 480명으로 1구 1석의 지역구에서 300명을 선출하며 11개의 비례대표 권역에서 180명을 선출한다. 소선거구 경우에는 47개의 도·도·부·현(都道府縣)에 우선 1인씩 배정한 다음 인구수에 따라 나머지 253석을 배정한다. 11개 비례대표 권역에 배정된 의석수는 인구수에 따라 9명에서 23명이다. 비례대표의 의석 배분 공식은 동트식(d'Hont formula)을 사용한다. 유권자는 만 20세 이상으로 지역구에서 후보와 비례선거구에서 정당에 각각 1표씩 모두 2표를 행사할 수 있다. 또한 투표는 기호식으로 소선거구에서는 선호하는 후보 1인과 비례선거구에서는 선호하는 정당 중 하나에 'ㅇ'를 기입함으로써 선출한다(참의원 기표방식 참조). 선거에 출마하는 후보자는 25세 이상이어야 하며 선거관리는 지역구 대표의 경우에 임기 4년의 도·도·부·현의 선거관리위원회가 주관한다. 이와는 달리 비례대표는 임기 3년의 중앙선거관리위원회에서 주관한다.

동트식 비례대표제

벨기에 법학자인 빅터 동트(Viktor d'Hondt)의 이름을 딴 것으로 비례대표선거에서 얻은 득표를 의석으로 배분할 때 쓰이는 방식을 의미한다. 즉 비례대표선거에서 얻은 각 당의 득표수를 미리 정해진 일련의 나눔수로 나누어 몫이 큰 순서대로 의석을 배분하는 방식으로 최고평균법이라고도 한다

정당들은 각 비례대표 권역에서 의석을 배정받기 위해 전국적으로 3%이상의 득표를 해야 한다. 특이한 것은 정당이 비례대표후보명단을 제출하기 위해서는 다음 세 가지 중 하나의 조건을 만족해야 한다는 점이다. ① 가장 최근의 전국 선거에서 최소 2%의 전국적 지지를 얻어야 한다. ② 중의원과 참의원을 합하여 최소 5석의 의석수를 보유해야 한다. ③ 각 비례대표 권역에서 의석정원의 최소 20%

이상의 후보자를 낼 수 있어야 한다. 또한 지역구 선거에 출마하는 후보자도 몇 가지 조건을 갖추어야 한다. ① 후보자는 최근 선거에서 2%의 지지를 얻지 못했거나 혹은 의원수가 5석 이하인 정당의 이름을 걸고 출마할 수 없다. 즉 공천은 받을 수 있으나 무소속으로 출마해야 하는 것이다. ② 출마를 위한 또 하나의 조건은 공탁금이다. 소선거구에 출마하는 후보는 600만 엔, 비례대표에 출마하는 후보는 300만 엔을 내야 하는데(중복 출마의 경우에는 300만 엔), 비례대표후보의 경우에는 당선 의원 숫자에 따라 공탁금을 차등적으로 돌려받는다. 따라서 어떤 정당이 11개의 비례대표 권역에서 최소한의 후보를 공천한다면 2억 7천만 엔을 납부해야 하며 만약 한 석도 얻지 못한다면 이 공탁금은 전혀 돌려받지 못한다.[5]

일본의 선거운동에서 유세차량은 아직도 인기있는 선거운동 방법이다. 선거운동원뿐 아니라 후보가 탑승하여 직접 마이크를 잡기도 한다. 사진은 군소정당들의 유세차량.

중의원 선거제도의 또 다른 특징은 중복입후보의 허용과 동순위 입후보의 적용이다. 각 정당은 비례대표명부에만 입후보하는 후보를 권역별로 10명까지 공천할 수 있는데, 다시 말하면 이외의 다른 후보들은 모두 소선거구제의 지역구와 비례선거구에 중복해서 공천을 받을 수 있다. 중복입후보제도는 원래 전국적인 지명도를 가진 정치인이 지역구에서 낙선되는 상황에 대비하여

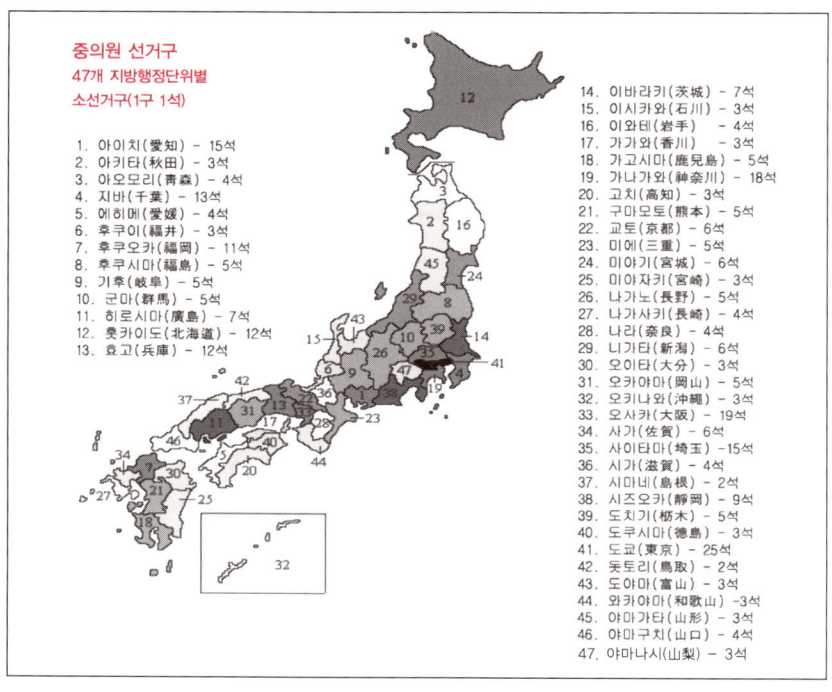

중의원 선거구
47개 지방행정단위별
소선거구(1구 1석)

1. 아이치(愛知) – 15석
2. 아키타(秋田) – 3석
3. 아오모리(青森) – 4석
4. 지바(千葉) – 13석
5. 에히메(愛媛) – 4석
6. 후쿠이(福井) – 3석
7. 후쿠오카(福岡) – 11석
8. 후쿠시마(福島) – 5석
9. 기후(岐阜) – 5석
10. 군마(群馬) – 5석
11. 히로시마(廣島) – 7석
12. 홋카이도(北海道) – 12석
13. 효고(兵庫) – 12석

14. 이바라키(茨城) – 7석
15. 이시카와(石川) – 3석
16. 이와테(岩手) – 4석
17. 가가와(香川) – 3석
18. 가고시마(鹿兒島) – 5석
19. 가나가와(神奈川) – 18석
20. 고치(高知) – 3석
21. 구마모토(熊本) – 5석
22. 교토(京都) – 6석
23. 미에(三重) – 5석
24. 미야기(宮城) – 6석
25. 미야자키(宮崎) – 3석
26. 나가노(長野) – 5석
27. 나가사키(長崎) – 4석
28. 나라(奈良) – 4석
29. 니가타(新潟) – 6석
30. 오이타(大分) – 3석
31. 오카야마(岡山) – 5석
32. 오키나와(沖繩) – 3석
33. 오사카(大阪) – 19석
34. 사가(佐賀) – 6석
35. 사이타마(埼玉) –15석
36. 시가(滋賀) – 4석
37. 시마네(島根) – 2석
38. 시즈오카(靜岡) – 9석
39. 도치기(栃木) – 5석
40. 도쿠시마(德島) – 3석
41. 도쿄(東京) – 25석
42. 돗토리(鳥取) – 2석
43. 도야마(富山) – 3석
44. 와카야마(和歌山) –3석
45. 야마가타(山形) – 3석
46. 야마구치(山口) – 4석
47. 야마나시(山梨) – 3석

고안된 것이지만 대부분의 지역구 출마의원들이 비례선거구에 중복입후보하고 있다. 1996년 선거의 경우 자민당은 약 80%, 민주당은 약 90%의 지역구 의원들이 중복입후보를 했다. 그 결과 586명의 중복입후보자 가운데 33명이 부활하여 의석을 얻었다.

또한 비례대표명부의 한 순위에 여러 명의 후보를 공천할 수도 있는데 이는 정당의 결정에 달렸다. 이 경우 최종 당선자를 결정하기 위한 석패율(惜敗率) 제도를 채택한다. 석패율이란 낙선 후보들이 타당의 당선후보를 상대로 얼마나 선전했는가를 비교하기 위해 낙선한 후보의 득표수가 얼마만큼 당선

중의원 비례선거구
비례대표 권역과 의석수

홋카이도(北海道) 8

도호쿠(東北) 14

호쿠리쿠/신에츠(北陸/信越) 11

기타간토(北關東) 20

긴키(近畿) 도쿄(東京) 17

쥬고쿠(中國) 11

미나미간토(南關東)

21 29

22

도카이(東海)

6

시코쿠(四國)

21

큐슈(九州)

후보의 득표수에 근접했는가를 백분율로 나타낸 것이다. 석패율의 도입으로 지역구에서 4등이나 5등을 한 후보가 그 지역의 2등, 3등을 제치고 당선되는 경우도 발생하는데 1996년 선거에서는 비례후보로 부활한 33명 중 23명이 상위후보를 건너뛰어 당선되기도 했다. 심지어 지역구에서 법정득표율인 유효득표수의 10분의 1도 얻지 못해 공탁금까지 몰수당한 후보자가 비례대표로 부활하기도 했다. 문제는 석패율을 다른 당 후보가 아니라 다른 지역구에 출마하고 같은 비례선거구에 입후보한 같은 당 후보들끼리 비교한다는 점에서 발생하고 있다.

(2) 2000년대 중의원 선거사례

새로운 선거제도가 채택된 1994년 이후 중의원 선거는 네 번 실시됐으며 이 중 세 번 자민당이 과반수 의석을 차지하지 못하여 공명당과의 연합을 통해 내각을 구성했다. 그러나 2005년 선거에서는 자민당이 과반수 의석을 초과하였음에도 불구하고 연립내각을 지속하고 있다. 선거제도 개혁 이후 투표율은 전반적인 하향추세를 보이다가 2005년 선거에서 67.5%로 상승했다. 즉 1980년 이후 평균 투표율은 69.4%였으나, 새로운 선거제도에서 시행된 네 번의 선거에서는 약 61.8%를 보이고 있다.[6] 이러한 투표율의 하락현상은 새로 도입된 선거제도에 대한 유권자들의 이해부족에서 비롯됐다고 할 수 있다.[7] 2005년 선거에서는 세 번의 선거를 경험한 유권자들이 투표절차에 익숙해졌기 때문에 이전과는 달리 적극적으로 참여하게 됐다.

2000년 이후 중의원 선거결과를 살펴보면, 점차 자민당과 민주당의 양당경쟁구도가 나타났음을 알 수 있다. 즉 자민당과 민주당의 의석점유율은 2000년 76.7%, 2003년 86.3% 그리고 2005년 선거에서는 85.2%로 영국의 노동당과 보수당의 의석점유율과 유사한 양태를 보이고 있는 것이다. 2003년 중의원 선거에서 자민당은 2001년 참의원 선거보다는 약했지만 고이즈미 준이치로(小泉純一郎) 총리의 인기에 힘입어 이전 선거에서보다 득표율과 의석수를 늘릴 수 있었다. 민주당

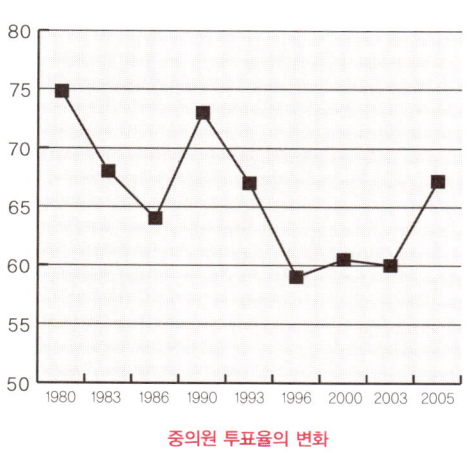

중의원 투표율의 변화

의 약진에는 자유당과의 합당효과가 긍정적으로 작용했다. 2003년 중의원 비례선거구에서 자민당과 민주당의 득표수와 득표율이 역전도 었는데 이러한 결과는 자민당의 득표수가 감소했기 때문이다. 공명당은 2000년대 선거에서 자민·민주 양당의 영향을 거의 받지 않아 의석수와 득표율을 일정하게 유지했다. 민주당의 약진이 뚜렷했던 2003년 선거에서는 의석수가 오히려 늘어났다. 사민당은 2003년 중의원 선거 이후, 지지표 이탈이 시작되어 완만한 하락세를 지속했다.

민주당이 약진하게 됐던 계기는 2003년 중의원 선거였다. 민주당은 이 선거에서 2000년 선거보다 50석을 더 늘린 177석을 획득해 자민당의 독주를 견제했다. 자민당이 10석을 잃은 것에 비한다면 놀라운 성과를 거둔 것이다. 이와는 달리 사민당, 공산당 등은 각각 6석, 9석에 불과한 의석을 차지하면서 혁신정당들의 쇠퇴가 나타났다. 이러한 경향을 고려하면 보수 대 혁신의 구도가 보수정당 간의 경쟁으로 전환됐다고 볼 수 있다. 1996년 창당된 민주당은 이후 세 번의 중의원선거, 두 번의 참의원 선거에 참여하면서 수권정당의 이미지를 구축하고 있다. 글자 그대로 반대정당에 불과했던 기존의 야당과는 차별화되고 있는 것이다. 민주당이 기존 야당들과 다른 점은 도시 중산층을 포함한 다양한 보수세력의 지지를 받고 있을 뿐만 아니라 대부분의 선거구에 후보를 내는 전국정당의 면모를 갖추고 있다는 점이다. 이러한 상황을 고려하면 2000년대의 선거경쟁은 자민당 일당우위를 사회당이 견제했던 55년 체제와는 다른 양상으로 전개되고 있는 것이다.

보수정당들 간의 경쟁양상은 일단 민주당의 성장에서 비롯된 것이지만 혁신정당들의 경직성에 따른 결과로도 볼 수 있다. 2000년대에 들어와서도 사회당 등의 혁신정당들은 이념이나 정책의 측면에서 55년 체제에 있어서와 근본

중의원 선거 지역선거구에서의 정당별 득표율과 의석수

		자민	공명	보수	민주	자유	공산	사민	기타
2000	득표율	41.0	2.0	2.0	27.6	3.4	12.1	3.8	8.1
	의석수	177	7	7	80	4	0	4	21
2003	득표율	43.9	1.5	1.3	36.7	–	8.1	2.9	5.7
	의석수	168	9	4	105		0	1	13
2005	득표율	47.8	1.4	–	36.4		7.3	1.5	5.6
	의석수	219	8	–	52		0	1	20

중의원 선거 비례선거구에서의 정당별 득표율과 의석수

		자민	공명	보수	민주	자유	공산	사민	기타
2000	득표율	28.3	13.0	–	25.2	11.0	11.2	9.4	1.9
	의석수	56	24	–	47	18	20	15	0
2003	득표율	35.0	14.8	–	37.4	–	7.8	5.1	0
	의석수	69	25	–	72		9	5	0
2005	득표율	38.2	13.3	–	31.0	–	7.3	5.5	4.8
	의석수	77	23	–	61		9	6	4

출처: 이이범(2007), 73 재구성

적으로 달라진 것이 없다. 탈냉전의 상황에서도 사회주의 이념을 고수했으며 노동자와 같은 특정 계층의 이익에만 집착했다. 중산층 유권자들이 이러한 혁신정당들을 외면한 것은 너무도 당연한 결과였다. 특히 사회당은 자민당과 연립내각을 구성하면서 정당정체성이 무너졌다. 보수정당의 정책에 동조하면서 혁신정당의 이념이 퇴색됐던 것이다. 또한 1994년 정치개혁으로 도입된 소선거구제는 사회당과 공산당 등 혁신정당들에 불리하게 작용했다. 중선거구에서 주로 2위를 차지하던 사회당은 1위를 해야 하는 소선거구제에서 경쟁력이 약화될 수밖에 없었다.

2005년 중의원 선거에서 자민당은 1990년 이후 15년 만에 최초로 단독 과반수 획득에 성공했다. 자민당은 도쿄, 사이타마, 지바, 가나가와 등의 71개 소선거구 중 63개에서 압도적인 우위를 차지하여 296석을 획득했고 여기에 공명당의 31석을 합하면 연립여당의 의석수는 327석으로 중의원의 3분의 2를 넘어섰다. 자민당은 고이즈미 총리를 전면에 내세우고 우정민영화에 대한 찬반을 쟁점화시켰던 것이 효력을 발휘했다. 반면 정권교체를 목표로 했던 민주당은 도쿄 지역에서의 패배로 113석을 획득하는 데 그쳤으며 1996년 창당 이후 최초로 의석이 감소하는 결과에 직면하게 됐다.

자민당 선거포스터

"자민당을 바꾸자, 일본을 바꾸자, 자신감과 능력을 갖춘 나라로!"라고 호소하고 있는 자민당 선거포스터.

참의원은 어떻게 뽑나?

(1) 참의원 선거의 특징

참의원은 1889년에 귀족원으로서 중의원과 함께 설치됐다. 귀족원은 황족, 화족들로 구성되어 있었으며 전전에는 중의원보다 상대적으로 우월한 지위를 갖고 있었다. 귀족원은 황족의원, 화족의원, 칙임의원들로 이루어져 있었다. 만 20세 이상(황태자는 18세)의 황족 남성은 자동적으로 종신임기를 부여받았다. 화족의원은 귀족 작위인 공작, 후작, 백작, 자작, 남작 의원으로 구성되었는데 만 25세 이상의 공작과 후작은 자동으로 종신의원에 임명됐고 나머지 작위들은 30세 이상이 되면 귀족원 내부에서 호선으로 7년 임기로 선출됐다. 칙

선거관리위원회에서 제작한
2007년 7월 29일 참의원 선거
를 알리는 포스터

임의원은 종신인 칙선의원과 임기 7년의 다액 납세
의원, 제국학사원 선출의원 등이 있었다. 귀족원의
개혁은 다이쇼 데모크라시 시기에 몇 차례 논의와
시도가 있었으나 귀족원령에 의거 귀족원의 변화는
귀족원이 결정한다는 조항 때문에 실패하고 말았
다.[8]

1946년 신헌법에 따라 귀족원은 폐지되고 중의
원과 함께 참의원이 설치되어 양원제 의회를 구성
하게 됐다. 1947년 선거에서 의석수는 250명이었으
며 지역선거구에서 150석, 비례선거구에서 100석

을 선출했다. 몇 차례의 의석 조정을 거쳐 현재 참의원 정원은 총 242석이다.
참의원의 임기는 6년이며 3년마다 반수를 새로 선출하며, 후보는 만 30세 이
상이어야 한다. 참의원의 선출방식은 기본적으로 중대선거구-비례대표 병립
제를 채택하고 있다. 지역선거구에서 146명을, 비례선거구에서 96명을 선출
한다. 지역선거구는 중의원과는 달리 1구 1석의 소선거구가 아니라 선거구별
로 1인에서 4인까지를 선출하는 47개의 도·도·부·현을 단위로 하는 중대
선거구제이다(2007년부터는 1~5인). 비례선거구는 11개 권역으로 나누어진 중의
원과 달리 전국단일 선거구를 채택하고 있다. 매 선거에서 절반이 새로 선출
되기 때문에 지역선거구에서 73명, 비례선거구에서 48명이 선출된다. 비례대
표선거의 경우 2001년 이전에는 정당이 후보자의 순위를 정하는 폐쇄명부형
비례대표제였으나 현재는 개방명부형 비례대표제를 채택하고 있다. 정당은
후보자의 명부에 순서를 정하지 않고 유권자가 지지하는 정당이나 명부상의
후보자를 직접 기재한다. 각 정당의 총득표수에 따라 의석수를 정당별로 배정

참의원 47개 지역선거구와 의석수

홋카이도	(北海道): 4	이시카와	(石川県): 2	오카야마	(岡山県): 2
아오모리	(青森県): 2	후쿠이	(福井県): 2	히로시마	(広島県): 4
이와테	(岩手県): 2	야마나시	(山梨県): 2	야마구치	(山口県): 2
미야기	(宮城県): 4	나가노	(長野県): 4	도쿠시마	(徳島県): 2
아키타	(秋田県): 2	기후	(岐阜県): 4	가가와	(香川県): 2
야마가타	(山形県): 2	시즈오카	(静岡県): 4	에히메	(愛媛県): 2
후쿠시마	(福島県): 4	아이치	(愛知県): 6	고치	(高知県): 2
이바라키	(茨城県): 4	미에	(三重県): 2	후쿠오카	(福岡県): 4
도치기	(栃木県): 4	시가	(滋賀県): 2	사가	(佐賀県): 2
군마	(群馬県): 4	교토	(京都府): 4	나가사키	(長崎県): 2
사이타마	(埼玉県): 6	오사카	(大阪府): 6	구마모토	(熊本県): 2
지바	(千葉県): 4	효고	(兵庫県): 4	오이타	(大分県): 2
도쿄	(東京都): 8	나라	(奈良県): 2	미야자키	(宮崎県): 2
가나가와	(神奈川県): 6	와카야마	(和歌山県): 2	가고시마	(鹿児島県): 2
니가타	(新潟県): 4	돗토리	(鳥取県): 2	오키나와	(沖縄県): 2
도야마	(富山県): 2	시마네	(島根県): 2		

하고 다시 후보자에 대한 득표순으로 당선자를 결정한다.

(2) 2000년대 참의원 선거사례

2001년 참의원 선거에서는 자민당이 121석 중 65석을, 민주당은 26석을 획득했다. 그러나 2004년 선거에서는 민주당이 50석, 자민당이 49석을 획득함으로써 총 242석 중 민주당이 79석을 그리고 자민당이 114석을 차지하게 됐다. 자민당은 당초 목표로 했던 51석을 채우지 못했고 2001년 선거에 비해 16석이나 감소했다. 반면 민주당은 1956년에 사회당이 획득했던 49석보다 많아 역대 야당 중에서 최다 의석수를 기록했다. 또한 비례선거구에서의 득표율도 37.79%로, 이전 최고치였던 1989년 사회당의 35.05%를 넘어섰다.

참의원선거 지역선거구에서의 정당별 득표율과 의석수

		자민	공명	민주	자유	공산	사민	기타	무소속
2001	득표율	41.0	6.4	18.5	5.5	9.9	3.5	4.8	10.4
	의석수	45	5	18	2	1	0	2	0
2004	득표율	35.1	3.9	39.1	–	9.8	1.8	0.2	10.2
	의석수	34	3	31	–	0	0	5	0
2007	득표율	31.4	6.0	40.5	–	8.7	2.3	2.6	8.6
	의석수	23	2	40	–	0	0	1	7

참의원선거 비례선거구에서의 정당별 득표율과 의석수

		자민	공명	민주	자유	공산	사민	기타	무소속
2001	득표율	38.6	15.0	16.4	7.7	7.9	6.6	7.8	–
	의석수	20	8	8	4	4	3	1	–
2004	득표율	30.0	15.4	37.8	–	7.8	5.4	3.6	–
	의석수	15	8	19	–	4	2		–
2007	득표율	28.1	13.2	39.5	–	7.5	4.5	8.3	–
	의석수	14	7	20	–	3	2	2	–

이러한 차이는 고이즈미 내각의 3년 동안의 성과에 대한 평가에서 비롯된 것이었다. 2004년 참의원 선거는 다음과 같은 특징이 있었다. 첫째, 선거 전에 예상됐던 대로 자민당의 패배가 현실화됐다. 둘째, 투표율이 낮았음에도 불구하고 민주당이 승리를 거뒀다. 대체로 투표율이 낮으면 자민당이 유리했던 경향이 2004년 선거에는 적용되지 않았다. 이러한 결과는 자민당 지지층이 기권했거나 민주당에 투표했고, 부동층에서도 민주당을 지지했던 유권자가 많았다는 것을 의미한다. 특히 부동층 유권자들이 자민당 후보를 낙선시키기 위해 민주당 후보에게 표를 몰아주는 전략적 투표를 했다고 할 수 있다.

자민당의 패배를 초래한 가장 중요한 요인은 국민연금보험문제와 이라크 파병문제에 대한 자민당의 태도였다. 즉 많은 문제점에도 불구하고 연금제도를 무리하게 강행한 것과 이라크 파병에 대한 무조건적인 지지가 비판의 대상이 됐던 것이다. 이러한 점을 고려하면 유권자들은 고이즈미 정권에 대한 심판을 자민당 후보들과 연계시켰다고 볼 수 있다. 따라서 자민당의 패배는 두 가지 쟁

홋카이도(北海道) 참의원 선거포스터.

점에 있어서 고이즈미 총리가 의회의 지지를 얻지도 못했고 국민들을 설득시키지도 못한 결과였던 것이다.

민주당은 연금문제와 관련해서 자민당, 공명당 등과 합의했기 때문에 연금문제를 쟁점화시키기는 어려웠지만 3당합의의 당사자였던 오카다 가쓰야(岡田克也) 대표가 취임하면서 상황을 반전시켰다. 즉 오카다는 연금제 강행으로 합의의 조건이 붕괴되었다면서 연금개혁법의 철회를 주장했다. 또한 민주당은 이라크 파병에 대해서도 정부를 강력하게 비판하여 자민당 대 민주당의 대결구도를 성립시키는 데 성공했다. 이러한 과정을 통해 민주당은 선명야당의 이미지를 부각시킬 수 있었던 것이다.

2004년 참의원 선거에서 자민당이 잃은 의석수는 1석이고 공명당은 선거 전 의석수보다 1석이 늘었기 때문에, 여당 전체로 보면 사실상 의석수의 변화는 없었다고 할 수 있다. 더구나 참의원 정수가 5석 감소되었기 때문에 여당의 의석비율은 이전보다 높아진 측면도 있다. 그러나 결과적으로 자민당은 과반수 획득에 실패했다. 자민당의 49석과 공명당의 11석을 합쳐도 60석으로 121석의 과반수 61에 1석이 부족했던 것이다. 특히 공명당의 지원을 받았음에도

각 당 대표의 얼굴을 넣은 민주당과 자민당의
2007년 참의원 선거 포스터

불구하고 득표율이 하락한 것은 자민당 지지자들의 기권이 많았다는 것을 의미했다.

이러한 경향은 2007년 참의원 선거에서도 나타났다. 2007년 선거는 2004년 선거보다 투표율이 2% 상승한 58.6%를 기록했으며 비례대표 48명, 1~5석 선거구 73명이 선출되었다. 이 선거에서 자민당은 과반수 의석을 차지하지 못해 민주당에게 제1당의 자리를 내줬다. 참의원 정수의 절반인 121명을 새로 선출했는데 자민당은 27석을 잃어 37석을 얻는 데 그쳤다. 이러한 결과는 1989년 참의원 선거에서 36석을 획득한 이후 최소의석이었다. 또한 연정파트너인 공명당도 3석을 잃어 9석을 획득하는 데 그쳤다. 이에 따라 자민당과 공명당은 기존 의석 58석을 포함해도 103석으로 과반수인 122석에 크게 못미치게 됐다. 이와는 달리 민주당은 목표로 했던 55석을 초과하여 60석을 획득했다. 민주당은 기존 의석을 포함해 109석으로 원내 제1당의 위치를 차지하게 됐다.

자민당은 두 명을 뽑는 중선거구에서는 민주당과 의석을 나눠 가졌으나, 29개 소선거구에서는 민주당에 완패했다. 자민당의 패배원인은 선거 직전에 발생되었던 5000만 건의 연금기록 분실

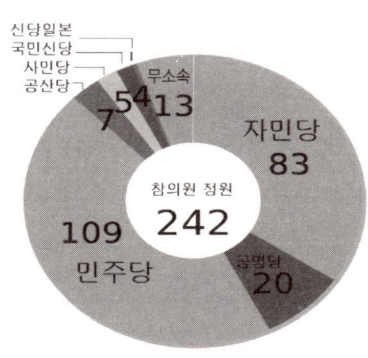

2007년 선거 후 참의원 의석분포

사태였다. 또한 아베 내각 각료들의 실언과 정치자금 문제 등도 유권자들의 선택에 영향을 미쳤다. 반면 민주당은 소득격차 문제를 쟁점화하여 농촌과 지방 소도시 유권자들의 집중적인 관심을 받았고 자민당의 지지 기반인 규슈, 시코쿠, 주고쿠 지역에서도 이탈표를 얻는 데 성공했다. 결국 선거 패배와 지나친 우경화로 아베 정권은 1년 만에 붕괴하고 2007년 9월 후쿠다 야스오(福田康夫) 내각이 성립됐다.

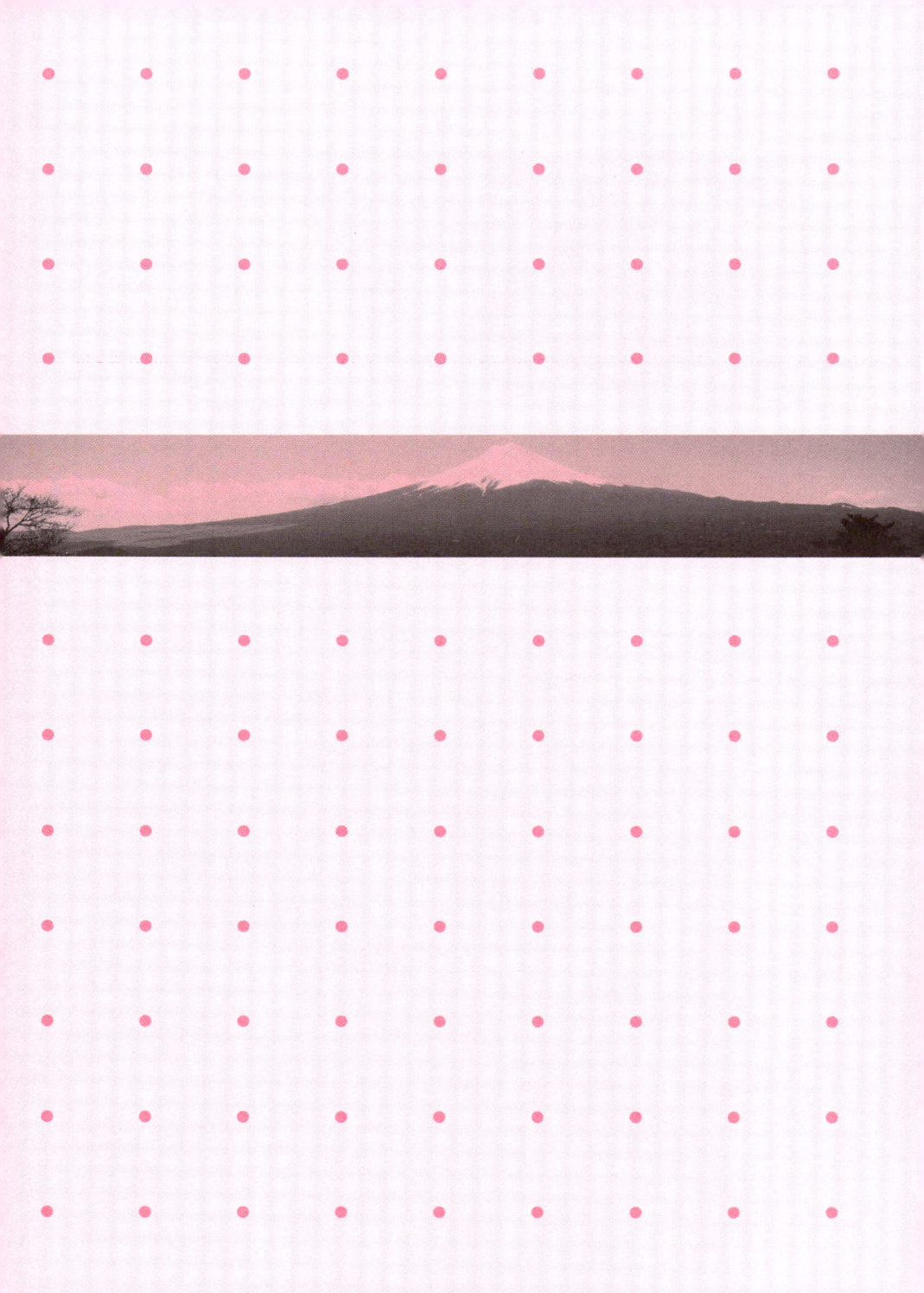

7장

시민사회, 일본 민주주의의 잠재력

김경묵

한신·아와지 대지진을
추모하는 촛불탑(아와지)

일본 시민사회의 이미지는?

일본 시민사회는 밖에서 어떠한 이미지로 비춰지고 있을까? 경제적인 면에서 일본은 선진국이니까 유럽이나 미국처럼 시민사회가 활발할까? 아니면 시민사회는 구미에서 유래된 것이기에 일본의 시민사회는 그다지 발달되지 못하고, 활동규모도 약소할까? 시민사회의 발전 또는 성숙의 정도가 민주주의의 그것과 비례한다면, 일본의 시민사회를 이해하는 것은 일본의 민주정치의 이해로 이어질 것이다.

먼저 일본의 시민사회에 대한 전반적인 이미지를 확인해 보자. 어떤 이는 일본의 시민사회가 일본 사회 및 경제의 규모나 국력에 비해서 약소하기 짝이 없다고 말할 것이고, 또한 일본 시민사회와 한국의 시민사회와 비교해 볼 때, 정치적인 이슈에 대한 영향력이 약할 뿐 아니라, 사회를 변화시키기에는

시민사회란?

고대 그리스, 로마시대의 시민공동체에서 유래하며, 국가의 권력으로부터 통제를 받지 않는 공공의 공간, 행위자 계급 등을 지칭하는 경우가 많다. 최근에는 오래된 이미지의 시민사회와 새로운 이미지의 시민사회로 나누기도 한다. 오래된 이미지의 시민사회의 계로는 종교집단(교회나 사원 등), 노동조합, 학교, 여성운동이나 학생운동 등의 운동 결사 등이 대표적이며, 새로운 이미지의 예로는 국내외에서 활동을 하는 비정부기구(NGO), 자원봉사단이 대표예로 꼽힌다. 따라서 최근에 각광을 받는 NGO를 시민사회와 별거의 것으로 이해하기보다는 시민사회의 일부에 포함시키는 것이 더 타당할 것이다.

너무나도 역동적이지 못하다고 할 것이다. 정책결정에 있어서도 너무 지나치게 조심스런 점이 많아 진행처리 속도도 느리다. 한국에서 볼 때, 답답하기 짝이 없다고도 할 것이다. 물론 개개의 시민단체 또는 NGO마다 개성과 특징이 있으며, 일본 정부나 기업에 비해서는 사회변혁에 대한 성격이 강한 것은 분명하다. 그럼에도 앞서 언급한 부정적인 이미지는 대체로 맞는 말들이다.

반면에 일본의 시민사회를 긍정적으로 평가하는 사람들은, 일본 시민사회가 한국보다도 더 민주적이라고 말한다. 다시 말해서, 시민단체의 구성원 간의 관계가 보다 더 대등하고, 조직운영도 분권적이라고 말한다. 예를 들어, 한국의 시민단체는 사무국이나 일선현장에서 구체적인 정보를 가지고 일하는 스태프보다도 각계의 저명인사들로 구성되어 있는 이사진이나 전문가들이 절대적인 영향력을 가지고 있어, 당연히 그 단체의 정책결정은 영향력이 큰 저명인사들에 의해서 이뤄진다. 반면에 일본의 시민사회단체는 풀뿌리 민주주의에 기초해서, 사무국의 영향력이 한국의 시민사회단체에 비해서 강하며, 정책결정의 방법도 대화와 토의의 방법을 중시하는 직접민주제의 운영패턴으로 이뤄지는 경우가 많다.

냉전기 일본의 시민운동: 이데올로기적 사회투쟁

시민사회의 개념이 고대 그리스나 로마에서 유래했다는 이유로, 아시아나 아프리카 등의 비 서구사회의 시민사회의 존재를 부정하는 사람도 있다. 그러나 시민사회의 성격이나 의미에서 확대 해석을 해 본다면, 어느 나라나 국가권력에 영향을 받지 않고 민간의 차원에서 이어져 내려온 공동체나 전통양식

(예를 들어 두레나 품앗이 등)을 갖고 있다. 그런 면에서 일본에도 고유의 시민사회가 있었으며, 특히 근대에 들어서는 '조나이카이'(町內會)라고 하는 주민자치조직이 1947년 법제상 폐지될 때까지 각 공동체마다 존재해왔다.

그렇지만 역시 오늘날 사람들이 보편적으로 의미하는 서구적인 개념의 시민사회는 제2차 세계대전 이후에 본격적으로 성장하게 되었다. 전후 일본의 시민사회이론은 좌파적인 성향이 강했던 지식인을 통해서 알려졌다. 1960년대 이후, 좌파 지식인 등의 도움을 얻은 일부 진보적 성향을 가진 지방자치단체장 등이 지방분권의 중요성을 내세우면서, 중앙정부로부터 독립된 시민의 자치를 강조했다. 그 결과 생활협동조합운동, 여성운동, 환경운동, 반전평화운동 등 새로운 가치의 창조와 보급을 중시하는 '신(新)사회운동'이 대도시지역에 생활기반을 둔 고학력의 중산층에 보급됐다.

당시는 냉전시대였다. 미국을 중심으로 한 자본주의와 소련을 중심으로 한 사회주의의 이데올로기적인 대립과 갈등이 전 세계적으로 펼쳐지고 있었다. 일본 정부는 미국의 정책에 거의 무조건적인 복종을 거듭하고 있었다. 그러한 일본 정부의 정책에 반대하는 학생운동, 노동운동단체들은 거센 반미, 반정부운동을 1960~70년대에 전개했다. 안보투쟁과 전공투로 불리는 이 시기의 사회운동은 점차 폭력적

조나이카이

청일전쟁 이후 시작된 주민자치조직으로 1940년 대정익찬회에 흡수됐다가 2차 대전의 패전으로 소멸된다.

안보투쟁과 전공투

안보투쟁은 1960년 신미일안보조약이 법제화되려 하자 미국의 냉전구도에 대한 참여를 거부한 학생·시민 운동. 이는 1960년대 말부터 전학공투회의(전공투)로 발전하여 대학을 중심으로 대규모 학생시위가 일어났다. 사진은 전공투 운동 중 가장 유명한 도쿄대학 야스다강당 점거농성. 헬멧고 쇠파이프로 무장한 학생들이 보인다.

사진: eizokiroku.com

적군파

적군이란 좌익군사조직을 의미
하며, 1969년 2개의 극좌파가 연
합해 탄생했다. 일본 국내외에서
각종 테러를 자행했으며, 1970년
요도호라는 일본항공기의 납치
사건으로 유명하다.

혁신자치체

1960년대 말부터 1970년대까지
사회당과 공산당 계열의 후보가
당선된 지방자치단체. 복지정책
과 헌법옹호를 주장했다.

수단을 채택했다. 결국 적군파(赤軍派) 등의 극단적인 세력이 탄생해 납치, 폭동 등의 테러를 자행하자 점차 일본 사회의 지지를 잃게 됐다.

한편, 같은 시기에 중앙정부의 정책과는 별도로 독자적인 행보를 모색하는 혁신자치체(革新自治体)가 수도권 및 대도시 지역에서 탄생했다. 가나가와 현(神奈川県), 요코하마 시(横浜市), 도쿄 도(東京都), 오사카 부(大阪府) 등의 지방자치단체의 수장은 보수적인 자유민주당(자민당)이 지배하는 중앙정부와의 차별화를 강조했다. 내부적으로 시민주체의 민주정치와 복지정책을 강조하면서, 대외적으로 가나가와 현의 '민제외교'(民際外交, 민간외교) 정책 등 자치단체별로 독립적인 활동을 전개했다.

일본 자원봉사자들의 급수작업
사진: Japan International
Volunteer Center (JVC)

시민운동의 탈정치화와 NGO활동의 제도화

1980년대에 들어서면서 사회운동의 분위기는 급격히 반전되었다. 안보투쟁에서 전공투로 이어지던 혁신적 사회운동은 침체되기 시작했으며, 혁신파가 점유하던 지방자치단체는 자민당에 흡수되거나 장악됐다. 사회는 전반적으로 보수화되었다. 이미 일본 경제는 지속적인 고도성장의 달성으로 세계 2위의 경제대국이 되었으며, 이는 다시 자민당의 장기집권을 담보했다. 이제 일본은 혁신 이데올로기를 바탕으로 한 사회운동에서 벗어나 세계의 불행에 눈을 돌려야 한다는 국내외적인 요구를 받기 시작했다.

이에 따라 정치화(politicization)된 시민사회의 운동은 인도주의에 입각한 중립적이고 비정치적인 활동으로 변화를 모색하게 된다. 본격적인 NGO의 활동이 시작됐다.

ODA

정부 또는 정부기구에 의해서 개발도상국을 대상으로 실시되는 원조이며, 경제, 사회발전 및 복지의 향상을 위해서 무상, 유상의 원조가 이루어지고 있다. 일본의 ODA는 1954년부터 실시되고 있으며, 현재 미국에 이어 세계 2위의 원조대국이다.

1979년 캄보디아 분쟁으로 발생한 대규모 난민은 일본 NGO 운동의 전환기적 계기를 제공했다. 여러 개의 국제 NGO가 긴급구호, 난긴지원을 목적으로 탄생했다. 일본 정부에 대해서도 난민구호에 대한 법적·물질적 지원을 해야 한다는 요구가 이어졌다. 내외의 압력에 따라 일본은 1981년에 난민조약에 가입하고, 인도차이나 난민 10,000여 명을 받아들인다.

캄보디아 분쟁 이후에도 걸프전쟁, 유고내전 등 국제분쟁은 끊이지 않았고 이에 따른 인도적 지원에 대한 요구도 높아졌다. 이에 따라 일본의 NGO들은 일본 정부의 ODA(정부개발원조)의 도움으로 활동범위를 점차 확대한다. 2007년 현재 400여 개 이상의 일본의 NGO가 긴급구호, 개발 등의 분야에서 국제협력활동을 하고 있다.

시민사회의 자원봉사 활동에 대한 법·제도적 보완은 일본 국내의 재난이 계기가 됐다. 1995년 1월 17일 새

난민캠프의 캄보디아 난민들   사진: JVC

고베 시의 지진피해

벽, 오사카(大阪), 고베(神戶) 지역 및 아와지시마(淡路島)에 진도 7 규모의 대지진이 발생한다. **한신-아와지 대지진**(阪神淡路大地震)으로 불리는 이 지진의 구호, 복구 작업을 위해 일본 내의 소방대, 구조대 및 자위대를 비롯해서 국내외의 긴급구호 NGO 등의 활약이 주목을 받았다. 무엇보다도 세계가 놀란 점은, 이러한 대규모 재앙이 덮쳤음에도 불구하고, 치안의 유지에 힘쓰는 지역주민들의 높은 시민의식과 일본 각지에서 모여든 자원봉사자들의 정성이었다. 이러한 높은 시민정신은 일본 국내외에 소개되어 화제가 되기도 했다.

자원봉사자들은 하루 평균 2만여 명, 3개월 동안의 긴급구호기간을 합치면 117만여 명에 이르렀다. 현장에 직접 가지 않고 헌혈, 기부금 또는 구호물자를 지원한 사람들의 숫자를 더하면 헤아릴 수 없을 만큼의 땀과 노력이 시민사회로부터 있었음을 쉽게 가늠할 수 있다. 이후 일본 정부는 1월 17일을 '재난방지와 볼런티어의 날'로 정했다.

한신-아와지 대지진
일본의 간사이(關西)지방에서 발생한 대규모의 지진. 지진으로 인해 발생한 피해는 사망자 6,435명, 행방불명자 3명, 부상자 43,792명을 비롯, 30만 명 이상의 지역주민이 피난을 하였으며, 주택, 건물 등에도 막대한 피해가 있었다. 피해총액은 약 10조 엔(80조 원)의 규모에 달했다.

지진사태를 계기로 일본 정부 및 시민사회는 몇 가지 교훈을 얻게 되었다. 첫째, 일본 정부가 재난 등의 긴급사태가 발생했을 때 제한적인 역할과 대처밖에 할 수 없다는 문제점이 노출되었다. 다시 말해서, 정부의 역할에 기대하지 않고 독자적인 대비책을 강구하지 않으면 제2, 제3의 긴급사태가 발생하였을 때, 대형 참사를 초래하게 된다는 위기의식을 일본 사회가 갖게 되었다.

둘째, 시민들에 의한 활동, 그리고 구호물자 및 기부금의 규모가 당초의 예상을 훨씬 넘었다는 점에서 박수를 받았지만, 동시에 구호물자와 기부금을 걷는 시스템의 문제점이 노출되었다. 이불이 모자라다는 방송이 나가

자원봉사활동　　　　　　　　　　사진: 고베 시

자 지나치게 침구류가 많이 걷혔다든지, 안 입는 속옷 등이 구호물품에 섞여 재난지역이 쓰레기 처리장이 됐다는 원성을 사게 되는 경우도 있었다.

셋째, 구호물자 및 기부금을 누가, 어디서, 어떻게 배분하면 좋은지, 자원봉사를 희망하는 사람들을 어떻게 관리하고 체계화시키는지에 대한 운영 및 효율성의 문제점이 노출되었다. 선의로 자원봉사를 위해 멀리서 찾아 온 일부의 자원봉사자들은 지역행정, 주민단체, 전문적인 긴급구호활동을 전개하는 NGO 등으로부터 문전박대나 홀대를 받아 감정대립이 있었다는 후문도 들린다. 긴급구호활동은 선의만으로 이뤄질 수 없다는 점을 배우게 되는 계기가 되었다.

그 결과 NGO 또는 NPO(비영리단체)에 관한 관심이 고조됐고, 그러한 단체들의 제도화와 활성화를 위한 논의가 진행됐다.

한신-아와지 대지진의 경험을 교훈삼아, 점차로 늘어나는 시민단체와 자원봉사활동의 효율성을 제고하기 위해서, 일본 정부는 1998년에 'NPO법' 이

NGO와 NPO

NGO는 비정부기구이고, NPO는 비영리단체다. 모두가 시민단체를 가리킨다고도 할 수 있는데, 일본에서는 NGO를 국제적인 활동을 하는 시민단체, NPO를 국내의 의료, 복지활동에 관여하는 시민단체를 주로 가리키는 말로 관용적으로 사용되는 경우가 있다. 그러나 최근에는 비정부, 비영리라는 부정적인 표현보다는 긍정적인 표현을 쓰자는 취지에서, 시민사회 단체를 뜻하는 CSO라는 단어가 많이 쓰이기 시작하였다.

NPO법 제2조 별표에서 규정하고 있는 '특정비영리활동'의 17개 분야

1	보건, 의료 및 복지의 증진을 도모하는 활동
2	사회교육의 추진을 도모하는 활동
3	마을 만들기의 추진을 도모하는 활동
4	학교, 문화, 예술 또는 스포츠의 진흥을 도모하는 활동
5	환경의 보전을 도모하는 활동
6	재난구원 활동
7	지역안전 활동
8	인권의 옹호 또는 평화의 추진을 도모하는 활동
9	국제협력의 활동
10	남녀공동참여사회의 형성의 촉진을 도모하는 활동
11	어린이의 건전한 육성을 도모하는 활동
12	정보화 사회의 발전을 도모하는 활동
13	과학기술의 진흥을 도모하는 활동
14	경제 활동의 활성화를 도모하는 활동
15	직업능력의 개발 또는 고용기회의 확충을 지원하는 활동
16	소비자의 보호를 도모하는 활동
17	위의 각 번호에 해당하는 활동을 실시하는 단체의 운영 또는 활동에 관한 연락, 조언 및 지원 활동

라고 불리는 「특정비영리활동촉진법」을 제정하기에 이른다. 이 법의 목적은 시민활동을 전개하는 단체에게 법인격을 부여함으로써, 자원봉사활동을 위시하여 시민들이 자유롭게 사회공헌활동에 참가할 수 있도록 하는 것이다. 미국의 비영리법인단체에게 부여되는 「연방세법조항 501(c)(3)」이나 영국의 「자선법」(Charity Law)과 비슷한 제도다.

여기서 규정하고 있는 '특정비영리활동'이란 17개 분야에 걸쳐서 지정된 활동 범위에 들어가며 공익성이 강한 것이어야 한다. 17개 분야에 해당되는 활동이 비영리로 이루어지면 법인화를 할 수 있는 자격이 주어지게 되는데, 법인화 취득을 통해서 얻게 되는 권리(장점)와 의무는 다음과 같다.

기대되는 장점은 첫째, 법인의 명의로 등기소유나 계약이 가능해져 단체의 대표자와 법인 간의 관계가 분명해진다. 둘째, 해외에서 활동을 할 때에도 법인격을 취득해 두는 것이 편리한 경우가 많다. 반면에 지켜야 하는 의무조항으로는, 어디까지나 비영리적인 활동에 제한되며, 종교 활동 및 정치 활동을 주된 목적으로 해서는 안 된다. 아울러 정관이나 사업보고서, 회계서류 등을 공개해야 하며, 법인으로서의 납세의 의무도 발생한다.

일본의 미래를 책임지는 시민사회

일본의 인구는 약 1억 2천만 명으로 세계 10위의 인구대국이다. 그러나 2006년을 정점으로 감소추세에 접어들고 있다. 2015년에는 일본 인구의 25%가 65세 이상의 고령화를 맞이하게 되고, 21세기 중반에는 인구의 약 3분의 1이 65세 이상이 되는 초고령화 사회를 맞이한다.

글로벌리제이션으로 임금이 저렴한 지역에서 노동력을 찾고 있는 상황이지만, 일정 수준의 국내의 경기와 생산, 소비를 유지하기 위해서는 지속적인 국내 노동인구의 확보가 필요하다. 그러한 문제를 해결하기 위해서 1980년대 전후부터 외국인이 일본의 정규직, 비정규직 노동자로 체재하면서 재일 외국인의 수가 급증했다. 최근 일본 법무성이 발표한 통계에 따르면 208만 명 이상의 외국인이 합법적으로 일본에 체류하고 있다. 비합법적으로 체재하고 있는 외국인과 여행 등의 이유로 단기체류 중인 외국인의 수를 합하면 이보다 훨씬 많은 외국인이 있음을 짐작할 수 있다.

일본에 체류하고 있는 외국인은 크게 '올드 커머'(old comers)와 '뉴 커머'(new comers)로 나뉜다. '올드 커머'는 일본의 식민 지배와 관계되는 한반도 및 중국, 대만 출신자를 일컬으며, '뉴 커머'는 1980년대 이후 한국, 중국, 대만 등의 아시아 각지를 비롯하여 남미에 이민을 간 사람들의 직계 후손인, 일본계 브라질인, 일본계 페루인 등의 노동자, 유학생, 상사 주재원 등을 가리킨다.

외국인이 증가한다고 해서, 일본인과 외국인이 사이좋게 어울려 사는 사회가 형성되는 것은 아니다. 언어와 습관 등의 문화적인 차질이 공동체 내에서 생기게 되고, 외국인의 범죄도 발생하게 되는데, 그럴 때마다 보수적인 일부의 사람들은 외국인 추방운동 등을 전개하기도 한다. 이러한 문제에 일본 정부의 대응은 아직까지 미비하고 느리기 짝이 없다. 예를 들어, 일본어로 학습에 어려움을 느낀 외국인 노동자의 아이들이 학교에 다니지 않고 비행 청소년으로 되는 경우가 종종 있는데, 일본 정부의 입장은 외국인은 의무교육의 대상자가 아니라는 이유로 제대로 된 대응을 하지 않는 경우가 있다.

이러한 문제에 신속하고 현실적인 대응을 하고 있는 것이 일본의 시민사회다. 일본의 NGO 및 지역사회는 외국인과 일본인이 함께 어울려 사는 다문화 사회의 형성을 지향하면서 적극적으로 통역, 생활지원 등의 활동을 전개하고 있다.

인구감소와 아울러 심각한 과제로 부상하고 있는 것이 일본 사회의 초고령화다. 일본 각지에 노인들을 돌보는 양로원, 병원, 노인의 집 등이 증가하고 있다. 행정의 힘만으로는 대응하기가 어려워, NPO법인으로서 활동하는 복지단체가 현저하게 눈에 띄는 것이 최근의 특징이다. 의료복지를 전문으로 하는 전문학교 및 대학의 학과도 많이 설립돼 인재를 충원하기 위한 제도적인 노력도 지속되고 있다.

그러나 요즘 세상에 힘들고 고된 이러한 일을 서슴없이 택하는 젊은이는 그리 많지 않다. 이 때문에 필리핀과 일본이 체결한 자유무역협정(FTA)에 의

거하여 필리핀인 간호사 및 간병관리사가 일본에서 취업할 수 있게 되었다. 언어상의 문제, 문화적인 인식의 벽 등 앞으로 뛰어 넘어야 할 장벽이 수없이 많지만, 여기서도 일본의 시민사회가 많은 역할을 이미 펼치고 있으며, 앞으로도 더 많은 활동을 해야 할 실정이다.

시민사회가 풀어야 할 과제들

일본의 시민사회의 역할은 정부와 기업의 틈새를 막는 일에 그치지 않고, 보다 더 적극적인 자세로 21세기적인 과제를 풀어나가는 방향으로 조금씩 변하고 있다. 이러한 변화는 매우 바람직한 현상임에는 틀림없지만, 낙관적으로 바라보고 있을 수만도 없는 것이 냉엄한 현실이다. 일본 시민사회만의 과제는 아니지만, 여기서 한 번 더 시민사회가 극복해야 할 과제들에 대해서 짚어보고자 한다.

지금까지 살펴본 바와 같이, 대부분의 일본 시민사회단체는 재정적, 인적인 면에서 어려움을 겪고 있다. 시민사회단체의 증가는 대단히 환영할 일이지만 같은 분야, 같은 지역에서 비슷한 시민사회단체의 증가는 곧바로 자금 확보 등에 있어서 심각한 경쟁을 초래하게 된다. 뿐만 아니라 양적 증가에 비한 질적인 향상이 뒷받침되지 않는다면, 1970년대에 사회운동이 사람들의 지지를 잃어간 것처럼, 또다시 여러 가지 분야에서 좋은 활동을 걸치는 시민사회단체의 이미지에 먹칠을 하게 되는 것도 우려된다.

NPO법 등 제도적인 보완장치를 악용하려는 일부의 사람들이, 본래의 목적에 부합되지 않은 활동을 펼쳐서 사회적인 물의를 빚는 경우도 종종 언론매체에 보도되고 있다.

다음으로 각각의 시민사회단체가 사회 전체 그리고 개개의 사람들과 어떤 관계를 맺고 유지해야 하는가에 대해 분명하게 제시해야 한다. 대중적인 활동은 풀뿌리 민주주의에 기초한 매우 중요한 것임에는 틀림이 없다. 반면에 나날이 복잡해지고 전문화되는 현대사회에 적절하게 대처하기 위해서는 시민사회단체가 전문적인 지식과 기능을 갖춰야 하는 것도 틀린 말이 아니다. 그렇지만 대중성과 전문성의 균형을 갖추는 것이 말처럼 쉽지는 않다. 전문적인 지식과 기능은 지역주민들이 낱낱이 이해하기에는 난해한 경우가 많다. 그렇다고 해서 전문성을 갖춘 일부의 사람들에게 모든 것을 맡긴다면 시민사회단체의 '엘리트화' 또는 '특권계층화'가 될 수도 있다. 따라서 시민사회단체에 지속적인 관심을 갖고 지켜보는 시민 한 사람 한 사람의 자세와, 시민들에게 열려 있는 시민사회단체의 균형이 일본 시민사회에 기대되고 있다.

시민사회가 폭 넓은 지지를 얻는 것은 그것이 '공익성'을 중시하기 때문이다. 그런데 때로는 공익성을 놓고 대립과 갈등이 생기는 경우가 종종 있다. 예를 들어, 쓰레기 처리장의 건설문제를 생각해 보자. 쓰레기 처리장은 공공의 시설로 어딘가에는 반드시 있어야 하지만, 그 쓰레기 처리장의 장소 선정을 놓고 지역주민 간의 의견은 엇갈릴 것이다. 악취와 위생 문제 등을 고려해서 반대하는 주민이 있는가 하면, 쓰레기 처리장을 유치함으로써 세제감면 등의 혜택을 받아 지역 개발에 쓰려는 지자체와 그것을 지지하는 사람들 간에는 온갖 대립이 생길 것을 짐작하는 것은 어렵지 않다.

아울러, 글로벌리제이션의 시대에는 공익의 차원 또한 다양해졌다. 지역의 이익이나 국가의 이익은 공익으로 표현되곤 한다. 그러나 전 지구적인 차원에서 볼 때, 특정 지역의 '지역익'(地域益) 및 특정 국가의 '국익'(國益)이 지구 차원의 '지구익'(地球益)에 견줄 경우 보다 낮은 수준의 사적(私的) 이익으로 여겨질 수도 있다. 이러한 복잡한 상황을 놓고, 시민사회 간의 대립과 반목이 빚어지는 경우도 흔하다.

국가를 넘어선 개인과 사회의 미래적 관계

지금까지 일본의 시민사회의 역사적인 변천과 현황, 그리고 과제에 대해서 간단히 살펴보았다. 과연 일본의 시민사회는 우리의 시민사회를 이해하고 그 발전을 도모하는 데 있어서 거울이 될 수 있을까? 그 답은 다름 아닌 우리 자신에게서 찾을 수 있을 것이라고 믿는다.

모든 사람들이 시민사회단체에서 급여를 받으면서 일을 ㅎ거나, 회원으로서 활동을 하는 것은 쉽지 않다. 어떤 사람들은 공무원이 될 것이며, 또 대다수의 사람들은 사기업에서 일을 하거나 자영업에 종사할 것이다. 시민사회는 더 이상 정부(공적기관) 및 시장(사기업)과 명백한 경계를 긋는 개념이 ㅇ니다. 다양한 사회의 구성원으로서 개개의 사람들이 자발적으로 참여하고 행동할 때, 건전한 시민사회가 형성되고 유지된다.

그러한 의미에서 최근에 보급되고 있는 개념이 '기업의 사회적 책임'(CSR)이다. 현대자본주의 사회의 구성원의 대부분이 시장이라는 제도에 속하여 있기 때문에, 시장제도 하에서 공익성을 보완하고 효율화하려는 움직임이라고 생각하면 된다. 단적인 예를 들자면, 시장이윤의 일부를 공공성이 높은 부분에 환원한다든지, 공정한 무역이라는 의미의 '페어 트레이드'Fair Trade) 상품의 개발과 보급을 통해, 경제부문의 글로벌리제이션의 폐해를 줄이려고 하는

운동이 그것이다.

아울러 최근에는 NPO의 비영리성에 제한을 받지 않고, 좋은 아이템과 아이디어를 개발, 상품화시켜 거기서 생기는 이윤을 사회에 반환하려고 하는 '사회적 벤처' 또는 '사회적 기업가' 라는 새로운 시민사회의 형태가 등장하고 있다.

오늘날의 시민사회는 더 이상 한 국가의 내부만의 문제가 아니다. 또한 과거의 시민사회가 겪어온 대항과 투쟁의 방법만으로 해결되지 않을 것이다. 결국 각자가 명백한 문제의식을 갖고, 그 문제의식에 나름대로 다가가는 자발적이고 적극적인 자세를 보일 때 비로소 시민, 그리고 시민들의 모임인 시민사회가 형성될 것이다.

8장

세계 속의 일본 제1부: 메이지 유신에서 태평양 전쟁까지

김형기

가나가와의 거친 파도 속에서-호쿠사이(1832)

프롤로그: F-22와 일본

2007년 여름 『트랜스포머』(Transformers)라는 영화가 한국의 극장가를 강타했다. 외계에서 온 로봇들이 미국의 각종 차량과 첨단군사무기들로 변신하면서 정의의 군단과 악의 군단으로 대적한다는 스토리다. 상투적인 전거지만 정교한 그래픽과 숨 가쁜 전투장면으로 740만 관객을 불러 모았다. 화려한 변신로봇들의 전투 속에 묻혀 그리 큰 비중으로 나오지는 않았지만, 밀리터리 마니아가 아니더라도 쉽게 알아볼 수 있는 전투기도 데뷔했다. 바로 F-22 랩터. 2005년 12월 배치되기 시작한 미국의 최신예 전투기다.

한국의 차세대 주력전투기인 F-15K 슬램이글보다 조금 큰 몸체에 두 개의 엔진으로 마하 1.72로 순항할 수 있으며 필요할 경우 마하 2.42까지 속도를 낼 수 있다. 제5세대 전투기로 불리는 F-22가 가공할 무기인 이유는 속도와 장거리 작전능력뿐만 아니라

F-15는 1976년 실전배치된 뒤로 개량을 거듭해 F-15E까지 배치됐다. 이후 일본(F-15J), 이스라엘(F-15I), 한국(F-15K), 사우디아라비아(F-15S), 싱가폴(F15SG) 등 동맹극에 수출되는 과정에서 추가로 개량된다. 한국형은 4.5세대로 한 대에 1억 달러다.

F-22 랩터
원래 750대를 납품할 예정이었지만 예산문제로 442대로 감축된 뒤 결국 183대로 줄었다. 개발비 회수를 위해 반드시 생산을 늘려야 하는 상황.

사진: 미 공군

레이더 탐지능력과 스텔스 기능 때문. F-22는 400km 전방의 적을 탐지해 200~240km 밖에 있는 $1m^2$ 크기의 레이더상 표적을 타격할 수 있으며, 정작 자신은 레이더 피탐면적(RCS)이 작은 벌레의 크기(정면의 경우 $0.0001m^2$)에 불과하다.[1] 영화 속에서 F-22 랩터는 변신로봇 「스타스크림」에게 어처구니없이 당하기만 하지만 현실세계에서는 정반대다. 현존하는 어떤 전투기보다 '미리 보고, 소리 없이 먼저 쏜 뒤, 단 한방으로 종결짓기' 때문이다. 그래서 공중지배전투기(ADF)로 불린다. 실제로 2006년 알래스카에서 개최된 연례훈련(Northern Edge)에서 데뷔한 랩터는 첫 주에 F-15 이글, F-16 팰콘, F-18 호넷으로 구성된 가상 적기를 상대로 144 대 0이라는 경이로운 점수로 승리했으며, 그중 가시거리에서 격추시킨 것은 3대에 불과했다.[2]

F-22가 우리의 관심을 크게 끌게 된 이유는 가공할 만한 성능도 있겠지만 무엇보다 일본이 F-22를 구매하려고 했기 때문이다. 일본은 노후화되고 있는

자국 전투기의 교체를 위해 250여 대의 신규구입을 해야 할 상황이다. 2007년 초에는 그중 100대를 F-22로 바꾸기 위해 여론몰이를 하기 시작했다. 미국도 2007년 2월 오키나와의 **가데나 기지**에서 F-22를 언론에 공개하여 일본의 구매를 독려하는 것이 아닌가라는 의문을 남겼다. 4월의 미일정상회담 직전에는 미 국가안보회의(NSC)의 데니스 월더(Dennis Wilder) 동아시아담당 보좌관이 F-22의 대일판매 가능성을 흘리기도 했다.[3] 당시 총리이던 아베 신조(安倍晋三)도 정상회담에서 F-22의 구매의사를 공개적으로 밝혔다.

일본의 F-22 구매의사 타진은 2007년 상반기 전체에 걸쳐 동북아 군사당국을 즉각 긴장과 혼란에 빠뜨렸다. F-22의 작전반경은 1,200km. 공중급유를 받으면 거리는 무한대로 늘어난다.[4] 일본에서 출격할 경우 한반도 전역과 대만을 비롯한 중국 본토의

가데나 기지
미공군 제18비행단의 주둔지. 태평양전력의 핵심인 만큼 조기경보기, 공중급유기, 패트리어트 미사일 등 첨단무기의 집합체다. 12대의 F-22가 배치될 예정이며, F-35도 노후된 F-15를 대체한다.

일본의 F-4EJ 팬텀
한때 최고의 전투기였으나 현재 배치된 90대는 노후돼 곧 퇴역해야 한다.

상당부분을 작전반경에 둘 수 있다. 현재 F-22를 대적할 전투기가 하나도 없는 데다 공대공은 물론 공대지 및 전자전 능력까지 보유한 이 괴물 전투기를 일본이 보유한다면 유래 없는 군비경쟁은 불을 보듯 뻔하다. 소련 붕괴 뒤 경제악화로 미국과의 군비경쟁에서 뒤처졌던 러시아와 급속하게 경제부흥에 성공하고 있는 중국이 일본의 동아시아 제공권 장악을 좌시할 리 없다. 러시아는 2009년 완성을 목표로 F-22와 성능이 비슷한 5세대 스텔스 전투기인 PAK FA를 시험제작 중이며, 중국 역시 러시아와 제휴하여 J-XX를 개발하고 있다. 한

히노마루
1870년 선포된 일본제국과 일본
제국육군의 기이며, 현재 일본국
기다. 태양신의 자손이라는 천황
을 상징한다. 아래는 일본제국해
군의 기인 욱일승천기. 현재 일
본해상자위대도 같은 기를 사용
한다.

기미가요
천황의 장수와 천황제의 대대손
손을 비는 내용. 1999년 「국
기·국가법」에 따라 의무적으로
게양·연주하게 됐다.

국도 '차세대'라는 말이 무색해진 F-15K의 2차 도입 때문에 논란이 일고 있다.

당장 일본의 F-22 도입이 성사되기는 어려울 전망이다. 미국이 최첨단 무기기술의 이전을 우려하는 데다 일본의 평화헌법이 동맹국의 역할을 제한하기 때문이다. 주변국들의 견제도 만만치 않다. 그러나 미 국방부의 F-22 도입계획이 대폭 축소되어 판로를 찾아야 하는 데다 경제적 역할도 무시하지 못한다. 또한 미국의 동맹 중 한 대에 2~3억 달러짜리 전투기를 대량 구입할 여력이 있는 국가는 일본뿐이다. 따라서 미국 정부가 F-22의 구매를 완료한 뒤 수 년 이내에 일본이 다음 구매자가 될 가능성이 높다. 현재 일본은 자체적으로 스텔스전투기를 개발한다고 으름장을 놓은 상태다.

이 글은 일본의 대외관계를 살펴보는 장이다. 그런데 왜 갑자기 F-22인가? 그것은 F-22를 둘러싼 2007년 상반기의 파문이야말로 일본 대외정책의 현재와 과거, 주변환경, 그리고 2차 대전 이후 일본의 외교에 가장 큰 영향을 미친 미국과의 관계를 그대로 드러내는 단면이기 때문이다.

일본은 근대사와 현대사 모두에 걸쳐 강대국으로 등장한 유일한 아시아 국가다. 18~19세기 아시아 모든 국가들은 서구 제국주의의 침탈로 심각한 주권의 손상과 수탈을 당해야 했다. 일본 역시 예외가 아니었다. 그러나 메이지 유신 이후 급속한 근대화와 서구화에 성공한 일본은 서구 제국주의를 대등한 수준으로 따라잡았다. 이와 동시에 곧 바로 아시아 침탈경쟁에 합류한 뒤 류큐 왕국(琉球, 현재 오키나와)과 조선을 병합하고 만주국을 건설했다. 이 과정에서 일본은 끝 모를 군국주의로 치달으면서 두 차례의 세계대전에 참여했다.

야스쿠니 신사

1869년 메이지 천황에 의해 설립된 야스쿠니 신사는 14명의 2차 대전 A급 전범을 합사한 것으로 유명하다. 그러나 정작 중요한 것은 247만 위패 중 일본내전으로 사망한 1만5천여 명을 제외한 거의 대부분이 일본의 침략전쟁 중 사망한 군인이라는 점이다. 침략의 사상이 종교화된 현장인 것이다. 조선침략, 중국과 만주침략의 당사자들에 대한 위령은 별다른 제기 없이 지속됐다.

2차 세계대전에서 패한 이후 일본은 미국의 핵우산 아래에서 경제재건에 매진하면서 신속하게 경제대국으로 거듭났다. 그러나 제국일본의 담당자들은 「평화헌법」을 방패로 삼으면서 자유민주당(자민당)에 그대로 남아 경제재건을 주도했다. 안정적인 자민당의 집권은 경제발전을 더욱 촉진하는 추력이었으며, 이는 다시 장기집권을 담보하는 조건이었다. 이제 경제가 완성되자 그나마 억제됐던 우익의 신념을 서서히 드러냈다. 나열하면, 일본천황과 히노마루(日の丸, 일본기), 기미가요(君が代, 일본국가)에 대한 칭송, 왜곡된『새 역사교과서』의 검정 통과, 동아시아 최강의 재래식 군사력을 가진 방위청의 성(省)급 격상, 총리와 각료들의 야스쿠니 신사 참배 등이다. 마치 하나의 목표를 향해 차근차근 단지를 밟는 느낌이다. 이제 남은 수순은 방어수단으로서만 무력의 사용을 용인한 일본「평화헌법」의 개정뿐이다.

최근 일본이 보여 온 보수화 경향은 F-22를 둘러싼 파문고· 겹쳐져 당장의 경쟁상대인 중국뿐만 아니라 잠재적으로 독도문제라는 분쟁요소를 갖고 있는 한국에게 쉽게 가시지 않을 충격을 주었다. 왜 일본은 F-22와 같은 명백한 공격무기를 보유하려 하면서 주변 국가를 자극하고 있는가? 일본은 어디로 가려 하는가? 대답은 여러 가지다. 이 글에서는 현재 일본의 위상과 대외관계를 과거로부터 이어온 지속성과 역사의 반복에서 찾는다. 초점은 그중 두 가지. 바로 일본 정치엘리트의 적확한 상황인식과 일관된 정책의 추진, 그리고 일본에게 유리하게 전개된 국제환경의 역할이다. 이 두 가지 요인은 근대 일본이 세계 3위의 군사강국이 되어 근세 아시아를 지배하게 했으며, 현대 일본이 세계 2위의 경제대국이 되어 이를 바탕으로 정치·군사대국이 되게 하고 있다. 이야기는 근대사에서 일본이 등장할 무렵부터 시작된다.

개화된 사무라이들의 혁명: 메이지 유신의 전야[5]

19세기 구미의 제국주의가 동아시아를 침탈하기 시작했을 때 동아시아의 3국은 쇄국정책으로 서구문명의 유입을 차단하려 했다. 그러나 무력을 동원한 구미의 개방압력에 중국(1842, 난징 조약), 일본(1854, 가나가와 조약), 조선(1876, 강화도조약)은 차례로 문호를 개방할 수밖에 없었다. 소위 개국기(開國期)로 불리는 19세기 후반에 이들 3국의 외세 침탈에 대한 대응방식은 매우 달랐으며, 이후 국가의 존립과 안영(安榮)에 결정적인 역할을 했다.

그중 가장 적극적으로 외세의 개방압력에 순응

개국기

개국은 한 개의 조약만으로 끝나는 것이 아니라 구미 제국주의 국가들과의 순차적이고 반복적인 조약들의 집합으로 이뤄진다. 일본의 경우 가나가와 조약 이후 영국과 나가사키 조약(1854), 러시아와 시모다 조약(1855), 화란과 나가사키 조약(1856)을 체결하면서 개항하였고, 1858년 미국, 네덜란드, 러시아, 영국, 프랑스와의 통상조약(안세이 5개국조약)으로 본격적인 불평등조약이 체결되었다.

하면서 발 빠르게 근대화의 길로 들어선 국가는 일본. 그럴 수 있었던 것은 크게 두 가지 이유에서다. 하나는 메이지 유신을 성공시켰던 '유신지사'들이 적극적이고 일관된 서구화정책을 수행했으며, 그것이 성공적이었기 때문이다. 그리고 그 과정에서 중국 침탈에 관심을 집중했던 서구 제국주의 국가들과 러시아의 동진을 막으려던 영국과 미국의 도움이 큰 역할을 했다.

최초의 개항조약인 「가나가와 조약」(1854)을 미국의 매튜 페리(Matthew Perry)와 맺을 당시 일본은 바쿠후(幕府)가 지배하는 지방분권적 사회였다. 흑선(黑船, 서양의 군함)이 일본에 접근해 개항을 요구하자 바쿠후와 지방의 유력한 번(藩)들은 쇄국과 개국을 놓고 다양한 해결책을 제시한다. 공통점은 군사력 강화를 통한 부국강병책으로 국가위기를 극복

페리의 내항을 기념하는 시모다항의 흉상

내항 이후 불평등조약을 맺었지만 중국보다 완화된 것이었다. 그래서 일본은 가나가와 조약을 미일 '화친' 조약이라고 부른다.

존왕양이

존왕이란 이름만 늪아있던 천황제를 복구하자는 뜻. 양이는 외세를 물리치자는 의미다. 조슈는 존왕양이를, 사쓰마는 공무합체(바쿠후와 결탁)를 주장하다 나중에 존왕운동으로 합친다.

하는 것. 그러나 개국 자체는 중국과 조선의 경우처럼 순식간에 이뤄졌다. 당시 일본의 군사력으로는 어찌할 수 없는 거대한 흑선이 함포의교로 위협했기 때문이다.

바쿠후의 실권자인 쇼군(將軍)의 원래 명칭은 세이타이쇼군(征夷大將軍). 오랑캐를 정벌하는 장군이라는 뜻이다. 그러나 바쿠후가 쇄국정책을 포기하고 서양오랑캐(洋夷)와 불평등조약을 체결하면서 바쿠후의 절대조 권위는 와해됐다. 지방의 유력한 번에서는 바쿠후를 해체하고 천황을 옹위하여 외세를 막아야 한다는 존왕양이(尊王攘夷) 운동을 전개했다. 그 중심은 조슈(長州, 현재 야마

1860년대 나마무기 마을과 시모노세키의 포격 이후 미국이 노획한 6.87인치 포. 미 워싱턴의 해군역사센터에 있다.

사진: wikimedia, 미해군역사센터

구치 현)와 사쓰마(薩摩, 현재 가고시마 현)라는 두 번의 중·하급 사무라이(侍, 武士) 계급이었다. 두 번은 강력했지만 당시 274개 번의 일부에 불과했다. 그러나 메이지 유신을 성공시키고 향후 수십 년간 일본 역사를 지배한 주역이 된다.

조슈와 사쓰마가 양이(攘夷)정책을 끝까지 고집했다면 근대 일본사는 전혀 다른 모습이었을 것이다. 그러나 두 개의 사건이 각 번에서 일어나면서 양이정책에서 적극적인 개방으로 전환된다. '나마무기(生麥) 사건'(1863)과 '시모노세키(下關) 포격사건'(1864)이다.

나마무기는 요코하마(橫浜) 근처의 마을. 사쓰마 번의 무사들이 예의를 표시하지 않던 영국상인을 살해하자 영국은 사과와 손해배상을 요구한다. 바쿠후는 동의했지만 사쓰마는 거절했다. 다음 해 영국과 사쓰마는 사쓰마의 수도 가고시마(鹿兒島)에서 포격전을 벌인다. 결과는 사쓰마 함대와 가고시마의 초토화. 전투 이후 사쓰마의 태도는 정반대로 뒤바뀌었다. 즉각 양이정책을 포기하고 영국에 접근해 선박과 군사기술을 도입하기 시작한 것이다.

거의 같은 시기 일어난 시모노세키 포격사건(1864)은 같은 줄거리에 배우만 다르다. 역시 양이정책을 쓰던 조슈 번은 1863년 일본 내해(內海)로의 통로인 시모노세키 해협에서 미국 상선을 필두로 외국 상선에 대해 무차별 포격을 가한다. 바쿠후는 공격중단을 명령하기 위해 관리를 파견했지만 조슈는 그를 살해하고 외국 선박에 대한 공격을 계속했다. 그러자 영국, 프랑스, 네덜란드, 미국은 각각 군대를 파견해 응전하다 1864년 9월 4국의 연합군이 시모노세키를 포격하고 포대를 점령한다. 서구의 화력에 조슈는 더 이상 응전할 수 없었다. 이에 따라 바쿠후는 바쿠후 시대 최후의 조약인「시모노세키 협정」(1864)을 체결했다. 이 과정에서 조슈 번 역시 서구의 발달된 무기체제에 놀라 양이정책을 포기하고 적극적인 서구문물 도입에 힘썼다.

사카모토 료마(1836~1867)
도사 현에서 태어나 북진일도류를 수행한 당대 최고의 검객. 페리의 내항 이후 존왕사상을 가지고 철천지 원수이던 사쓰마와 조슈를 손잡게 한다. 평화적 정권이양을 바랬으나 보신전쟁이 일어났다. 근대사에서 일본인들이 가장 좋아하는 인물. 삿초동맹 직후 암살된다.
사진: 일본국회도서관

삿초동맹
1866년 3월 7일 사쓰마의 사이고 다카모리와 오쿠보 도시미치, 조슈의 7도 다카요시 사이에 성립된 동맹. 이 세 사람을 유신 3걸이라고 부른다.

외부의 강력한 세력이 침입했을 때, 조슈와 사쓰마의 대응은 이미 개항했던 중국이나 나중에 개항하게 될 조선의 대응방식과 매우 달랐다. 이들은 막강한 근대 서양무기의 화력에 크게 놀라 숨어버리거나 양이정책을 강화한 것이 아니라, 곧바로 고개를 숙이고 양이정책을 포기했다. 그리고 적극적으로 서구의 근대무기와 기술을 도입하려 했다. 중국 경영을 위해 일본에 일정한 영향력을 유지하려던 서구 제국주의 국가들로서는 거절할 이유가 없었다. 조슈와 사쓰마는 경쟁적으로 바쿠후의 눈을 피해 서양식 근사력과 훈련을 습득했다. 이를 통해 축적된 힘은 사카모토 료마(坂本龍馬)의 중재로 성사된 1866년 삿초동맹(薩長同盟)으로 더욱 강화된다. 삿초동맹은 다음 해 왕정복고를 성공시키고 보신 전쟁(戊辰戰爭, 1868~1869)에서 바쿠후의 잔여세력을 몰아낸다. 종종 메이지 유신이 무혈혁명으로 미화되고 있지만 실지로 근대일본의

메이지 유신의 산실,
쇼카손주쿠

요시다 쇼인(1830-1859)
사진: 일본국회도서관

사쿠마 쇼잔(1811~1864)
네덜란드를 통해 습득한 서양지
식으로 바쿠후 말기 과학을 발전
시켰다. 그의 제자는 요시다 쇼인,
사카모토 료마, 가츠 가이슈 등.
사진: 일본국회도서관

건국은 바쿠후와 존왕파의 전쟁으로 시작됐으며 존왕파의 승리로 성공할 수 있었다. 이로써 명실 공히 메이지(明治) 시대가 개막됐다.

『비명(碑銘)을 찾아서』(복거일 저)라는 대체역사소설이 있다. 소설은 안중근 의사가 이토 히로부미(伊藤博文) 암살에 실패하자 조선이 완전히 일본의 식민지가 되어버린다는 가정에서 출발한다. 한 사람의 암살 실패로 동북아의 역사가 통째로 바뀐다는 가정은 역설적으로 이토 히로부미가 얼마나 '일본의 입장에서' 중대한 정치가였는지를 강변한다. 이토는 보신 전쟁의 주역인 조슈 번의 사무라이 출신으로 서구 제국주의를 체험한 뒤 메이지 유신을 성공으로 이끌고 일본이 서구 제국주의와 대등한 일원으로 성장케 한 일본의 개국공신이다. 그의 성장 배경에는 요시다 쇼인(吉田松陰)이라는 스승이 있었다.

조슈의 하급 사무라이였던 요시다 쇼인은 23세 때 개항을 요구하기 위해 시모다 항에 정박해 있던 페리 제독의 흑선을 구경하게 된다. 어마어마한 흑선의 위용에 놀란 요시다는 스승 사쿠마 쇼잔(佐久間象山)의 가르침인 "양이의 기술로 양이를 통제하기 위해" 적을 알아야 한다는 신념으로 페리의 군함에 밀항을 감행했다. 그러나 페리가 허름한 사무라이의 승선을 허용할 리 없었다. 그는 곧 바쿠후에 발각되어 감옥과 가택연금으로 수년을 보낸다. 수감생활에서 요시다 쇼인은 유수록(幽囚錄, 1854)을 쓰고 고향에서 연금되자 쇼카손주쿠(松下村塾, 1855~1858)를 운영했다. 1858년 바쿠후가 「미일수호통상조약」을 체결하자 열렬한 존왕론자였던 그는 바쿠후에 대한 암살계획을 세웠으나 발각돼 결국 참수된다. 만 29세의 나이였다.

유수록과 쇼카손주쿠는 일본 근·현대사의 출발점이자 사상적 중심이다. 유수록에서는 바쿠후 타도와 왕정복고를 주장한 그의 사상이 집약되어 있다. 특히 눈에 띄는 대목은 ① 조속히 군함을 만들어, ② 홋카이도와 류큐를 귀속시키며, ③ 조선을 공격한 뒤, ④ 만주, 대만, 루손(필리핀)을 강악하며, ⑤ 중국을 제압하고 인도에 임해야 한다는 주장이다. 게다가 조선은 『일본서기』(日本書紀)에 의하면 일본의 속국이었기 때문에 재복속시켜야 한다고 했다. 서구의 침탈로 입은 손해를 외부로부터 벌충하자는 그의 사상은 근대 일본의 군국주의와 침략적 제국주의의 원형이 그대로 담겨진 것이었다.

쇼카손주쿠는 이러한 그의 사상을 배경으로 신분차별 없이 신학문을 가르치는 작은 학원이었다. 근 2년 동안 운영하면서 불과 90여 명의 제자를 배출했지만 여기에서 공부한 사무라이들은 사쓰마 번과 힘을 합쳐 메이지 정부를 세운 뒤 근대 일본사를 움직인다. 조선병합의 주역인 이토 히로부미 이외에도 그의 제자의 면면을 보면 그 무게를 알 만하다.

서양식 군율로 움직이는 기헤이타이(奇兵隊)를 만들어 바쿠후를 물리친 다카스기 신사쿠(高杉晋作), 일본 근대육군의 아버지이며 이토 히로부미의 암살 이후 겐로(長老)로서 군국주의 정국을 주도했던 야마가타 아리토모(山縣有朋)와 그의 심복이며 조선 총독이었던 데라우치 마사다케(寺內正毅), 메이지 유신의 주역인 기도 다카요시(木戸孝允), 이토 히로부미의 죽마고으이며 악랄한 조

다카스기 신사쿠(1839~1867)
요시다 쇼인이 가장 총애한 제자였으며, 기헤이타이를 이끌고 바쿠후군을 물리쳤으나 메이지 정부의 등장을 보지 못하고 결핵으로 요절한다. 아베 신조 총리의 '晋'자는 그가 존경했던 다카스기의 이름에서 따온 것이다.
사진: 일본국회도서관

선정책으로 유명한 이노우에 가오루(井上馨) 등 제자 중 거의 반수가 조슈벌(長州閥, 조슈바쓰)을 형성해 일본 근대사를 치장한다. 그리고 그의 직접적·정신적 제자들이 이끌었던 메이지 정부 이후 일본의 정책은 요시다 쇼인이 주장한 그대로 이행된다.

전근대적인 국가를 재빠르게 발전시켜 서구국가와 동등한 수준의 일본제국을 건설했기 때문에 메이지 유신시기를 주도했던 소위 '유신지사'들이 일본의 입장에서는 위대한 지도자일 수밖에 없다. 그러나 불행한 일은 그 위대함이 클수록 주변국의 고통과 역사말살도 커졌다는 사실이다.

근대 군사강국으로의 성장과 영토침탈

새로 등장한 메이지 정부의 중심세력은 조슈와 사쓰마의 젊은 사무라이들이었다. 이들에 있어 일본의 국가목표는 분명했다. 바로 부국강병(富國强兵)을 통해 서구세력과 동등한 수준의 실력을 키우는 것. 그리고 그 힘으로 주변 영토를 획득하여 일본의 이익을 극대화하는 것이었다.

그러려면 먼저 배우려는 상대를 알아야 한다. 페리의 함대에 승선하려던 요시다 쇼인은 실패했지만, 이미 바쿠후의 눈을 피해 영국으로 밀항한 그의

제자들이 있었다. 이토 히로부미와
이노우에 가오루를 비롯한 5명의 조
슈 출신 사무라이(조슈 파이브라고 불린
다)가 그들. '조슈 파이브'는 1863년
영국에 도착해 런던의 UCL대학
(University College London)에 입학한
다. 한편 바쿠후도 개항이후 사절단
을 보냈는데 게이오대학을 설립한 후
쿠자와 유키치(福澤諭吉)의 1860년 미
국방문이 대표적인 예. 건국기의 혼

유니버시티컬리지런던
조슈 파이브의 유학 이후 많은 일본인들이 이곳과 캠
브리지, 옥스퍼드 대학으로 유학한다. 그이즈미 준이
치로 총리도 이곳 출신.

란에도 불구하고 바쿠후와 메이지 정부는 서양지식을 습득하기 위해
1866~1871년에 미국을 중심으로 약 500명의 유학생을 보냈다. 또한 1871년

서구와 맺은 불평등조약의 개정을 위해 이와쿠라
도모미(岩倉具視)를 단장으로 하는 구미사절단이 미
국과 유럽을 여행했는데, 조약개정에는 실패했지만
서구의 발전상을 직접적으로 체험하게 된다.

근대화된 서구 사회의 모습을 인식하게 된 신정
부의 지도자들은 일본이 무시 받는 이유가 근대국
가의 형태를 띠지 못하고 있기 때문이라고 판단했
다. 이를 위해 우선 지방분권적인 바쿠후 시대의 행
정구조를 중앙집권적 구조로 바꾸었다. 즉 자치권
을 가지고 있던 번의 영지와 주민을 정부에 바치게
한 뒤(版籍奉還), 274개의 번을 72개의 현으로 나눴

후쿠자와 유키치(1835~1901)
일본화폐 1만원권 초상의 주인
공. 일본 근대화의 선구자지만,
'탈아론'을 통해 중국과 조선을
접수해야 한다고 주장했다.
사진: 일본국회도서관

다(廢藩置縣).

근대적 법률과 제도의 개혁도 이어졌다. 바쿠후 말기에 서구 제국주의와 체결한 불평등조약은 새 정부가 그대로 인계받아야 했다. 그리고 세권(稅權)과 법권(法權)의 침탈로 인한 폐해도 그대로 이어졌다. 하루빨리 협정관세로 흘러나가는 국부를 보전하고 외국인들이 자유롭게 범죄를 저지르게 한 치외법권을 되찾아야 했다.

메이지 정부는 정부수립 직후인 1869년 불평등조약의 개정의사를 각국에 통보했지만 서구 국가들의 냉담한 반응만을 받아야 했다. 일본의 형법을 비롯한 법률체계가 전근대적이라는 구실이었다. 이에 따라 일본은 사법성과 외무성에 외국인 고문을 고용하여 1880년 형법, 치죄법을 공포하고, 1885년에 서구식 내각제도를 도입했으며, 1889년에는 프로이센의 헌법을 원용한 「일본제국헌법」을 발표했다. 이토 히로부미가 작성했던 헌법에서 천황은 유일하고 절대적인 주권을 가진 국체(國體)이며 육해군은 정부와 의회의 책임 없이 천황의 직접적인 통수를 받는다. 이 조항은 나중에 국체논란과 군의 독주를 가능케했다. 헌법에 따라 실시된 1890년의 선거에 따라 귀족원과 중의원이 구성되면서 근대국가로서 일본제국이 모습을 갖추게 된다.

한편 1890년 발표된 「교육칙어」는 천황에 대한 신앙을 학교와 군대에 전파

이와쿠라 도모미(1825~1883)
고메이 천황의 시종출신으로 사쓰마에 협력해 메이지 유신 전후의 복잡한 궁정암투에서 살아남는다. 메이지 천황의 신뢰로 우대신(우의정)이 된 뒤 이와쿠라 사절단을 이끈다.

사진: 일본국회도서관

불평등조약
불평등조약은 크게 협정관세, 치외법권, 최혜국대우로 이뤄진다. 협정관세로 외국 상품이 국내경제를 혼란시키고, 치외법권으로 외국인들의 행패가 극심했다. 여러 국가가 최혜국대우로 묶여있어 모든 제국주의 국가들이 합의하지 않으면 개별적인 개정은 무의미했다.

하는 역할을 한다. 천황의 신격화를 위한 신사(神社)와 천황릉의 복구도 이 시기 시작됐다.

중앙으로 집중된 근대화된 권력은 정부주도의 산업화와 군비증강에 모든 자원을 쏟아부었다. 20세기 초까지(1871~1907) 진행된 일본의 급속한 산업혁명은 면업(방적)과 견업(제사)이 중심이었으며, 군사력 증강을 위해 철강과 조선이 육성됐다. 정부주도의 산업혁명에서 미쓰비시(三菱), 미쓰이(三井), 스미토모(住友), 야스다(安田) 등 자이바쓰(재벌)가 성장했으며, 1차 대전 이후에는 더 많은 자이바쓰가 생겨났다. 이들은 2차 대전 패전까지 식민지 경제수탈을 통해 막대한 이익을 얻었으며, 일본의 군수산업을 발전시켰다.

부국강병의 초점은 무엇보다 군비증강이었다. 신정부는 국가 예산의 1/5을 투입해 무기수입과 국산(일본산)무기제작에 힘쓰는 한편 의두교육과 국민개병제(징병제)를 통해 군대를 양성했다. 또한 서구식 무기기술과 군사편제를 도입하기 위해 서구 국가에 군사고문단을 요청했다. 여기에 호응해 각국에서 군사고문단을 파견했다. 이들은 군사학교의 설립, 군사제도의 확립, 군함ㆍ항공기의 제조와 운용 등을 지원해 일본이 재빠르게 아시아 군사대국이 되는 데 기여했다.

서양식 무기의 도입은 이미 바쿠후가 개항에 동의했을 때 시작됐다. 바쿠후 체제 자체가 군사적 구조이기 때문에 당시 최신예 증기기관으로 무장한 군함의 시위를 그냥 지나치지 않았다. 스크류로 기동하는 첫 번째 군함 간린마루(咸臨丸)는 개항 전부터 바쿠후와 관계했던 네덜란드로부터 수입했다. 그리고 개항 10년 만에 최초의 일본산 증기군함 지요다가타(千代田形)를 건조한다.

군사고문단
서구 국가들의 군사고문단 파견은 바쿠후 말기부터 시작돼 메이지 초기에 집중됐다. 최초로 바쿠후에 파견된 프랑스 고문단(총 4회)을 시작으로, 영국(총 3회), 독일(1회), 네덜란드(총 3회), 이탈리아(총 2회)의 고문단이 파견돼 근대군사 및 무기체제를 전수했다.

1857년 건조된 간린마루(위)와 프랑스의 도움으로 바쿠후가 1863년 건조한 최초의 일본산 군함 지요다가타.

그림: wikimedia

보신 전쟁은 바쿠후와 천황군이 보유한 근대 군함으로 치르는 최초의 근대 군함 간 전투시험장이었다. 기선(汽船)만 해도 바쿠후측 8대, 천황군측 6대가 참전했다. 보신 전쟁에서 토막군(討幕軍)이 승리하면서 모든 해군력은 메이지 정부로 귀속된다. 육군 역시 구미 제국의 도움으로 영국산 곡사포, 프랑스산 소총과 다발총 등의 근대 무기를 바탕으로 소집된 징병들이 서양식으로 훈련했다. 이에 따라 1870년대 일본은 이미 동아시아 최강의 군사력을 보유하게 되었다.

정치제도적인 서구화를 어느 정도 완수하고 근대 군사력을 확보한 메이지 정부의 국가목표는 매우 뚜렷하게 자리 잡고 있었다. 부국강병을 통한 재빠른 근대화로 서구 열강과 어깨를 나란히 하고, 그들이 중국과 일본에 했던 것처럼 영토확장과 경제수탈의 방법으로 일본의 이익을 최대화하는 것이었다. 요시다 쇼인의 세례를 받은 유신지사들은 그 중심에 있었다. 요시다가 부국강병→류큐 귀속→조선 공격→만주, 대만, 루손 장악→중국 제압을 주장한 것은 서구 제국주의에 대항하고자 하는 사무라이의 분노를 표출한 것인지도 모른

류큐 왕국의 옛 궁궐 슈리 성

다. 그러나 공교롭게도 메이지 이후 제2차 세계대전까지의 일본은 그의 말대로 되었다.

일본이 근대국가로서 원정군을 처음 파견한 것은 대만이었다. 1871년 류큐(琉球)민이 대만에 표착하여 살해

되는 사건이 있었다. 일본은 류큐가 자국의 일부라는 주장으로 1874년 원정군을 발진시켰다. 류큐는 당시까지 독자적인 문화와 정치체제를 가진 독립국이면서 중국과 조공관계에 있었으며, 미국 등과 수호통상조약까지 체결된 상황이었다. 그러나 일본은 1879년 류큐를 일본의 오키나와 현(沖繩県)으로 포고하고 류큐왕을 도쿄로 강제이주시켰다. 청(靑)은 항의했지만 러시아와 이리(伊犁) 분쟁 중이어서 간섭하지 못하다가 1895년 청일전쟁 이후 류큐는 일본 영토로 인정됐다.

19세기 말에서 20세기 초까지 동아시아 국제정치의 주무대는 한반도였다. 기울어가는 조선왕조를 쟁취하기 위한 주변국들의 각축 속에서 한반도는 외국군의 전장이 됐다. 일본은 그 시작과 종결을 주도했다.

일본의 조선에 대한 구체적인 침략논의는 이미 바쿠후 말기에 시작했다. 메이지 정부가 들어서자 정한론(征韓論)은 다시 부활하는데, 초기 제창자는 **사이고 다카모리**다. 그러나 국내 반대파들이 아직 정부의 기초가 확립되지 못했다는 이유로 반대하자 사이고는 낙향후 반란을 일으키다 전사했다. 그러나 이 사건으로 정부내 반대파들이 숙청되면서 신생제국 일본은 더욱 일관된 정책추진이 가능해졌

사이고 다카모리(1828~1877)

유신의 주역이었으나 정한론을 주장하다 낙향했다. 이때 일으킨 사쓰마의 반란 '세이난 전쟁'은 톰 크루즈가 주연한 영화 『라스트 사무라이』(2003)의 배경이 된다. 그러나 주인공 네이단 알그렌 대위의 실제 인물은 미국이 아니라 프랑스 군사고문단으로 와있던 쥴 브뤼네(Jules Brunet)였다.

사진: 일본국회도서관, warner bros.

다. 그리고 곧바로 정한론을 실현시켰다.

일본의 한반도 침탈은 초기 정한론자들이 주장했듯이 대규모 군대를 동원한 전쟁의 수단이 아니었다. 오히려 일본과 그 이전에 중국이 서구 제국주의에게 당했던 것과 동일한 방법이 이용됐다. 해로 측량을 핑계로 운요오호 사건(1875)을 일으키고, 군함을 동원해 위협사격을 가하는 함포외교로 불평등 조항이 그대로 적용된 「강화도조약」(1876)을 맺었다. 구미 국가들은 조선에 별다른 관심이 없었다. 단지 서구의 침탈에서 잠시 숨을 고르면서 서서히 국제정세에 눈뜨기 시작한 청국만이 전통적인 종주권을 주장하면서 간섭할 뿐이었다. 조선은 청과 일의 각축장으로 변했다. 그러나 무섭게 성장한 일본제국군과 무너져가던 청국 사이의 대결은 순식간에 결정됐다. 조선의 동학항쟁을 기화로 시작된 청일전쟁(1894~1895)에서 일본의 육·해군은 한반도에서의 승기를 몰아 랴오둥(遼東)과 산둥(山東) 반도까지 진출했다.

전후 맺어진 「시모노세키 조약」(1895)은 일본에게 엄청난 이익을 안겨주었다. 청이 주장하던 조선의 종주권은 철회됐고, 랴오둥 반도와 대만, 펑후 제도(澎湖諸島)를 할양받았으며, 당시 일본 정부예산의 수 배에 달하는 전쟁배상금을 받는다. 전쟁에서 패한 청은 약체성이 폭로되었고, 그동안 상업이권에 치중했던 서구 제국주의 국가들은 본격적인 영토침탈로 중국정책을 선회하게 된다.

한편, 일본의 의지는 얼지 않는 항구(不凍港)를 얻으려던 러시아가 '3국간섭'(1895)을 하면서 꺾였다. 일본이 랴오둥 반도의 뤼순고우(旅順口)로 진출하게 되면 시베리아 횡단철도를 통해 극동지역을 경영하려 했던 러시아의 동진

정책(東進政策)이 위협받기 때문이다. 3국의 연합에
대항할 군사력이 없었던 일본은 어쩔 수 없이 전쟁
의 대가로 얻은 랴오둥 반도와 대만을 되돌려 주고
대신 배상금을 받는다.

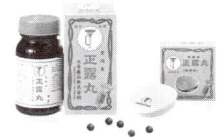

그러나 일본에 있어 3국간섭은 오히려 전화위복
이었다. 국내적으로 러시아의 간섭에 대한 국민적
인 적대감이 형성됐다. 덕택에 '와신상담'(臥薪嘗膽)
의 슬로건으로 10년 계획의 대규모 군비증강이 반
대 없이 추진됐다.[6] 심지어 지급된 배탈약을 러시
아를 정복하자는 정로환(征露丸)으로 바꿔 부를 정
도였다.

정로환
원래 청일전쟁에서 병사들이 식
수문제로 고생하자 만들어진 설
사약. 러일전쟁에 참전할 때 지
급돼 정로환이라고 불렸다. 나중
에 외교마찰을 피하기 위해 칠
정(征)자를 바를 정(正)으로 바꾼
것이다.

국제환경도 일본에게 유리하게 움직였다. 그중 가장 큰 성과는 영국의 협
력이었다. 이미 유럽에서 러시아의 남하를 저지해온 영국은 러시아가 시베리
아 철도를 건설할 무렵부터 일본에 접근했다. 일본의 손을 들어주어 러시아를
견제하기 위해서다. 그 대가로 영국은 일본이 오랫동안 요청했음에도 냉담하
게 거절했던 조건을 들어준다. 바로 '불평등조약의 개정'(1894)이다. 조약개정
을 위해 서양제도를 도입하고 서양문물을 흡수하면서 부국강병의 길로 들어
선지 15년 만에 불완전하나마 결실을 보기 시작한 것이다.[7] 때마침 중국에서
일어난 의화단사건(1900)은 영국의 대일 평가를 더욱 높이는 계기가 되었다.
중국의 질서회복을 위한 연합국의 일원으로 참여한 일본이 우수한 군사능력
을 과시해 구미 국가의 인식을 바꾼 것이다. 1902년 「영일동맹」은 한반도에
대한 이익을 독점하려는 일본과 러시아의 동진을 견제하려는 영국 간의 합의
였다. 한편 미서전쟁(1898)에 승리한 미국은 스페인의 아시아 식민지를 획득한

문호개방정책

1900년 미 국무장관 헤이(John Hay)가 주창했다. 번듯한 이름과 달리 제국주의 국가에 의해 조각난 중국에서 미국의 상업활동을 보장받겠다는 내용. 일본의 지속적인 중국확장으로 표류하다 일본의 만주점령(1931)으로 폐기된다.

도고 헤이하치로(1848~1934)

사쓰마 번의 사무라이 출신으로 사이고 다카모리의 죽마고우. 나마무기 사건으로 시작된 영국과의 전투와 보신 전쟁을 치르고 캠브리지, 영국해군사관학교를 거친 뒤 불청전쟁(1884~1885)과 청일전쟁에 참여하며 해박한 국제법지식으로 유명해졌다. 쓰시마 해전 이후 영국으로부터 메리트훈장을 받으며, 일본의 최고훈장과 작위를 휩쓴다. 정치에 뜻이 없었으며, 히로히토가 왕자일 때 훈육을 맡았다. 도고가 사망하자 영국, 미국, 네덜란드, 프랑스, 이태리, 중국의 함선이 도쿄만에 모여 위령의식을 치렀다. 매우 이례적인 일이었다.

다. 후발 제국주의 국가로서 아시아의 이익확보를 위해 문호개방정책[8]을 발표한 미국도 러시아의 만주진출은 찬성할 수 없는 일이었다. 이에 따라 미국도 1차 대전 이전까지 일본의 세력 확장에 암묵적인 협조를 했다.

세계강국으로의 등장: 러일전쟁에서 1차 대전까지

러일전쟁(1904)은 지역강국 일본과 세계강국이지만 혁명으로 신음하던 제정(帝政) 러시아의 대결이었다. 그리고 일본의 뒤에는 유럽에 주둔하던 러시아 군대가 아시아로 들어서려는 것을 막았던 영국과 외교를 통해 일본을 도왔던 미국이 일본과의 보이지 않는 3국연합으로 러시아에 맞선 전쟁이었다.[9] 일본 육군은 한반도를 점령한 뒤 만주를 넘어 뤼순고우까지 점령했다. 그러나 막대한 인명피해를 수반한 소모전이었다. 일본은 육상과 해상에서의 초기 승리에는 성공했으나 자금과 군사력의 부족으로 소모적인 장기전을 버틸 여력이 없었다. 한편, 1904년 '피의 일요일'과 1905년 혁명으로 혼란스런 러시아였지만 본토가 침탈당하지 않았기 때문에 항복은 자존심 문제였다. 그러나 훗날 일본 해군의 핵심교리인 '함대결전'(艦隊決戰)을 있게 한 해상전투의 승리로 상황은 순식간에 종결된다. 바로 쓰시마 해전(日本海 海戰)이다.

1905년 5월의 쓰시마 해전은 당대 동아시아 최강의 함대와 정교하게 훈련된 함대의 지휘로 일방적인 승리를 거둔 역사적 해전이었다. 함대지휘관은 **도고 헤이하치로**(東鄕平八郎). 도

쓰시마 해전에서 도고 제독어 승선한 기함 미카사 (三笠)
현재 도교의 요코스카 항에 전시돼 있는 제국해군과 일본제국주의의 상징이다.

고가 연합함대 사령관이 된 것은 의외였는데, 그를 천거한 해군상 야마모토 곤노효에(山本權兵衛)는 그 이유를 "도고가 행운의 사나이이기 때문"이라 답했다한다. 그 행운과 실력이 겹쳐진 결과가 쓰시마 해전이다. 키미 영국의 견제로 피로 속에서 유럽과 아시아를 잇는 긴 여정을 거쳐야 했던 러시아의 주력 발틱함대는 블라디보스톡으로 향하던 중 일본 연합함대에 칼각됐다. 러시아는 3배의 전력을 가졌지만 빠르고 일사불란한 도고의 정자전법(丁字戰法)에 괴멸된다. 발틱함대는 21대가 침몰하자 전멸의 우려로 항복했으나 연합함대의 피해는 고작 소해정 3대뿐이었다. 함포사격을 주고받는 근대 전함전에서 유래 없는 일방적인 승리였다. 이 해전으로 도고는 이순신 장근, 영국의 넬슨 제독과 더불어 3대 해군제독의 반열에 오른다.

결정적인 함대전투의 승패에 따라 동아시아의 권력지도는 지각변동했다. 패배로 러시아해군은 혁명의 소용돌이 속으로 빠져버렸으며 결국 로마노프 왕조는 몰락한다. 중재를 맡았던 미국의 시어도어 루스벨트(Theodore Roosevelt) 대통령은 장기전이 어려웠던 일본과 주력함대를 잃은 러시아 사이

에서 서서히 부상하는 세계강국의 외교력을 발휘할 수 있었다. 가장 큰 변화는 일본에 있었다. 쓰시마 해전을 통해 서구 제국주의 국가들과 대등한 수준으로 인정받으며 동아시아의 주도권을 확보할 수 있었던 것이다. 일본은 3국간섭으로 놓쳤던 랴오둥 반도를 획득하고 한반도를 완전히 병합(1905년 을사조약, 1910년 한일합병조약)했다. 조선의 병합은 미일 간 「가쓰라 · 태프트 협정」(1905)과 「제2차 영일동맹」(1905)으로 보장받는다.

전쟁의 승리로 일본자본주의는 급속하게 성장했다. 1901~1911년 사이 일본의 공업자본은 4배로 증가했다. 그러나 일본은 구미 국가에 비해 기술 자본 등 국제경쟁력에 뒤지고 있었기 때문에 이를 극복하기 위해서는 독점적 해외시장의 확대가 필요했다. 또한 전쟁을 통해 막대한 이익을 얻었던 경험은 자연히 군비증강으로 이어졌다. 그리고 군부는 성장하면 할수록 문민통제로부터 자율적이 되어갔다.

특히 일본 해군의 성장은 괄목할 만하다. 러일전쟁 당시 일본은 잠수함을 도입하고 세계 최초로 함선간 무선전신을 운용했으며, 1906년에는 당시 최대의 전함인 사쓰마(薩摩)를 진수했다. 바쿠후 말기부터 시작된 군사력의 서구화는 이 시기 완성단계에 들어섰다.

그 과정은 매우 인상적이다. 바로 '복제-개선-혁신'의 과정이었다. 초기 서구의 무기를 수입했던 일본은 수입한 무기를 면밀히 검토한 뒤 국산화하고 이를 점차 개선한다. 그리고 개선된 무기를 더욱 발전시켜 한 차원 높은 무기와 전술을 개발한다. 초기에 무기를 수출했던 구미 국가들을 놀라게 했던 일본의 군사무기 제조기술은 이미 1918년경 세계수준이 되었으며, 1차 대전 이후 일본 해군은 명실 공히 세계 3위의 해군강국이 된다.

원래 제1차 세계대전은 유럽의 전쟁이었다.

남양제도

미국령 괌과 딜리핀 사이의 서태평양에 산재된 군도(마리아나 제도, 캐롤라인 제도, 마셜 제도). 스페인과 독일을 거쳐 1차대전 이후 일본의 지배를 받다 2차대전으로 미국령이 된다. 1950~60년대 미국은 66회의 핵실험장소로 이용했다. 사이판이 관광지로 유명하다.

21개조 요구

신해혁명(1911) 이후 성립된 중화민국의 위안스카이(袁世凱)에게 제시해 1915년 강압적으로 체결된 조약. 중국 전체에 대한 이권조항을 비밀로 하다 폭로돼 이 조항은 철회된다.

그러나 이미 청일전쟁과 러일전쟁에서 엄청난 이익을 얻은 일본이 그 기회를 놓칠 리 없었다. 일본이 노린 것은 독일이 점령하고 있었던 자오저우 만(膠州灣, 산둥반도). 이미 독일은 유럽의 전쟁을 위해 중국의 주력부대를 이동시킨 상태다. 일본은 1914년 8월 독일에 선전포고하고 즉각 중국내 독일교차지를 포위하고 칭다오(靑島)를 점령했다. 또한 독일 식민지였던 적도 이북의 남양제도(南洋諸島)를 점령했는데 이는 해군이 정부의 지시 없이 독단적으로 행동한 최초의 사례다. 또한 일본 해군은 러일전쟁에서 포획한 상선을 개조한 수상기용 항공모함 와카미야(若宮)로 세계 최초의 항공모함 전투도 수행했다.

산둥 반도 점령 이후 일본은 중국에 '21개조 요구'를 제시하면서 침략의 본성을 드러냈다. 21개조가 시행될 경우 유럽이 중국에 가졌던 특권이 일본에게 독점될 것이었다. 그러나 미국의 반대로 완화된 조약이 체결됐다. 또한 미국은 일본을 견제하기 위해 중국의 참전을 독려해 1917년 중국이 독일에 선전

베르사이유 강화조약이 조인된 베르사이유궁전의 거울의 방

여러 차례의 프랑스–독일 관계가 결정된 곳이다. 1차 대전을 종결시킨 베르사이유조약은 각국의 이해관계로 어느 국가도 만족하지 못한 조약이었다. 특히 독일의 반발이 매우 커 2차 대전의 원인이 됐다.

포고하게 한다. 그러나 같은 해 미국이 직접 참전하자 그간 불편한 관계였던 일본이 이제는 동지가 되었다. 이에 따라 미국은 이시이-랜싱 협정으로 일본의 중국에 대한 특수이익을 승인한다.

1차 대전의 참전 역시 일본에게 막대한 이익을 남겼다. 전쟁의 중심에서 떨어져 있었던 일본은 그 덕분에 각종 전쟁물품을 수출할 수 있었다. 이에 따라 일본의 산업은 다변화되고 무역은 4배 이상 성장했으며, 일시적으로나마 근대 국가 성립 이후 최초로 채무국에서 채권국으로 전환됐다. 독일의 패전으로 시작된 베르사이유 강화회의(1919)에서 일본은 5대 강국(미, 영, 일, 불, 이)의 일원으로 참여했으며, 독일이 보유했던 산둥 반도와 적도 이북의 남양제도에 대한 권한을 이양받는다. 전쟁 직후 설립된 국제연맹(League of Nations)에는 영구이사국의 지위를 얻었다. 유럽의 전쟁이었던 1차 대전에서 일본은 작은 역할만을 맡았지만 종전 후에는 핵심적인 국제행위자로 부상하게 된 것이다.

천황제과 군국주의의 신념화:
유신 이후 세대의 등장과 제2차 세계대전

개항 이후 시작됐던 요시다 쇼인의 꿈은 1차 대전의 종결로 거의 달성됐다. 일본의 힘은 동아시아뿐만 아니라 아시아·태평양 최강의 군사력을 통해 세계강국으로 도약했다. 메이지 유신 이후 일본은 전쟁만 하면 승리했고 승리하면 막대한 전리품이 돌아왔다. 청일전쟁으로 한반도에 대한 우월권과 랴오둥 반도를 얻었고, 러일전쟁으로 한반도를 병합하고 뤼순·다롄(旅順·大連) 조차지를 획득했으며, 1차 대전으로 독일의 산둥 권익을 계승했다. 유신의 지도자들은 일관된 정책으로 국가를 이끌었고 그때그때 우호적인 국제환경을 자국을 위해 이용했다. 그러나 1차 대전이 종결된 뒤 1920년대를 전후한 일본의 상황은 국내외적으로 커다란 도전을 받게 된다.

첫 번째 도전은 국내의 혼란과 군부의 득세다. 1차 대전이라는 전쟁특수(戰爭特輸)가 종료되자 구미 국가들은 시장을 되찾아갔다. 갑자기 사라진 상품수요는 일본 국내경제를 흔들어 놓았다. 1920년의 국내공황, 1923년 관동대지진, 1927년 금융공황, 1929년 세계대공황이 이어졌다. 도산과 실업이 급증했고 식량난도 겹쳤다. 자이바쓰(재벌)를 비롯한 상공인들은 한편으로 정치참여를 요구하면서 다른 한편으로 군의 해외진출을 통한 이익창출을 지지했다. 흑룡회(黑龍會), 애

병약했던 다이쇼 천황을 대신해 섭정 중이던 히로히토가 관동대지진의 폐허를 살펴보고 있다. 앞에서 두 번째.

야마가타 아리토모(1838~1922)

쇼카손주쿠, 기헤이타이, 보신 전쟁을 거친 메이지의 원훈. 유럽견학 이후 군체제를 건설하고 총참모부를 만든 일본 육군의 창설자다. 경쟁자이던 이토 히로부미의 사망 이후 겐로로서 정국을 좌우하는 최고 권력자가 된다. **사진: 일본국회도서관**

국사(愛國社), 현양사(玄洋社)와 같은 국가주의·군국주의 민간단체들의 팽창론은 일부 국민과 젊은 장교들을 매료시켰다. 극우폭력단의 정치인의 암살과 장교들의 쿠데타가 지속되고 해외의 일본군은 독자적인 작전을 수행했다.

두 번째 도전은 세대교체다. 이토 히로부미(1909)를 시작으로 메이지 천황(1912), **야마가타 아리토모**(1922) 등 메이지 유신의 주역들이 잇달아 사망했다. 야마가타를 이어 두 명의 겐로(元老)가 더 이어졌지만 더 이상 초법적인 원로정치는 내세우지 못했다. 그 후 새로운 세대의 관료, 군지도자, 기업인, 지식인이 등장했다. 이들은 메이지 시대의 일본팽창을 신념화했으며, 그 신념은 천황과 유신지사들을 종교와 신화로 만들었다. 한편 메이지 헌법에 의해 최고통수권자인 천황의 직속으로서 정치의 간섭을 차단했던 군부의 힘은 여러 차례의 전쟁으로 통제할 수 없을 정도로 커지기 시작했다. 오히려 정부는 '육군상'을 중심으로 한 군부의 눈치를 봐야할 상태까지 되었다.

마지막으로 가장 중요한 도전은 미국이었다. 태평양과 아시아 지역에서 과거 스페인의 식민지를 승계 받은 미국은 문호개방정책을 통해 일본의 아시아 독점을 막아오던 터였다. 「이시이-랜싱 협정」이 있었지만 1차 대전 연합국의 일원으로서 맺어진 미봉책에 불과했다. 점차 일본의 세력권이 커지면서 미국과 일본은 서로를 현상타파 세력으로 간주하고 견제하기 시작했다. 일본은 팽창을 압박하는 미국과의 결전을 위해 전쟁준비를 서둘렀다.

세 가지의 도전에 대해 국민을 통합시키며 국제 정세를 이해하고 이용할 수 있는 지도자는 존재하지 않았다. 이토 히로부미 등의 교묘한 곡선적 외교보다는 싸우면 이긴다는 맹신에 가득찬 군부의 직선적인 군사행동만 있을 뿐이었다. 단지 방금 끝난 세계전쟁과 세대교체 과정에서 시데하라 외교가 탄생해 이토의 전통을 잇는 듯했지만 국내정치를 통일시킬 힘까지 가지지는 못했다.

'다이쇼(大正) 데모크라시'는 1차 대전에서 2차 대전으로 넘어가는 조정기에 잠시 나타난 일본의 정치를 지칭한다. 메이지 사후 등극한 다이쇼 천황의 이름을 땄다. 새로운 세대는 외형상 다수당에 의해 집권하는 민주적 정당정치를 시작했다. 1918~1932년 사이 12차의 내각교체는 모두 의회내 다수파에 의해 총리가 집권했다. 1925년에는 보통선거권이 제정돼 유권자의 수가 46만에서 1천4백만으로 늘어났다. 같은 시기 일본외교는 시데하라 기주로(幣原喜重郎)의 '국제협조주의'였다. 유연한 보수주의자였던 시데하라는 중국에 대한 불간섭주의와 미국, 영국과의 우호관계 유지를 강조했다.

시데하라 기주로(1872~1951)

직업 외교관으로 워싱턴 회의에 참여한 뒤 1924~1931년 외상을 역임했다. 그러나 외상 후반기 극우 · 근국주의의 발호는 막지 못했다. 평화를 소호했기 때문에 패전 두 총리가 될 수 있었다. 남작의 작위를 가진 천황제 옹호론자였으며 천황제 보호를 위해 맥아더 사령관에게 평화헌법을 제안한 것으로 알려져 있다.

사진:일본국회도서관

워싱턴 체제

1차 대전 이후 미국이 주도한 태평양 간보체제. 영일동맹의 폐기, 일본에 우호적인 전함비율 허용, 문호개방주의 유지가 주 내용.

국제환경도 조정국면이 잠시 나타났다. 워싱턴해군군축회의(1921~1922)로 시작된 워싱턴 체제다. 악화되는 미일관계를 완화하고 군비경쟁을 중단하기 위해 윌슨(Woodrow Wilson)의 뒤를 이은 하딩(Warren G. Harding) 대통령이 소집한 최초의 미국주도의 국제회의이자 최초의 군축회의다. 일본은 미국과 해군 경쟁을 벌이기에는 경제상황이 좋지 않았다. 1차 대전의 특수가 끝나고 인플레와 실업이 증가했기 때문이다. 따라서 미국과의 화해는 불가피했다. 회의과정에서 미국의 요구로 일본 팽창의 든든한 배경이었던 영일동맹이 폐기됐다. 또한 당대의 5대 강국 '미·영·일·불·이'의 주력함 비율을 5:5:3:1.75:1.75로 제한하기로 합의했다. 일본의 태평양에서의 기득권을 인정하고 영국과 미국은 싱가포르와 하와이의 군사기지를 확장하지 않는다는 조건이었다. 미·영의 해군이 대서양과 태평양으로 분산된 것을 감안하면 태평양의 지배력은 일본이 미국과 거의 대등하게 장악하게 된 것이나 마찬가지였다. 워싱턴회의는 이후 런던해군군축회담(1930)으로 미세조정된다.

그러나 조정기의 협력 이면에는 이미 극우세력과 군부의 결합으로 독단적인 독주가 준비되고 있었다. 이미 1920년 전함 8척, 순양함 8척을 건조한다는 '88함대 계획'을 발표해 해군확장을 가속했던 군부는 최소한 대미 7할의 전함을 가져야 한다고 생각했다. 군부의 대미결전은 이미 준비되기 시작했다.

그 과정에서 1926년 12월 25일 히로히토가 등극하면서 쇼와 시대가 개막됐다. 쇼와(昭和)는 평화를 널리 비춘다는 뜻이지만, 2차 대전 패전까지의 쇼와시대 일본은 정반대다. 히로히토의 등극과 동시에 시데하라의 국제협조주의는 우익 정당인 입헌정우회(立憲政友會), 귀족들의 추밀원(樞密院), 민간우익단체 등에 의해 비난받았다. 이에 따라 강경파가 결속해 육군대장 출신인 **다나카 기이치**(田中義一)를 총리에 취임시켰다. 국제협력외교는 '실력외교'로 대체됐다. 군 강경파는 용기를 얻고 외교에 관여하기 시작했다. 그러나 그는 일본관동군의 장쭤린 살해와 「켈로그-브리앙 조약」의 천황대권 문제로 사임했다. 온건했던 하마구치 오사치(濱口雄幸) 총리가 뒤를 이었지만 1930년 암살된다. 일본의 극우집단에 의해서다. 시데하라의 뒤를 이어 평화적 경제팽창을 추구했으나, 워싱턴 체제를 확대하기 위해 열린 런던해군군축회담(1930)에서 실패했기 때문이다.

런던군축회담과 그 이전에 합의된 「켈로그-브리앙 부전조약」(Kellogg-Briand 不戰條約, 1928)은 조정기 일본 우익과 군부를 이론적으로 무장시키고 세력을 확장하는 계기였다. 1차 대전 이후 내외적인 도전과 혼란 속에서 한 세대 전 일본의 영광을 되찾으려는 우익의 노력은 일부 국민과 군부의 호응을 받고 있었다. 이때 최소한 민주주의 체제를 갖고 있던 서구 강국들은 부전조약의 조약문에 "각국 인민의 이름으로"(제1조) 전쟁포기에 합의한다고 한 것이다. 우익들은 이 조항이 최고통수권자인 천황의 국체(國體)를 훼손한 것이라고 비난했다. 런던군축회담이 합의되자 강도가 더 높아졌다. 군축은 천황의 통수권인데 그 보필기관인 해군의 동의 없이 정부가 멋대로 합의했다는 것. 즉 정부는 천황의 통치대권이 규정된 헌법을 위반했다(統帥權干犯)는 것이다. 소위 '국체논란'이 일어났다. 우익은 이론적 무장

다나카 기이치(1864~1929)
국내적으로는 공산주의 운동을 탄압하고 대외적으로 적극적인 군사활동을 수행했다. 다나카 상주문이 유명한데 중국 지배를 위해서는 러일전쟁처럼 미국을 분쇄해야 한다는 내용. 장쭤린 살해사건을 처벌하지 않는다는 이유로 히로히토 천황이 직접 사퇴시켰다. 사진: 일본국회도서관

켈로그-브리앙 조약
프랑스의 아리스티드 브리앙 외상의 제안에 미 국무장관 프랭크 켈로그가 초안을 만들어 영, 불, 이, 일 등에 동의를 구한 부전조약. 62개국이 서명했으나 일본의 만주침략(1931), 이탈리아의 어티오피아 침략(1935), 독일의 폴란드 침공(1939)으로 무의미해졌다.

을 했고 군부는 그들의 이론에 호응했다. 더욱이 국체논란은 국민들에게 알려져 군국주의에 대한 국민적 지지분위기가 조성됐다. 정부는 더 이상 국민을 통제할 수 없었으며, 군은 정부와 별개로 움직이고 있었다.

장쭤린 폭살사건과 류탸오거우 사건

관동군 장교들이 중국에서 독자적으로 일으킨 일련의 사건 중 일부다. 군은 장쭤린을 이용해 만주를 장악하려는 시도가 무산되자 그가 탄 열차를 폭파했다. 류탸오거우는 만주철도가 지나는 중일 간의 경계, 중국이 열차를 폭파한 것처럼 꾸민 뒤 곧바로 출병해 만주를 점령했다.

대동아공영권

아시아에 대한 군사·경제적 침략을 정당화하기 위해 만들어졌다. 일본 만주 중국의 선린우호, 공동방공, 경제제휴를 표방했으나 패전과 함께 종결됐다.

부의(1906~1967)

청의 마지막 황제로 태어나 만주국의 허수아비 황제로 지내다 2차 대전의 종결 이후 소련의 포로가 된다. 마오쩌둥이 공산화에 성공하자 중국으로 이송돼 재교육을 받은 뒤 평민으로 사망한다.

군의 관심은 만주로부터 시작됐다. 원래 만주문제의 원인은 일본군의 침략이었다. 그러나 관동군은 오히려 만주가 일본군의 피와 땀으로 얻은 정당한 권리이며 일본의 생명선이라고 생각했다. 1928년 이후 일본 육군은 육군(陸軍, 리쿠군)이라는 말 대신 황군(皇軍, 고군)이라는 표현을 쓴다. 이후 군부는 정부의 지배에서 벗어나 1928년 장쭤린 폭살사건(張作霖爆殺事件)을 시작으로 1931년 류탸오거우 사건(柳條溝事件)을 조작해 만주사변을 일으킨 뒤 1932년 만주국을 수립했다. 중국이 만주사변을 국제연맹에 제소하자 1933년에는 국제연맹을 탈퇴했다. 곧이어 1937년 중일전쟁을 시작하고 1938년 대동아공영권을 선언했다. 1940년에는 독일·이탈리아의 파시즘과 결합해 3국동맹을 맺으면서 추축국에 합류한다. 그리고 1941년 진주만 공격으로 태평양전쟁을 시작했다. 2차대전을 수행한 총사령부인 대본영(1937)이 설치됐으며 총통수권자는 히로히토 천황이었다.

사실 태평양전쟁이 시작될 무렵 일본의 육해군은 당대 최강의 군사력을 보유하고 있었다. 육군은 꾸준한 군비증강과 징병으로 1937년 무렵에는 30만 대군을 보유했다. 1941년 2차 대전이 시작할 시기에는 51개 사단의 1백70만 병력으로 증강된다. 이들은

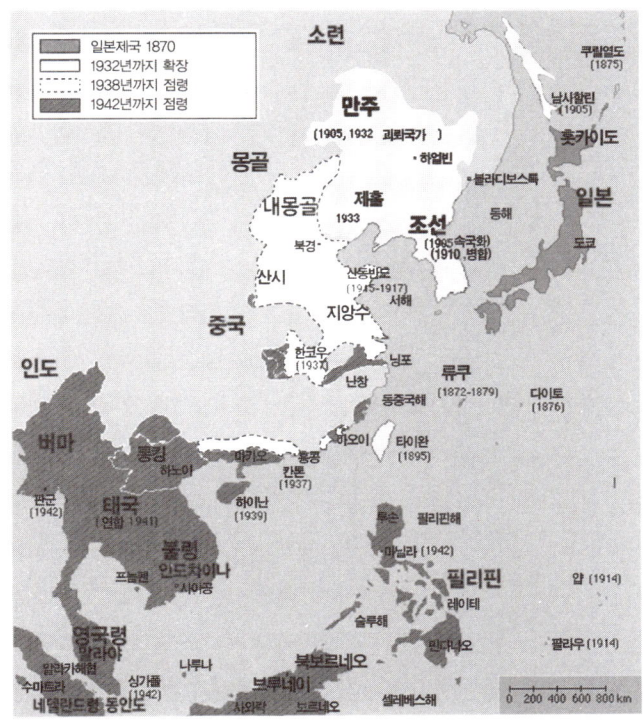

일본제국 1870
1932년까지 확장
1938년까지 점령
1942년까지 점령

소련

쿠릴열도 (1875)

만주
(1905, 1932 괴뢰국가)
하얼빈

남사할린 (1905)

몽골

내몽골

제울
1933

블라디보스토크

홋카이도

북경

조선
(1905속국화)
(1910 병합)

동해

일본

산시

산둥반도
(1915-1917)
서해

도쿄

중국

지앙수

인도

한코우
(1933)

닝포

류쿠
(1872-1879)

다이토
(1876)

버마

충칭
하노이

마카오
홍콩
칸톤
(1937)

난창

마오이

동중국해

타이완
(1895)

따꾼
(1942)

태국
(연합 1941)

하이난
(1939)

필리핀해

투손

불령
인도차이나

프놈펜
사이공

마닐라 (1942)

필리핀

얍 (1914)

레이테

영국령
말라야

니루나

북부르네오

민다나오

팔라우 (1914)

왈라키해협
수마트라

싱가폴
(1942)

브루네이

네덜란드령 동인도

사라락

브르네오

셀레베스해

0 200 400 600 800 km

메이지 유신 이후
1942년까지 일본의
세력변화

주로 중국작전에 투입됐으나 1942년부터는 전선이 홍콩, 필리핀, 태국, 버마, 네덜란드령 동인도, 말라야까지 전개된다. 전선이 확대되자 병력수요는 급격히 증가됐다. 이에 따라 조선인과 중국인까지 징병에 동원되어 1945년 종전무렵에는 5백50만 명의 대군에 도달했다. 그러나 소총, 전차, 항공기와 필수품 등 장기적 소모전을 위한 군수보급은 전쟁이 지속될수록 부족히졌다. 5백50만 명 중 2백50만 명이 사망하고 81만 명이 실종됐다.

역사상 최대의 전함 야마토(위)와 야스쿠니 신사에 전시된 제로센(아래)

군사대국으로서의 일본을 상징한 것은 해군이었다. 1차 대전 직후에 이미 물량으로 세계 3위의 해군력을 자랑했으며 세계의 군비경쟁을 주도할 정도였다. 워싱턴 체제로 함선수가 제한되자 가용한 함선을 더 빠르고 강력하게 만드는 데 주력했다.

당시 일본 해군의 기본적인 전략은 쓰시마 해전의 경험에서 얻어진 함대결전, 즉 근해의 제해권을 장악하는 것이었다. 그러나 일본은 석유와 원자재를 전량 수입해야 하는 국가. 수입항로를 확보하려면 장거리의 항해를 버틸 수 있는 대형전함이 필요했다. 또한 야마모토 이소로쿠(山本五十六) 등의 해군제독은 항공모함과 함재기에 의한 해상항공의 운용을 강조했다. 결국 함대결전을 위한 거함거포(巨艦巨砲)를 축으로 항공모함, 잠수함이 함께 생산됐다.

일본 해군은 1921년 세계 최초로 전용 항공모함을 생산했으며 2차 대전 직전까지 10대의 항공모함을 보유했다. 대형 함포를 장착한 전함의 생산 끝에 1941년에는 460mm 거포를 장착한 72,800톤(만재)의 사상 최대의 군함 야마토(大和)를 생산했다. 전쟁 초기 일본은 야마토를 포함한 10대의 전함, 38대의 순양함, 112대의 구축함, 65대의 잠수함을 보유했다. 일본에 취약한 부분이었던 해군항공분야도 프랑스와 영국의 기술과 훈련으로 발전했다. 그 과정에서 미쓰비시는 유명한 'A6M 제로기'를 양산하기 시작한다. 제로센으로 불리던 이 항모기반의 전투기는 2차 대전 초기 최강의 전투기였다. 그러나 미국의 F6 헬켓(Hellcat)과 F4 코르세어(Corsair) 전투기의 등장으로 전쟁 말기에는 가미카제(神風)로 소진된다.

태평양 전쟁은 곳곳에서 충돌하고 있는 미국을 상대로 시작한 전쟁이었지만, 미국을 점령하기보다는 미국의 태평양 전력을 약화시켜 발을 빼게 한 뒤 대동아공영권을 확정하려는 시도였다. 전쟁 초기 일본군의 공격은 거의 방해받지 않았다. 필리핀, 말라야, 싱가포르, 자바, 보르네오, 인도네시아를 차례로 점령했다. 그러나 전선이 확대되면서 병참과 병력의 부족은 더욱 심각해져 갔다.

일본 해군 연합함대의 총사령관이었던 야마모토 이소로쿠는 미국과의 전쟁 직전 "처음 6개월이나 1년은 전력을 다해 싸울 수 있겠지만 두 번째나 그 다음 해까지는 자신이 없다"고 말했다. 일찍이 미국의 군사력을 인식했던 야마모토는 태평양전쟁을 반대했다. 그러나 당대에 야마모토의 명성과 비견될 지도자가 부족했던 도조 히데키(東條英機) 총리

야마모토 이소로쿠(1884~1943)

이소로쿠(五十六)란 이름은 하급 사무라이였던 부친이 56세에 그를 낳았기 때문에 붙여졌다. 쓰시마 해전에 참전했으며, 하버드와 미 해군전쟁대학을 유학한 이후부터 미국과의 전쟁을 반대했다. 거함거포주의를 몰아내고 항공모함 해전을 정착시켰다. 1943년 시찰 중이 격추됐다. 암호를 해독한 미군이 비행경로를 알아낸 데다 그는 철저히 시간을 준수했던 인물이기 때문이었다.
아래는 진주만 공격에서 야마모토의 기 선이었던 항공모함 아카기(赤城). 미드웨이 해전에서 침몰했다.

불침의 항공모함으로 불렸던 2차
대전 당시의 미드웨이 산호섬

는 그를 해군 총사령관으로 임명한다. 이미 거함거포주의보다는 항공모함을 이용한 해군항공의 중요성을 깨우친 야마모토는 우세한 항공모함 전력으로 진주만(1941.12.7)을 기습했지만 미국 항공모함과 유류저장고를 놓치는 반쪽의 성공을 거둔다. 그리고 야마모토의 예견대로 일본의 우세는 6개월만 지속됐다.

　미드웨이 해전은 함대결전 독트린을 가졌던 일본이 오히려 결정적인 함대전투에서 패함으로써 전쟁까지 지게 된 계기였다. 진주만 공습을 받은 뒤 미국은 '민주주의의 무기고'에서 더 나아가 본격적인 대일전쟁을 준비했다. 양측의 대결은 진주만 공습 6개월 뒤 하와이 동북쪽 미드웨이 산호섬 앞바다에서 본격화된다. 전통적인 전함대결이 아닌 양국의 대규모 항공모함 전투였다. 거함의 함포사격이 모함에서 이륙한 전투기의 공격으로 진화한 것이다. 일본은 우세한 전력을 가졌지만 격전 끝에 4대의 항공모함, 1대의 순양함, 228대의 전투기와 조종사를 잃는다. 이에 비해 미국의 손실은 1대의 항공모함, 1대의 구축함, 98대의 전투기에 불과했다. 양측 모두 큰 손실이었으나 전체 해군전력은 여전히 커다란 차이가 없었다. 그러나 미국과 일본의 전투력 복구의 힘은 결정적 차이를 가졌다. 이후 미국은 급속한 군비구축으로 일본에 대한 우세를 한 번도 놓치지 않았다.

　1942년 8월 미국의 공세는 미 해병대가 과달카날, 툴라기, 솔로몬 제도에 상륙하면서 시작됐다. 과달카날은 일본의 원유 공급루트이면서 호주로의 통로이기도 한 요충지였다. 수차례의 육상과 해상에서의 전투는 1942년 11월 15일 과달카날 해전에서 일본 해군이 패퇴하면서 종결됐다. 이후 일본의 군사력은 전략적으로 더 이상 승리할 수 없었으며 패전은 결정적이었다. 더욱이 1943년 2월 야마모토 사령관이 솔로몬 제도에서 시찰 중 격추됐다. 이제 항복해야 할 상황이었다. 그럼에도 불구하고 일본 지도부는 질 수밖에 없는 전쟁을 2년 이상 끌었다.

2차 대전 종결을 논의한 포츠담 회담. 폴란드는 대규모 참전에도 불구하고 제외됐으며, 일본에 대한 최후통첩은 스탈린을 제외한 영-미-중의 수뇌 사이에서 합의됐다.

미국은 막대한 손실이 예상되는 일본 본토의 상륙보다는 조기항복을 받아내려 했다. 이에 따라 1945년 7월 15일 소련에 화평알선을 요구했다가 거부당하고, 7월 26일에는 무조건 항복을 촉구하는 최후통첩 「포츠담 선언」을 발표했다. 또다시 일본이 항복할 시점이었다. 그러나 일본이 응답하지 않자 미국은 8월 6일과 9일 히로시마와 나가사키에 원자폭탄을 투하했다. 그 사이 참전기회를 잃어 전리품을 챙기지 못할 것을 우려한 소련이 8월 8일 대일선전포고를 한다. 일본이 여러 차례의 항복기회를 넘긴 것은 전후처리 과정에서 천황제가 소멸될 것을 두려워했기 때문이다. 그러나 두 차례의 원폭투하로 더 이상 물러날 수 없게 되자 천황제 유지를

B-29 폭격기로 히로시마에 떨어졌던 우라늄 폭탄 '리틀 보이'(위)와 나가사키에 떨어졌던 플루토늄탄 '팻맨'(아래).

귀띔 받고 비로소 항복한다. 항복의사는 1945년 8월 14일 연합국에 타전됐다. 일본의 머뭇거림으로 소련은 불과 5일간의 전쟁참여로 승전국이 된다. 그 후 쿠릴열도 북부를 획득하고, 중국 공산당을 지원해 승리하게 했으며, 한반도를 분단시켜 38선 이북을 공산화했다.

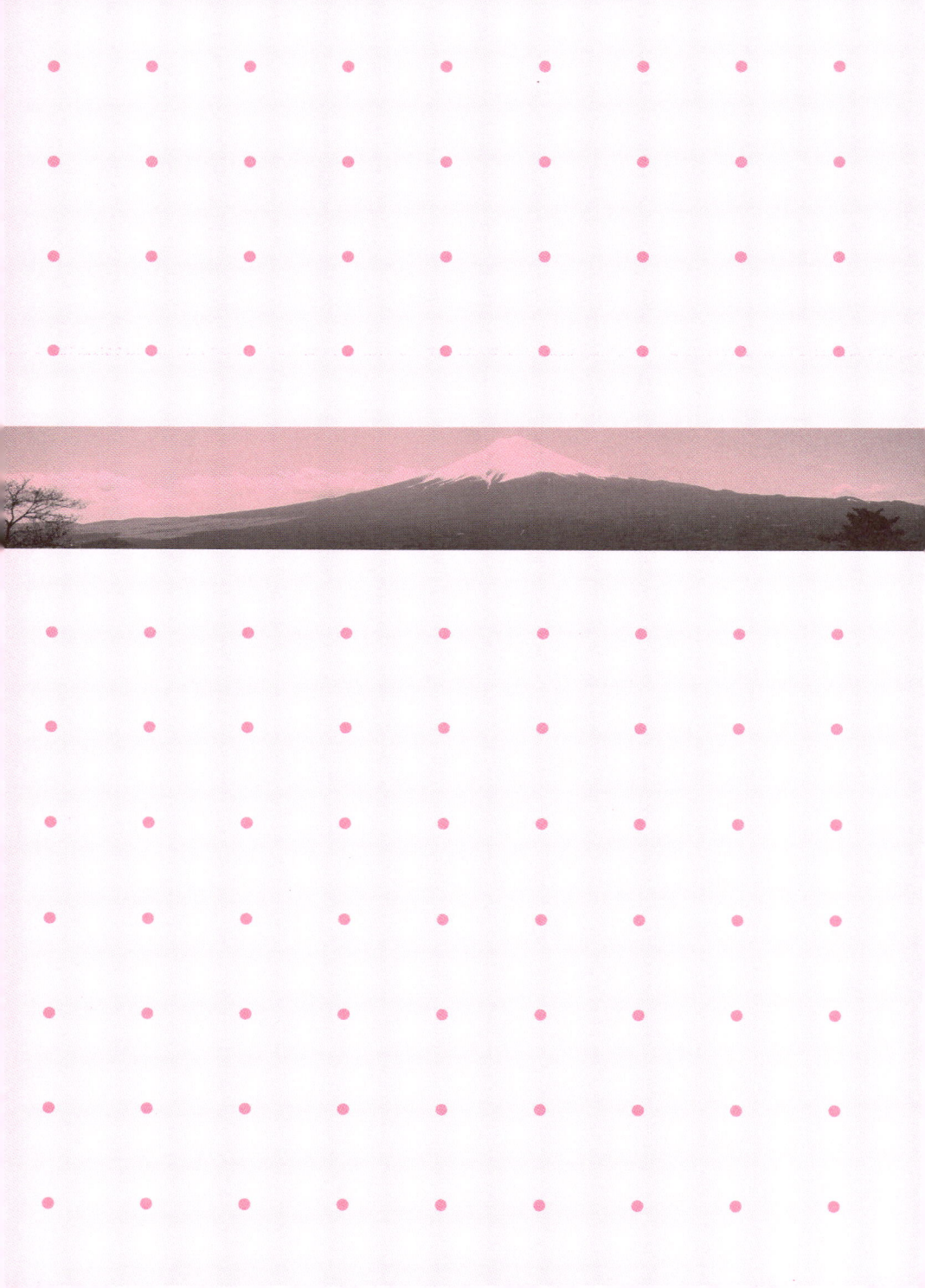

9장

세계 속의 일본 제2부:
주식회사 일본에서 보통국가로

김형기

일본 제1호위함대

냉전의 시작, 그리고 불완전한 전후처리

패전 이후 일본이 신속하게 정치를 안정시키고 급속한 경제발전을 달성할 수 있었던 것도 메이지 시대와 유사한 이유에서다. 바로 일관된 정치엘리트들의 정책추진과 주변환경의 도움 때문. 천황을 비롯한 과거 침략의 주역들은 패전에도 불구하고 교체되지 않았다. 다만 군국주의의 외피를 벗고 평화주의의 새 옷을 입었을 뿐이다. 「평화헌법」은 그 상징이었다. 민주정치가 도입됐지만 다른 이념을 가진 야당의 정권교체는 불과 몇 개월에 그쳤으며, 실질적으로 보수주의 정당이 거의 전 기간을 통치했다. 거대한 보수정당 자유민주당(자민당)은 당내 파벌 간 이념격차가 있었지만 장기집권을 통해 경제발전에 주력했다.

외적 환경의 조력자는 영국, 미국, 프랑스 등 근대제국주의 국가로부터 제2차 세계대전 이후 초강대국으로 부상한 미국 중심으로 이동했다. 2차 대전 중 서로 적으로 만나 결국 일본을 패배시킨 미국은 그 어떤 과거의 세력보다 큰 영향력을 발휘했다. 전후처리는 어떤 전쟁보다 우호적이었고 결과적으로 일본이 전후강국으로 급속히 성장하는 데 커다란 기여를 했다. 미국의 영향으로 전쟁 이전의 질서를 거의 그대로 복구한 일본은 재빠른 보수정치의 연합을 구

성하여 국가재건에 성공했다.

현대 일본이 당면한 첫 번째 국가목표는 평화이미지를 부각시키면서 경제강국으로 부흥하는 것이었다. 그 기반은 이미 미군의 점령기부터 준비되었다. 미국은 승전 이후 맥아더(Douglas MacArthur)를 연합국최고사령관(SCAP)으로 지명했다. 항복문서 조인식은 1945년 9월 2일 미 미주리 전함(USS Missouri)의 선상에서 이뤄졌다. 미주리 전함이 정박한 곳은 92년 전 매튜 페리가 일본을 개항시키기 위해 함포외교를 벌였던 바로 그 바다(도쿄만)다. 전함의 마스트에는 미국 해군기의 왼편에 또 하나의 깃발이 펄럭였다. 1853년 페리의 기함 마스트에 달려있던 깃발이다. 공교롭게도 맥아더는 뉴잉글랜드의 명문인 페리 가문의 모계쪽 후손

1945년 9월 2일 항복문서 조인식을 진행하고 있는 미주리호 위로 수많은 미국의 축하비행단이 덮고 있다.(위)
맥아더와 히로히토의 첫만남(1945. 9. 27). 맥아더는 일부러 평상복 차림에 넥타이도 하지 않았다. 신격화된 천황을 격하시키려는 맥아더의 의도였다.(아래)

이다.[1] 직계는 아니어도 페리 제독과는 친척인 셈. 그래서 맥아더는 더욱더 페리의 깃발을 미 해군사관학교 박물관에서 급히 공수해 오도록 했을 것이다.

조인식 이후 미국은 「샌프란시스코 강화조약」이 발효된 1952년 4월 28일까지 일본을 통치한다. 미국점령기에 양국은 「일본국헌법」을 제정하고 강화조약과 안보조약을 맺었다. 그 과정은 치밀한 양국의 밀고당기기 속에 국제환경의 변화까지 겹쳐 매우 복잡하게 전개되지만 현재 일본과 일본을 둘러싼 다

양한 문제를 이해하기 위해서는 간략하나마 집고 넘어가야 한다.

맥아더 사령관이 주도한 연합국최고사령관실(GHQ/SCAP)은 7년간 일본을 점령했지만 승전국으로서 패전국에 대한 처우는 매우 관대한 것이었다. 점령 초기 미국의 1차 목표는 일본군을 무장해제시키고 전쟁을 일으킨 원인을 제거하는 것이었다. 이에 따라 제국육군과 해군 및 육군상과 해군상은 해체됐다. 뿐만 아니라 모든 군사관련 학교와 군사산업시설, 심지어 무술도장까지도 폐쇄됐다. 전쟁범죄 용의자들을 체포하기 시작했고 고위공직자는 도두 공직에서 추방했다. 전쟁을 적극적으로 도왔던 자이바쓰(재벌)를 하 체하고 농지개혁과 노동개혁을 수행했다. 그러나 초기의 점령정책은 곧바로 후퇴했으며, 점령이 끝날 무렵에는 과거 군국주의의 주역들이 재등장할 면죄브를 주었다.

그 배경은 맥아더 사령관의 개인적 성격과 냉전 시작에 따른 미국 정부의 정책변동 때문이었다. 맥아더는 일본을 평화를 애호하는 중립국으로 만들려 했다. 이 점은 점령기 총리였던 시데하라 기주로와 요시다 시게루(吉田茂)의 목표와 일치하는 것이었다.

처음 당면한 가장 큰 문제는 일본을 호전적인 군국주의로 몰아간 헌법의 개정. 특히 천황제가 문제였다. 연합국에는 소련, 영국, 오스트레일리아, 중국 등 50여 개국이 가담했지만 일본점령은 미국이 주도적으로 했다. 이미 미국은 일본의 천황제를 유지하며, 영국과 유사한 입헌군주제를 만든다는 구상을 하고 있었다. 종전 이전까지 일본이 보여 온 천황제에 대한 태도를 알고 있었기 때문에 일본 국민의 통합과 질서유지를 꾀하면서 이를 통해 미국의 정책을 실현하는 것이 유리하다고 판단했기 때문이다. 그러나 천황 히로히토를 어떻게 처리하느냐는 별개의 문제였다. 히로히토는 메이지 헌법에 따라 정부와 독립적인 권한을 행사했던 군부의 최고 군통수권자였으며 실제로 그의 권한을 행

**히로히토 천황(1901~1989)
과 애마 시라유키(白雪)**

전쟁 중 시라유키를 타고 진중
을 순시했지만 패전 이후 과학
자(생물학)와 평화애호주의자로
변신했다. 헌법상 국가원수가 아
니었지만 영국과 미국을 방문해
국가원수 대접을 받았다. 미국방
문시 구입한 미키마우스 시계와
평생을 애지중지한 독일제 현미
경이 묘지에 함께 묻혔다.

사진: iwmcollection.org.uk

평화헌법

평화헌법은 불과 수주일 만에
만들어져 많은 논란이 나타났다.
상징천황제(1조~8조)는 상징의
의미, 천황의 기능이 모호하다.
인권조항은 재일조선인 문제를
회피한 것이었으며, 전쟁포기조
항도 나중에 해석개헌이라는 편
법을 가능하게 했다.

사하는 데 주저하지 않았다. 당연히 체포돼야 할 전범 1호인 것이다. 그러나 다른 연합국의 반대에도 불구하고 일본 국민의 응집력 유지를 위해 면책됐다. 맥아더 개인의 의지가 컸다. 단지 1946년 1월 인간선언(人間宣言)을 하게 함으로써 신격(現人神)을 끌어내렸을 뿐이다. 1947년 봄 히로히토는 "페리 제독은 일본을 개항했지만, 맥아더 사령관은 미국의 마음을 일본에게 개방했다"고 감사를 표했다.

일단 히로히토 천황과 천황제의 유지가 결정되자 헌법제정문제가 대두됐다. 온건한 보수주의자로 알려진 시데하라 총리는 「마쓰모토 개헌안」을 작성했으나 SCAP에 거부된다. 메이지 헌법을 거의 계승했기 때문이다. 대신 맥아더는 거의 2주 만에 완전히 새로운 헌법초안을 제시하고 일본 정부는 이를 수정하여 1946년 11월 3일 공포했다. 새 헌법의 중요한 특징은 세 가지—상징천황제, 인권보장, 전쟁포기. 특히 제9조의 전쟁포기 조항으로 인해 새 헌법은 **평화헌법**으로 불리고 있다. 군사력을 보유하지 않으며 교전권을 포기하는 내용의 평화헌법은 일본을 무장해제하려 했던 맥아더와 재군비보다

는 경제개발을 추진해야 했던 시데하라—요시다 총리의 합작품이었다.

그러나 2차 대전 이후 새롭게 형성되기 시작하는 국제체제는 일본의 말끔한 전후처리를 어렵게 만들었다. 냉전이 시작됐기 때문이다. 2차 대전 이후 확

고한 초강대국으로 부상한 미국은 새로운 국제질서를 수립하는 과정에서 세계은행(World Bank)과 국제금융기구(IMF)를 건설하려 했다. 브레튼우즈 체제다. 그러나 전쟁 말기 최소한의 희생으로 참여하여 최대의 이익을 누렸던 소련이 사사건건 트집을 잡고 있었다. 더욱이 소련은 동유럽 국가들을 공산화하고 내전 중인 중국의 공산당도 지원했다. 아직까지는 연합국의 일원이

브레튼우즈 체제
1944년 44개의 연합국 회원들이 모두 모여 전후 통화정책을 합의해 형성됐다. 세계은행의 전신인 국제부흥개발은행(IBRD)과 IMF를 설립했다. 위 그림은 3주간 회의가 열린 미국 브레튼우즈의 마운트 워싱턴 호텔.

었던 소련에 우호적이었던 미국은 그 이유를 당시 모스크바의 미대사관 참사로 있던 케넌(George F. Kennan)에게 묻는다. 케넌은 미국 외교사에 기록되는 '장문의 전보'(The Long Telegram)를 본국에 보냈다. "소련은 자본주의와 영속적인 전쟁상태에 있다고 인식하고 있으며, 주변을 흡수해 완충지대로 만들고 있어, 미국은 이에 대해 경제적 봉쇄를 해야 한다"는 주장이었다. 이 전보는 나중에 미국민을 교육하기 위해 'X'라는 필명으로 『포린 어페어즈』(Foreign Affairs, 1947년 7월)지에 기고된다.[2] 훗날 봉쇄정책(containment)으로 불리게 된 냉전 전반기 미국의 대외정책이 형성될 무렵이다.

미국의 관심은 "일본이 (경제적으로) 스스로 일어나 소련에 대항할 수 있는가"였다. 국무부 내에서 이 문제를 다룰 수 있는 유일한 인물은 방금 유럽재건에 대한 보고서를 끝낸 케넌. 보고서를 기반으로 미국은 마셜플랜으로 경제원조를 시작하면서 북대서양 조약기구(NATO)를 통해 소련의 유럽진출을 저지했다. 국무장관 마셜(George Marshall)은 케넌에게 유럽에서 했던 것과 같은 맥락의 일본연구를 지시한다. 케넌은 11차례의 일본방문 과정에서 국가안전보장

두 명의 조지 케넌 이야기

조지 F. 케넌(George F. Kennan, 1904~2005, 왼쪽 사진)은 30여 년간 진행된 미국 봉쇄 정책의 설계자이며, 현실주의 국제정치이론의 대부다. 일본의 경제부흥과 재무장을 통해 미국을 대신하여 소련에 대항케 하자는 그의 주장 덕택에 일본의 보수주의 세력은 장기집권하면서 기적적인 경제성장과 군사대국을 이뤄냈다.

그런데 그와 이름이 같은 데다 생일까지 똑같은 또 다른 조지 케넌이 일본과 한반도에 큰 영향을 끼쳤다는 사실을 아는 사람은 많지 않다. 냉전기의 케넌보다 60년 전인 1845년 2월 16일 태어난 조지 케넌(George Kennan, 1845~1924)은 그의 이종사촌이다. 그래서 구분을 위해 냉전기 케넌은 중간이름 F.를 붙인다(조지 부시 미 대통령 부자와 같은 경우다). 탐험가로 유명한 형 조지 케넌은 시베리아, 쿠바, 일본 등을 여행하면서 글을 썼다. 1905년 어느 날 그는 초대 조선통감이었던 이토 히로부미의 초청을 받고 조선을 방문한다. 이미 러일전쟁 중 친일반러의 글로 『아웃룩』(Outlook)이라는 미국신문에 기고하던 중이었다. 이토는 그에게 "조선인들은 게으르고 더러우며 스스로 통치할 능력이 없다"고 세뇌한다. 그 후 케넌은 두 달 동안 일본이 조선을 보호령화하는 시도를 정당화하는 기사를 송고했다. 아웃룩지는 당시 대통령이던 시어도어 루스벨트(Theodore Roosevelt)가 구독하는 유일한 신문이었다. 케넌은 미일간의 영향권 인정으로 조선 속령화의 원인이 된 가쓰라-테프트 밀약의 배후 알선자로도 알려져 있다.

만일 프랭클린 루스벨트(Franklin D. Roosevelt) 대통령이 마지막 임기를 다 채우고 사망했다면(1945년 4월 12일 4번째 임기 첫해에 사망), 두 사람은 같은 이름(루즈벨트)의 대통령 밑에서 일본에 일방적으로 우호적이었던 케넌 형제가 되었을 것이다.

한편 이토-케넌의 관계는 요시다 시게루 총리와 덜레스(John F. Dulles) 특사와의 관계에서 반복된다. 강화회의에서 "모든 재일조선인은 공산당이다"라고 설득해 한국이 연합국의 일원으로 참여하는 것을 봉쇄했기 때문이다.

회의에 제출할 보고서를 완성했다. "일본의 경제재건을 위해 미국이 관여를 해야 하며, 연합국최고사령관(SCAP)의 통제는 유지하되 일본 정부 스스로의 책임을 부여해야 한다. 미국은 오키나와의 시설을 영구적으로 보유해야 한다. 분절화된 경찰을 집중화하고 무장시켜야 한다. SCAP의 공직추방령은 지나치게 엄격하며 이를 완화시켜야 한다." 다시 말해 후에 자위대가 될 경찰력을 강화하고, 오키나와를 미국의 군사기지화하며, 전범을 포함한 우익세력을 정계에 복귀시킨다는 뜻이다. 이 보고서는 국가안전보장회의(NSC-13/2)로 보고되어 나중에 거의 수정 없이 실현된다.

SCAP 또는 GHQ로 불리던 연합국최고사령관실이 본부로 사용한 일본 제일생명 빌딩의 현재모습.

도쿄전범재판으로 불리는 극동국제군사재판(IMTFE)의 재판정. 연합국 중 11개국의 재판관 주재로 1946년 5월 시작해 1948년 11월 종결됐다.

변화하기 시작한 미국의 동북아 정책에 따라 일본의 전후처리도 흐지부지되기 시작했다. 이미 시작된 도쿄전범재판은 미국의 입김으로 크게 완화됐으며, 체포된 전범의 범위도 제한적이었다. 뉘른베르크 전범재판이 포괄적으로 나치 조력자를 처벌한 데 비해 도쿄재판에서 처벌된 인물은 일본이 행했던 만행에 비해 극히 소수였다. 또한 전범의 범위는 1930년대 만주사변 이후의 군인으로 한정됐으며 일본이 한반도에서 행했던 범죄는 기소대상에 들지도 않았다. 731부대나 위안부 문제는 면책됐다. A급 전범으로 체포된 28명의 군부 지도자들 중 병사나 정신이상을 제외한 25명 전원에 대해 유죄판결이 내려지고 도조 히데키를 비롯한 7명의 사형이 집행됐다. 그러나 극우단체장, 자위바쓰 총수, 야쿠자 두목이 포함된 나머지 A급 전범용의자 19명은 바로 그다음

게이레쓰

자이바쓰 해체 이후 은행을 중심으로 수평적 통합을 이룬 일본식 재벌형태. 미쓰비시, 미쓰이, 스미토모, 후요, 다이이치간교, 산와 등은 모두 게이레쓰 형태로 재편성됐다. 60~70년대 경제기적을 일으킨 주역이었다. 사진은 225m의 높이를 자랑하는 신주쿠 미쓰이빌딩.

날 크리스마스 이브(1948. 12. 24)에 석방된다. 대표적인 전범용의자였던 기시 노부스케(岸信介)는 옥중 메모에서 이미 1946년 미소대립을 '일본의 호기'로 보고 석방을 예견했다. 침략적 제국주의의 또 다른 축이었던 자이바쓰의 해체도 흐지부지됐다. 자이바쓰는 은행을 중심으로 재편성되어 게이레쓰(系列)라는 독특한 일본식 재벌체제를 구축한다.[3]

1950년이 시작됐지만 미국 정부의 대소련 봉쇄정책은 온건과 강경, 경제봉쇄와 군사봉쇄 속에서 갈등하고 있었다. 그러나 1950년 6월 25일 북한이 남침하면서 모든 상황은 일거에 분명해졌다. 미국은 즉각 UN군을 소집하여 한국전선에 투입했다. 온건한 봉쇄정책은 적극적 · 군사적 봉쇄정책으로 변환했다. 전쟁과정에서 오키나와를 비롯한 일본 내 미군기지의 전략적 중요성과 후방보급창으로서의 일본의 역할은 매우 컸다. 따라서 이후 미국의 일본에 대한 정책은 더욱 선명해질 수밖에 없었다. 재빠르게 경제적으로 독립해 공산주의의 침투를 저지하면서 군사적으로 미국을

한국전쟁의 영감을 받은 파블로 피카소의 '전쟁과 평화' 시리즈(1952).

돕는 것이다.

당시 총리이던 요시다 시게루는 훗날 한국전쟁을 "신이 내린 선물"[4]이라고 표현한다. 그 정도로 한국전쟁은 패전 이후 황폐해진 일본을 경제적, 정치적, 군사적으로 부활케 한 전례 없는 기회였다. 점령기 일본 경제는 미국의 원조로 재건되기 시작했으나 원래부터 부족했던 부존자원과 파괴된 생산시설로는 당장의 식량과 생필품을 구하는 데 급급했다.

한국전쟁이 발발하자 상황은 역전됐다. 전장의 후방기지로서뿐만 아니라 미군이 일본으로부터 구매한 약 5억 달러에 달하는 식료품, 의복, 의약품 등은 일본경제를 빠르게 회복시켰다. 1952년경 이미 일본 경제는 2차 대전 이전의 상황으로 복구될 정도였다.

대소 봉쇄정책의 핵심거점으로 부각된 일본의 중요성은 한국전쟁 중인 1951년 시작된 연합국과 일본과의 강화회의에서도 크게 부각됐다. 일본은 패전국이었지만 그동안 일본이 아시아와 태평양에서 벌였던 잔학상에 비하면 그 어떤 강화조약보다 완화된 평화조약을 맺었다. 일본의 조선에 대한 장기간의 식민지 침탈은 거의 논의되지 않았으며 1930년대부터 시작된 중국과 동남아시아 및 태평양제도에 대한 침략의 배상금은 일본 경제의 재건을 구실로 상당부분 유예되었다. 냉전으로 소련은 참여하지 않

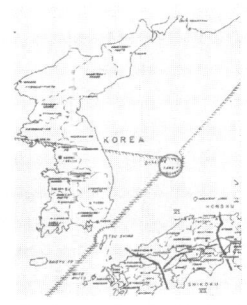

초기 강화조약의 영토획정선에서 독도는 'Liancourt Rocks'라는 이름으로 선명하게 한국영토로 표시되었다. 그러나 미국의 반대로 최종 강화조약의 지도에는 섬 자체가 사라지고 만다. 위 그림은 맥아더 점령 초기 만들어진 해상구획선으로 독도의 위치가 선명하다(SCAPIN NO.677, 1946. 1. 29).

샌프란시스코 강화조약에 서명하는 요시다 시게루 총리(1951. 9. 8)

미 군정기 일본설계의 당사자들. 왼쪽부터 덜레스 미조약특사, 윌리엄 시볼드 연합사령부 외교국장, 요시다 시게루 총리(1951. 1. 21 도쿄).

았으며, 중국은 공산화 과정에 있었다. 한국은 임시정부로서 전쟁에 참가했지만 미국은 옵서버로서의 참가만 허락했다.

그 과정에서 일본은 전 외교력을 동원해 적극적으로 한국이 전승국의 일원으로 참가하거나 한국에 배상금을 지불하게 될 경우를 막았다. 요시다 시게루 총리는 미국측 조약담당 특사인 덜레스 (John F. Dulles)에게 일본 국내의 조선인은 모두 '공산주의자'라고 비난하면서 한국의 연합국 참가를 저지했던 주동자였다. 한국이 조인국이 될 경우 한국 정부는 물론이고 일본 내 100만 명의 조선인들에 대한 배상금 지불을 피할 수 없기 때문이다.[5] 일본의 경제부흥이 1차 목표였던 미국은 일본의 요구를 들어준다. 덕택에 일본 외무부는 당사자가 없는 상태에서 독도를 교묘하게 삭제해 오늘날 독도문제의 발판을 마련한다. 점령기 일본 외무성 조약국의 최대의 성과였다. 일부 연합국들이 이의를 제기했지만 미국은 묵살했다. 결국 1951년 9월 8일 미국 중심의 「샌프란시스코 강화조약」이 48개의 연합국과 일본 사이에서 서명됐다.

강화조약이 체결되는 날, 샌프란시스코의 미 육군 병참사령부에서 미국과 일본은 「미일안보조약」을 맺었다. 미군이 오키나와를 위임통치하며 일본 내 기지를 사용하여 일본 방위를 전적으로 책임진다는 내용으로 실질적으로 일본이 미국의 안보구도에 종속되는 내용이었다.

주식회사 일본의 탄생:
보수세력의 복귀와 경제발전

불완전한 강화조약과 종속적인 안보조약의 체결로 일본은 1952년 4월 28일 점령통치를 끝내고 주권을 회복한다. 이후 냉전 초기 국가목표의 설계자였던 요시다 총리의 주장에 따라 '요시다 독트린'이 지배했다. 전후 일본 대외정책의 근간이 되고 있는 요시다 독트린은 "경제재건에 모든 국력을 집중하고, 전쟁에 휘말릴 수 있는 국제분쟁에의 개입을 최소화하고, 일본의 안보는 미일 안보조약에 의존하는 것"이다. 요시다 총리는 거의 전 아시아를 침략했던 일본에 대한 군국주의의 비난을 딛고 재빠른 산업의 복구를 위해서는 전쟁포기가 현 상태에서 최선의 선택이라고 판단했다. 그의 사상은 후계자인 이케다와 사토 총리로 이어져 1960~70년대 기적적 경제부흥에 성공하기 된다.

한편 맥아더 점령 초기 일본의 군사력은 무장해제되고 주요 군사시설은 산업시설로 전환됐으나 한국전쟁으로 상황이 급변했다. 일본어 주둔하던 미군이 한국전쟁에 급파되면서 힘의 공백을 우려한 미국은 일본에게 경찰예비대 창설과 해상보안청 증원을 지시한다. 이에 따라 1950~51년 경찰예비대가 정원 7만5천 명(빠져나간 주일미군의 숫자와 같다)으로 발족하고, 홋군 간부들의 공직추방을 해제하여 이들의 경찰예비대 입대를 허가한다. 동시에 정·재계에 대한 공직추방령도 강화조약·안보조약이 발효됨과 동시에 모두 폐지되어 정계복귀와 자이바쓰 복구가 진행됐다.

점령기가 끝난 뒤 일본의 국내정치는 보수에서 진보를 아우르는 소수 정당들이 창궐하는 시기였다. 요시다 총리는 재군비 추진에 소극적이었지만 소수 여당이라는 한계 때문에 정국유지가 어려웠다. 급기야 주권이 회복되자 헌법의 천황제와 평화조항에 대한 문제가 격렬하게 제기됐다. 공직추방에서 복귀한 우익 정치가들은 헌법개정으로 재군비해야 한다는 움직임을 보이기 시작했고 이에 반해 사회당을 중심으로 한 호헌파는 헌법의 평화조항을 유지해야 한다고 주장했다.

이러한 상황에서 요시다는 어쩔 수 없이 보수성향의 개진당(改進黨)과 군대 창설에 합의한다. 곧이어 1953년 10월 미일회담에서 미일 양국은 18만 명 수준의 육상부대 창설을 타협했다. 미국은 10개 사단 규모(32만5천 명)를 요구했으나 경제상황과 헌법 9조를 이유로 축소한 것이었다. 미일의 합의는 재군비를 찬성하던 보수정당들의 협력에 의해 1954년 6월 2일 「자위대법」의 통과로 이어진다.

자위대법에 따라 같은 해 7월 육상, 해상, 항공 자위대가 창설됐다. 문제는 무장을 포기한 일본헌법 9조와 자위대법이 정면으로 상충한다는 것이다. 이 문제는 보수파의 개헌론과 진보파의 호헌론을 각각 결집시키는 역할을 했다. 요시다 총리의 뒤는 하토야마 이치로(鳩山一郎) 총리가 이었다. 전쟁 전 문부대신이었던 그는 공직추방이 해제되자 요시다에 대항해 일본 국민당을 결성했다. 하토야마 내각은 개헌을 위해 총선거를 실시했지만 개헌을 위한 2/3 의석을 확보하지 못했다. 혁신파는 개헌저지선인 1/3을 확보한 데 고무되어 분열된 혁신파를 통합해 새로운 사회당을 설립한다. 이에 대응하기 위해 양대 보수당이던 자유당과 민주당도 자유민주당으로 통합했다. 소위 '55

방위청 시절의 정문. 1954년 설립된 방위청은 2007년 1월 장관급인 방위성으로 격상한다

헌법개정

일본 헌법은 개헌이 어려운 구조다. 개헌을 위해서는 중의원과 참의원의 '재적인원' 3분의 2 이상이 찬성한 뒤 국민투표에서 과반수의 찬성을 얻어야 한다. 그간 불분명했던 국민투표법이 2007년 4월 통과됨으로써 헌법 개헌절차가 완성됐다.

년 체제'가 시작된 것이다. 그러나 일본의 헌법은 제도적으로 개정되기가 어려웠다. 당장 헌법개정의 의석수가 충족되지 않자 자위대의 합헌문제는 상당 기간 헌법의 유권해석(해석개헌)을 통해 추구된다.

패전 이후 55년 체제가 성립되는 동안 침략의 주역들은 대부분 전쟁 이전의 상태로 복귀했다. 가장 급격한 변화의 당사자는 천황이었다. 전쟁 당시 진중을 지휘하던 천황은 이제 지방 순행(巡行)을 돌며 국민에게 다가서는 '평화주의자'로 바뀌었다. 공직추방이 되거나 전범용의자로 복역하다 석방된 수많은 제국주의의 주역들은 제지 없이 과거의 영화를 이었다. 그러한 복귀의 상징은 나란히 A급 전범으로 체포되어 스가모 형무소에서 복역하다 1952년 석방된 세 명의 절친한 극우주의자에게 나타난다. 기시 노부스케(岸信介), 고다마 요시오(兒玉譽士夫), 사사카와 료이치(笹川良一)다. 세 사람의 공통점은 모두 미국, 특히 미 정보부(OSS, CIA의 전신)가 전후질서의 유지와 공산주의에 대항하기 위해 적합한 인물로 판단했다는 것. 이들은 미국 정보부의 공작금과 보수정당의 지원으로 정치 상층부부터 어둠의 폭력(黑幕, 구로마쿠)을 아우르는 결속의 연결고리였다.

'55년 체제'를 지탱했던 자민당은 온건보수주의로부터 극우까지를 포괄하는 상이한 이데올로기의 집합장

기시 노부스케(1896~1987)

도조 히데키 내각에서 상업산업상을 지냈으며 만주국 경영의 주역이다. 사형이 예견됐으나 극적으로 석방됐다. '55년 체제' 결성의 핵심인물로 미일 신안보조약을 체결한 뒤 사퇴했다. 미국은 M-펀드라고 하는 대규모 자금을 조성해 일본우역을 지원했는데, 주요 대상이 기시였다. 이 당시 기시의 자금수경책이 후일 수상이 되어 NPT 조약에 가입한 뒤 노벨평화상을 받는 사토 에이사쿠다. 사토는 기시의 친동생이지만 기시가 양자로 가 성이 다르다.
사진은 1942년 도조 히데키 내각. 뒷줄 두 번째가 기시 노부스케다.

이었다. 정치는 정당 간의 이념대립이 아닌 1개의 거대정당 내 파벌 간의 이합집산과 대결을 통해 이뤄졌다. 그리고 각 파벌의 뒤에는 대장성과 통산성의 관료, 은행을 중심으로 재결합한 게이레쓰, 심지어 야쿠자와 연계된 어둠의 세력과의 연계가 있었다. 특히 미국은 1970년대까지 미 중앙정보부(CIA)와 공보원(USIS)을 통해 대규모 자금을 제공하면서 미일동맹와 일본재무장을 추진하는 세력을 키워왔다.[6]

그러한 복잡한 연계관계 속에서 우익 정치인들과 미국의 이해관계가 일치하여 나타난 것이 1960년 「신미일안보조약」이다. 한국전쟁 이후 냉전으로 동서가 첨예하게 대립될 무렵 미국의 일본에 대한 1차적 관심은 일본이 독립국으로서 군대를 보유하며 이 군대가 미국의 동맹의 일원이 되는 것이었다. 1930년대 만주경영에서 두각을 나타내었고 그래서 사면됐던 기시 노부스케는 미국의 이익과 일치하는 인물이었다. 이에 따라 미 중앙정보부는 대규모 자금을 제공해 '보수합동'을 추진했으며 총재선거를 후원했다. 1957년 비로소 총리가 된 기시는 국방기본방침과 제1차 방위력정비계획을 책정해 일본의 자발적 방위노력을 표명했다. 곧이어 미국과 안보조약에 대한 개정교섭에 들어가 1960년 1월 19일

서명한다. 신조약의 주요내용은 ① 미국의 일방적이었던 조문들이 쌍무적인 것으로 완화되고, ② 미국의 일본 방위 의무를 명문화하고, ③ 미군이 일본 기지를 사용하며, ④ 미국이 획득한 일본영토를 복구하며, ⑤ 조약의 기한을 10년으로 했다.

아직 2차 대전의 체험이 가시지 않은 상황에서「신미일안보조약」으로 미국의 전쟁에 말려들 것을 우려한 시민의 반발은 매우 격렬했다. 소위 '안보투쟁'이 일어났다. 사회당은 조약의 비준을 막기 위해 의사당을 점거했으나 경찰에 의해 해산됐다. 시민과 학생으로 구성된 20여만 명의 시위대가 일본국회를 포위했지만 결국 경찰의 보호 속에서 중의원의 단독통과로 비준됐다.

1960년 안보투쟁으로 일본국회 앞에 운집한 시위대

그러나 안보투쟁의 효과는 강력했다. 기시 총리는 사임했으며, 보수정치가들은 급격한 헌법개정과 재무장을 단행했을 경우 국민적 반발로 보수정치 자체가 와해될 수도 있다는 두려움을 가지게 되었다. 미국도 상당기간 노골적인 군비증강 요구를 유보하고 예정됐던 아이젠하워(Dwight D. Eisenhower) 대통령의 방일을 취소했다.

안보투쟁의 충격으로 헌법과 재군비 문제는 뒤로 미뤄지고 다음 총리인 이케다와 사토 총리는 경제문제에 집중할 수 있었다. 원래 두 총리는 요시다 시게루 정부의 정책의장과 간사장이었다. '조선의옥'(造船疑獄)이라는 뇌물사건

이케다 하야토와 조셉 닷지
일본 경제의 빠른 발전을 이룬 주역들이다.

에 연루됐으나 검찰에 압력을 넣어 당시 총리였던 요시다만 사임했었다. 이케다 하야토(池田勇人)는 1960년부터 4년 동안 집권하면서 안보투쟁으로 험악해진 사회 분위기를 경제 우선으로 돌려 그 유명한 '소득배증계획'을 성공적으로 추진했다. 사토 총리는 이케다의 뒤를 이어 7년 넘게 집권하면서 일본의 고도성장을 지속시켰고 한일협정 타결, 오키나와 반환 등 굵직한 업적을 남겼다.

일본은 같은 시기 급속한 경제성장을 경험한 독일이나 프랑스와는 또 다른 독특한 경제성장방식을 운영했다. 이미 점령기에 조셉 닷지(Joseph Dodge)의 닷지라인(Dodge Line)을 통해 균형예산을 시작하고 한국전쟁특수로 전후복구와 성장을 위한 자본을 획득한 일본은 한국전쟁의 종료에 따른 미군의 군사지출이 줄어들면서 잠시 주춤거린다.

요시다 총리에 의해 대장성에서 발탁된 관료출신인 이케다는 일본중앙은행과 통상산업성을 중심으로 한 정부주도의 중공업 육성책을 추진했다. 새로 결성된 게이레쓰는 중앙은행의 오버론(over-loan, 자본보다 더 많은 대출을 해주는 것)을 받고 급속하게 확장됐다. 이들은 통산성의 국내산업 보호정책에 따라 외국자본의 침투를 막으면서 급속하게 수출을 증대할 수 있었다. 20세기 초 일본을 최강의 군사력으로 이끌었던 '복제-개선-혁신'의 과정은 수출상품의 개발과정에 그대로 접목됐다. 이케다 정부는 도로, 항만, 댐 등 국내 기반시설과 통신에 대한 정부지출에도 적극적이었다.

이케다의 '소득배증정책'은 놀라운 성공을 거두었다. 중화학공업의 육성으로 관련산업이 호황을 누렸으며, 선박, 철강은 급속하게 세계 1위를 달성했다. 1960년 40억 달러였던 수출은 1965년에 84억 달러로 두 배 이상 올랐고, 1970년에는 193억 달러를 돌파했다. 1960년대의 평균 GDP 성장률은 연 10%가 넘었으며, 1963년에는 「관세 및 무역에 관한 일반협정」(GATT)에 가입하고 1964년에는 선진국 클럽인 OECD에 진입할 정도였다. 이케다의 정책은 그의 후임에게 연속적으로 이어지며 1968년 세계 제2의 경제대국이 된 뒤 그 수준을 유지하고 있다.

경제산업성 청사본부
일본의 든든한 경제발전을 주도한 통상산업성은 2001년 정부 부처개혁으로 경제산업성으로 바뀌었다.

그러나 학자들이 '발전국가 모델'이라고 부르는 정부주도의 산업발전정책은 정부-관료-재계의 지나친 밀착과 그에 따른 다양한 뇌물수수 사건을 일으키는 원인이 되기도 했다. 시간이 흐름에 따라 검찰의 독립성이 강화되면서 어둠의 연계구조가 서서히 밝혀지기는 했다. 1976년 록히드 뇌물사건, 1989년 리쿠르트 사건, 1992년 사가와큐빈 사건이 대표적인 3대 스캔들이다. 자민당이라는 거대 정당을 구성하고 있는 파벌이 영향력 유지를 위해 기업의 자금을 받고 관료에게 영향력을 행사하는 악순환적 연계다.

건강 때문에 사퇴한 이케다의 뒤를 이은 사토 에이사쿠(佐藤栄作)는 역시 관료로 출발해 정계에 진출한 경우로 일본의 급속한 경제발전어 힘입어 최장수 총리(1964~1972)를 지냈다. 요시다와 기시의 각료로 있는 동안 금권정치에 관여했지만 총리직의 수행은 높은 평가를 받고 있다. 철저한 반공정책으로 집권 초기 공산화된 중국에 대항하는 대만에 대규모 차관을 승인했으며, 닉슨의 방중 이후 중국의 UN가입을 신랄하게 비난했다. 군사적으로 사토는 핵을 생산

사토 에이사쿠와 닉슨(1972)

사토(1901~1975)는 급속한 경제성장 당시의 총리이면서 비핵정책으로 노벨평화상까지 받았다. 그러나 재임 중 가장 많은 야스쿠니 신사 참배(11회)로 알 수 있듯이 강한 우익인사였으며, 비핵정책도 많은 의문이 제기됐다.

하지도 보유하지도 않으며 외부의 핵을 들여오지도 않는다는 「비핵 3원칙」과 「무기수출 3원칙」을 발표하고 「핵비확산(NPT)조약」에 가입한다. 그 공로로 사토는 1974년 노벨평화상을 받았다. 그러나 1994년 일본 언론의 폭로에 따르면 비핵 3원칙을 발표하는 뒤에서 비밀리에 핵무기 개발능력을 보유해야 한다는 문서를 작성해 비핵 3원칙의 진의에 의문이 제기됐다. 또한 1990년대 초까지 핵무기가 탑재된 미국의 항공모함이 요코스카 항까지 기항함으로써 미국은 예외로 인정되었다. 사토 총리의 재직 중 발간된 『방위백서』(1971)에는 일본의 군사력을 수비에만 이용한다는 '전수방위'(全守防衛)의 원칙이 명시됐다.

주식회사 일본에서 보통국가로:
자위대, 모순적인 아시아 최강의 군사력

1970년대에 전개된 일련의 대외적 변화, 즉 닉슨 대통령의 중국방문으로 촉발된 데탕트와 베트남 전쟁은 미일동맹과 일본의 군사력에 대한 재검토를 불가피하게 만들었다. 원래 미일동맹은 미국의 일본 방위만을 언급한 편무적 조약이다. 또한 평화헌법과 함께 미일동맹은 일본 안보의 양대 축이다. 그러나 데탕트와 닉슨독트린으로 미국의 군사력이 동아시아에서 감축되기 시작하면서 안보투쟁 이후 잠잠했던 일본의 군사적 역할에 대한 문제가 재등장했다. 또한 미국이 베트남 전쟁을 치르면서 오키나와라는 전략적 요충지에 대한 재평가가 있었지만 정작 일본의 역할은 크지 않았다.

한편 1965년부터 역전되기 시작한 미일 간 무역수지는 1970년대에 이르러 양국 간 경제마찰로 이어진다. 미국은 일본산 수출품에 대한 제재를 가함과 동시에 이제 부강해진 일본의 경제가 군사부문에 더 많은 자금을 투입해야 한다는 압력을 가하기 시작했다.

이란인질사태

1979년 11월 4일 이란의 과격학생들이 CIA의 지원을 받던 팔라비 정권에 반대하면서 63명의 외교관고 3명의 미국인을 이란 미대사관에 억류한 사건. 미국의 구출작전은 실패했으며, 인질은 444일 만에 풀려났다.
이 사태로 카터는 재임에 실패하고 영화배우 출신의 레이건이 대통령에 당선됐다.

이에 따라 1970년대 후반부터 일본의 적극적인 안보역할에 대한 보다 구체적인 논의가 시작되며, 1980년대 신냉전 시기가 도래하면서 본격화된다. 그 시작은 1978년 「미일 방위협력을 위한 지침」이었다. '지침'에 따라 양국은 일본이 공격당할 경우 양국이 시행할 공동작전을 연구하기 시작했으며, 그 핵심은 일본의 해상투사력을 증가시켜 해상의 수송로(sea lane)를 확보하는 것이었다. 같은 맥락에서 오히라 마사요시(大平正芳) 총리는 '평화보장을 위한 포괄적 안보방위전략'을 발표해 미일협력에 대한 일본의 더욱 적극적이고 자율적인 역할을 강조했다.

그러나 일본의 적극적인 전략의 발표는 곧바로 미국의 의심을 받는다. 이란인질사건 때문이다. 1979년 이란 호메이니의 추종자들이 미국대사관을 급습해 63명을 인질로 삼자 미국은 이란을 제재한다. 일본 정부도 즉각 이란에 대해 비난하고 석방을 촉구했다. 그러나 제재조치가 시행되는 와중에 일본의 기업들이 이란의 석유를 수입했던 일이 밝혀진다. 미국은 분노했고 일본은 사과했다. 사건을 계기로 일본은 미일협력을 강화하고 주일미군의 지원을 증가시키며 자위대의 증강을 시작한다.

이러한 배경에서 1982년 극우성향으로 유명한 나카소네 야스히로(中曾根康弘) 총리의 취임은 미일관계의 질적 전환을 의미하는 것이었다. 신냉전과 신자유주의의 주창자였던 레이건(Ronald Reagan) 대통령은 이미 영국의 대처(Margaret Thatcher)와 개인적·정책적 연계를 통해 신냉전과 신자유주의로 세계를 움직이고 있었다. 나카소네의 등장은 그 축이 태평양까지 연장되는 것을 의미했다. 미국은 세계 2위의 경제대국으로 성장한 일본이 이제 안보의 '무임승차'를 끝내고 군사비 지출을 증가시켜 적극적으로 국제분쟁에 참여하기를 원했다. 「평화헌법」의 개헌을 신념으로 갖고 있던 나카소네로서는 환영할 만한 압력이다. 취임 직후 레이건을 만난 나카소네는 두 사람의 관계가 "론-야스 관계"라고 공언하고 일본 방위력의 급속한 확장을 시작했다. 사토 총리 이후 이어진 무기수출 3원칙은 1983년 미국을 예외로 하면서 깨졌고, 해상자위대와

론·야스관계
로널드 레이건과 나카소네 야스히로의 이름 앞부분을 딴 표현. 사진은 캠프데이비드에서 만난 미일의 정상들(1986).
사진:utexas.edu

전략방위구상
스타워즈계획으로 알려진 전략방위구상은 우주에서 탄도미사일을 요격하기 위해 1983년 시작된 계획. 신냉전기 군비경쟁의 상징이다. 들어가는 자금에 비해 실효성이 없다는 비판이 있었지만, 탈냉전기에도 일부계획이 이어져 현재의 미사일방어(MD)계획으로 추진되고 있다.
사진: 미공군

항공자위대가 미군과 합동훈련을 시작했다. 1986년에는 방위비를 GNP의 1%의 이내로 유지한다는 제한도 철폐됐다. 1987년 양국은 차기지원전투기(FSX)에 관한 미일공동개발계획을 합의하고 미국의 전략방위구상(SDI) 연구에 일본이 참가하기로 했다. 일본은 미국의 요청에 따라 파키스탄, 터키, 이집트, 자메이카에 대한 '전략적 원조'를 시작한다. 그러나 리쿠르트 스캔들로 나카소네가 물러나면서 잠시 기세는 꺾였다. 세계가 탈냉전이라는 새로운 구조로 바뀌기 시작할 무렵이다.

1989년「말타회담」으로 미국과 소련이라는 초강대국의 냉전대결은 공식적으로 막을 내렸다. 소련과 동유럽의 사회주의 체제는 몰락하고 독일이 통일되면서 전 세계적인 변화가 시작됐다. 일본에게 있어 냉전체제의 몰락은 40여 년간 소련의 남하를 막기 위해 시작됐던 미일동맹체제와 주일미군의 설립근거가 상실되었음을 의미한다. 동시에 1980년대에 들어서면서 더욱 강력해진 자위대의 위상도 문제될 수밖에 없었다. 또한 요시다 독트린으로 경제발전에 주력했지만 이제는 커져버린 경제대국 일본의 위상에 걸맞는 적절한 군대를 유지하라는 국내외적인 요구가 잇따랐다. 이 시기에 나온 오자와 이치로의 '보통국가론'은 일본의 역할을 재조명해 커다란 반향을 일으켰다. 일본은 경제적으로 부강하지만 방위력이 없는 절름발이 국가며, 이제 '보통국가'처럼 정상적이고 독립적인 방위력을 가져야 한다는 주장이다.[7]

그 첫 번째 시험대이면서 역설적으로 자위대의

오자와 이치로(1942~)

다양한 별명을 가진 13선 의원으로 1993년 자민당 탈당 이후 여러 차례의 정당연립과 해체 끝에 2003년 민주당에 합류한다.
저서『일본재조계획』('993)은 보통국가 일본을 건설하기 위한 정치 · 법 · 근사적 개혁을 주장해 커다란 반향을 일으켰다.

사막의 폭풍작전을 수행하는 미공군(1991)

사진: 미공군

기반을 살린 계기는 걸프전쟁이었다. 1990년 8월 이라크군의 쿠웨이트 침공으로 시작된 걸프전은 UN안보리의 즉각적인 행동으로 미·영·사우디를 중심으로 한 다국적군이 개입한다. 자민당 정부는 즉각 행동하려 했다. 우선 헌법 제9조의 제한을 뚫고 자위대를 1만 3천 km 떨어진 페르시아만으로 보내는 것이 문제. 자민당은 「UN평화협력법안」(일명 PKO법안)을 발의해 자위대의 장거리 파견을 확보하려 했다. 그러나 여론과 야당의 격렬한 반대로 통과되지 못했다. 결국 걸프전쟁의 하이라이트인 '사막의 폭풍' 작전은 1991년 초에 끝난다. 미국은 전후처리를 위해 자금과 기뢰제거를 요청했으며, 일본은 130억 달러라는 거액과 소해정을 파견했다.

문제는 곧 나타났다. 전쟁 종결후 미국은 주요 신문과 잡지에 쿠웨이트의 해방에 협력한 국가에 감사광고를 냈다. 그런데 엄청난 전비를 지불했던 일본의 이름은 빠져있었던 것. 더구나 30개의 동맹국 명단에는 200명의 의료진을 파견한 한국이나 50명을 파견한 헝가리, 노르웨이는 포함되었다. 반면 일본에게 돌아온 것은 '수표책 외교'라는 비난뿐이었다. 평화를 위해 피를 흘리지 않고 돈으로 해결했다는 것이다.

걸프전에서 일본에 대한 세계여론에 충격 받은 국민과 야당도 더 이상 헌법 9조만을 고수하기 어려웠다. 결국 「PKO법안」은 1992년 6월에야 통과됐다. 「PKO법안」은 일본 자위대의 해외파병을 승인했다는 점에서 매우 중요한 법안이다. UN의 행동반경에 자위대를 구속시킴으로써 집단적 자위권을 비껴가면서 해외파병의 정당성을 확보했다.

한편 일본을 거의 38년간 지배했던 보수지배체제는 연이은 부패스캔들로 휘청대다 1992년 사가와큐빈(佐川急便) 사건을 끝으로 결정적인 타격을 입는다. 이어진 선거에서 자민당은 다수파의 지위를 상실하고 55년 체제는 일단 중단됐다. 자민당에 반대하던 8개의 야당을 연합해 정권을 잡은 호소카와 모리히로(細川護熙) 총리는 국내적으로 부패구조 청산을 위한 개혁을 추진하면서 국외적으로 일본의 전쟁책임을 시인하고 희생자들에 대한 애도를 표시했다. 패전 이후 총리에 의한 최초의 사과였다. 그러나 새 정당연합은 오래가지 못했다. 오랜 호헌파

집단적 자위권

자국이 직접 공격받지 않더라도 동맹국이 공격받을 때 이를 무력으로 저지할 수 있는 권리. 보통 동맹조약이 맺어진 국가가 행사한다. 그러나 한미동맹과 달리 미일동맹은 일본 헌법의 전수방위 조항 때문에 집단적 자위권을 인정하지 않았다.

사가와류빈 사건

운송회사인 사가와큐빈이 4,900억 엔을 부정융자·해 정치인과 야쿠자에게 헌납한 사건. 기업-정부-암흑세계의 연계가 폭로됐다. 5억 엔의 뇌물을 받은 가네마루 신 자민당 부총재는 20만 엔의 벌금형을 받았으나 압력으로 사퇴한다.

이며 미일안보에 반대했던 사회당이 자민당과 연계했기 때문이다.

그런데 새 연합의 총리가 된 사회당의 무라야마 도미이치(村山富市)는 기존의 사회당 주장과 정면으로 대립되는 발언으로 놀라게 했다. 1994년 7월 중의원에서 "미일 안보조약을 지지한다. 히노마루와 기미가요를 존중한다. 자위대는 합헌이다"라고 발언한 것. 그나마 나중에 전쟁에 대한 유감과 사죄의 뜻을 밝히기도 했다. 그러나 호헌파의 중심이었던 사회당은 무라야마의 변절로 점차 몰락하고 정국은 보수주의 세력 간의 대결로 경도되었다

탈냉전으로 존립근거를 잃을 뻔한 자위대를 살린 두 번째 사건은 1993년 악화돼 1994년 해결된 '제1차 북핵위기'다. 자위대의 해외파병은 사실 일본 본토와는 관련 없는 국제공헌에 대한 문제였다. 그러나 1993년 3월 북한이 「핵비확산조약」(NPT)을 탈퇴하고 북미 간 긴장이 고조되자 지리적으로 근접

한 일본의 불안이 증폭됐다. 핵위기에 대응하기 위해 미국의 대북폭격이 준비됐으며, 미국과 일본의 군수뇌부는 군사협력에 대해 검토하기 시작했다. 미국은 북한의 기뢰제거와 병참지원을 요청했으나 방위청은 집단적 자위권을 이유로 난색을 표했다.

결국 카터(Jimmy E. Carter) 전 대통령과 김일성의 회담으로 북핵위기는 일단락된다. 그러나 코앞에서 벌어진 사태에 대해 일본 자위대가 할 수 있는 역할이 없다는 사실은 일본의 입장에서 충격이었다. 이제 일방적으로 일본에게 핵우산을 제공했던 미국과 주둔비용을 제공하는 것 이외에는 실질적인 군사력을 동원할 수 없었던 일본의 관계가 변화될 수밖에 없었다.

그 시작은 1995년 미국의 동아시아전략보고(EASR)에 의거해 1996년 4월 클린턴(Bill Clinton) 대통령과 하시모토 류타로(橋本龍太郎) 총리 간 합의된 「미일안보공동선언」이다. 핵심은 미일안보동맹의 범위가 일본에서 동아시아로 확대된 것이다. 이는 자위로서만 사용된다는 자위대의 군사적 역할이 근본적으로 변화한다는 것을 의미한다. 이후 탈냉전기 새로운 미일 간 안보관계와 일본의 군사역할에 대한 재정의는 단계적으로 급속히 진행됐다.

1996년 양국은 「물품역무상호제공협정」(ACSA)를 제정했다. 공동훈련이나 평화유지활동에 필요한 물자와 서비스를 상호 제공하는 협정이다. 1997년에는 1978년 가이드라인을 개정한 「신가이드라인」을 합의했다. 「신가이드라인」은 일본뿐만 아니라 주변 지역의 사태에서도 미군을 지원하고 피난민을 구출하는 활동이 포함된다.

동아시아전략보고
클린턴 행정부의 국방차관보로 있던 유명한 국제정치학자인 조셉 나이의 구상을 실현한 것으로 '나이 구상'이라고 한다. 냉전이 종결됐지만 미군의 전진배치는 계속 유지하며, 아태지역의 동맹관계를 강화하겠다는 것. 특히 미일동맹의 강화가 핵심이다.

남은 일은 일본국회에서 합의된 사항과 자위대의 변화된 위상을 법제화하는 것. 그러나 상당한 내용이 기존의 해석개헌으로는 포용할 수 없는 적극적인 군사행동과 관련이 있었다. 국회에서의 한차례 소동은 당연한 것으로 여겨졌다. 그러나 1999년 5월 자위대법의 개정과 주변사태법을 포함한 「신가이드라인 관련법안」은 커다란 저항 없이 손쉽게 통과됐다. 2000년에는 주변사태법을 보완한 「선박검사활동법」을 제정해 선박임검도 가능해졌다.

1998~99년간 북한 공작선에 대해 해상자위대는 위협사격만을 가했지만 2001년 12월에는 달랐다. 일본의 배타적 경제수역에 들어왔던 북한 공작선은 정선명령을 어기고 달아나다 해상자위대 경비정의 선제공격으로 결국 침몰됐다. 2차 대전 이후 최초로 일본 해군이 선제공격을 통해 근해를 지킨 사건이었다. 사진은 북한 공작선을 최초로 발견한 P-3C 초계기. 프로펠러기이지만 해상·잠수함 초계에 탁월하며 한국은 8대, 일본은 97대를 보유하고 있다.

보수세력이 그러한 입법을 할 수 있었던 데는 여러 가지 호재가 겹쳤다. 자민당의 부패는 1990년대 후반의 동아시아 경제위기로 덮어졌다. 오부치 게이조(小渕惠三) 총리의 연합정권은 즉각 개혁정책을 중단했다. 결정적 계기는 이번에도 북한이었다. 1998년 8월 함경북도 무수단리에서 발사된 대포동 미사일은 일본 국민의 안보인식을 일깨우는 것이었다. 과학적 목적의 미사일 발사는 국제법적 제한이 없다. 과거 북한이 여러 차례 로동미사일 등을 발사했을 때도 일본은 침묵했다. 그러나 일본의 규슈를 넘어가버린 대포동미사일은 비록 궤도진입에는 실패했지만 일본에게는 충격일 수밖에 없었다. 더욱이 1998년 말부터 1999년 초까지 해상보안대가 북한의 간첩선으로 추정되는 괴선박을 추적하는 사건이 연이어 발생한다. 자위대는 창설 이후 최초로 실탄을 발사했다. 그러나 자위대법 때문에 괴선박 주위로 위협사격을 하다 놓치고 만다. 이미 제1차 북핵위기로 냉전을 대체하는 새로운 위협으로 등장한 북한은

고이즈미 총리와 부시 대통령

클린턴 시기의 EASR은 2003년 GPR(Global Defense Posture Review)로 더욱 강화됐다. GPR은 해외주둔 미군을 신속대응군으로 전환하고 동맹국의 역할을 강조한 것. 여기에 확산방지구상(PSI)과 테러와의 전쟁을 거치면서 강력한 군사력을 통한 탈냉전기 질서유지를 추구했다.

고이즈미 총리는 GPR에 호응해 일본의 동맹역량을 강화하고, PSI에 참여했으며, 테러와의 전쟁을 지원했다.

일본 재군비에는 훌륭한 호재였다.

1999년 「주변사태법」은 그동안 금기시해왔던 집단적 자위권을 보장하는 법률이다. 법에 의하면, 자위대는 일본뿐만 아니라 일본 주변의 사태에 대한 미군의 작전에 후방작전을 하는 것으로 돼있다. 그러나 현대전쟁에서 후방지원이란 실질적인 참전가능성을 에둘러 말한 것에 불과하다. 단지 자위대가 먼저 침략하지 않겠다는 의미에 불과한 것이다.

이러한 상황에서 2001년 4월 고이즈미 준이치로(小泉純一郎)가 총리경선에서 승리한다. 고이즈미 총리는 과거 레이건-나카소네 연계를 넘어설 만큼 부시(George W. Bush) 대통령과 개인적으로 친분을 과시했고 정책적으로 동질적이었다. 경제적으로 과감한 신자유주의 정책을 추진했고 강력한 외교안보 정책을 추구했다. 재임 중 여러 차례 야스쿠니 신사에 참배해 한국과 중국의 격렬한 반발을 사기도 했다. 독특한 헤어스타일과 강력한 정책추진을 바탕으로 한 대중적 지지로 유리한 환경에서 보수적 정책과 법제화를 달성할 수 있었다.

이번에도 결정적인 계기는 외부에서 터졌다. 2001년 미국의 9·11테러사건이다. 미국은 10월 8일 '테러와의 전쟁'이라는 명목으로 아프가니스탄을 보복공격한다. 일본은 즉각 행동했다. 전쟁이 UN의 결의가 아닌 미국의 주도에 의한 것이라는 것은 문제되지 않았다. 이미 걸프전에서 '수표책'의 악몽을 겪었기 때문이다. 법률제정 절차가 느린 것으로 악명 높은 일본 국회는 2001년 10월 5일 법률안을 제출하여 단 3주 만에 2년 시한의 「테러대책특별조치법」을 제정한다. 이에 따라 해상자위대는 120억 엔 상당의 해상급유활동을 수행했다. 2002

2004년 5월 해상자위대의 훈련함이 진주만기습의 현장을 방문해 도열했다. 과거의 적이었던 미일은 탈냉전기 이후 대등한 동맹으로 바뀌고 있다.

년 시작된 이라크 전쟁에도 비전투원 임무로 참전했다. 2차 대전 이후 일본군이 전투지역에 투입된 최초의 사례였다. 그 후 테러대책특별법은 두 차례 연장되어 2007년 11월 1일 6년간의 법률기한이 끝난다.

고이즈미 시기 법제화의 완성은 2003년 6월 「유사법제」의 통과였다. 유사법제는 「무력공격사태 대처법」, 「자위대법 개정안」, 「안전보장회으 설치법」의 3개 법률. 무력공격이 예상될 경우 대책본부를 설치하고, 자위대는 민간재산을 수용할 수 있다는 내용이다. 자위대 관련법들이 으레 그렇듯이 유사법제도 모호한 규정으로 자의적 판단을 가능케 하고 있다. 상황에 따라 총리의 판단으로 '선제공격'까지 가능해진 것이다.

한편 북한이 1970년대 이후 자행한 일본인 납치사건으로 북일관계는 급속히 악화됐다. 그 과정에서 강성발언으로 인기를 얻었던 아베 신조(安倍晋三) 당시 간사장이 총리가 됐다. 총리가 된 뒤 세계의 관심은 북한에 쏠렸다. 강온을 오가던 제2차 북핵위기는 2006년 7월의 미사일 시험발사와 10월 9일의 핵실험으로 급격히 냉각됐기 때문. 아베에게는 좋은 기회였다. 2006년 12월에 통과된 두 개의 법률은 2차 대전 이후 그나마 유지된 평화이미지를 근본적으로 바꾸는 것이었다. 하나는 방위청을 장관급으로 격상시키는 것을 포함한「자위대법」개정안이었고 또 하나는 '교육의 평화헌법'으로 불리던「교육기본법」의 개정안이었다. 원래 방위청은 끊임없는 위헌논란 속에서 자위를 위한 최소한의 무력을 갖는 것은 '전력'에 해당하지 않는다는 논리 속에서 문민지배를 담보하기 위해 내각부 산하에 둔 것이다. 이제 새로 설치된 방위성은 다른 장관과 마찬가지로 독립적인 내각회의의 개최요구나 예산청구가 가능해졌다. 또한 해외에서의 자위대 활동이 종래의 부수적 임무에서 격상되어 '본래 임무'가 되었다. 과거 전수방위(專守防衛)의 개념은 더 이상 무의미해졌다.

　이로서 탈냉전기 급속하게 전개된 안보재정의의 제1막이 완결된다. 앞으로 남은 것은 이미 위헌의 범위를 넘어버려 헌법의 작위적 해석으로는 감당할 수 없는 현행「평화헌법」을 개정하고 자위대의 이름을 일본군으로 바꾸는 것뿐이다.

평범하지 않은 보통국가 일본

　2007년 초 동북아시아 안보담당자들을 긴장시켰던 일본의 F-22 랩터에 대한 의욕은 헌법의 범위를 넘나드는 자위대의 범위와 방위성의 설치, 그리고 그러한 보수정치를 가능케 한 일본의 우경화 분위기를 배경으로 한다.

　개항 이후 일본은 군사력으로 모든 외교문제를 해결하려 했으며 그 과정에서 커다란 이익을 챙겼다. 그러나 결국 군부의 독주로 이어져 태평양전쟁의 패전으로 몰락하고 말았다. 새롭게 형성된 전후질서는 일본의 입장에서는 전례 없는 기회였다. 전쟁 이전의 지배구조는 이름만 바뀐 채 그대로 존속됐다. 덕분에 이념적 혼란 없이 비교적 일관된 정책으로 기적적인 경제발전을 이룰 수 있었다. 일본 국민의 노력과 냉전이라는 국제질서의 결탑 덕택이었다. 세계적인 경제대국이 되었지만 아직 일본은 정상적인 국방력이 존재하지 않는 불안정한 대국이다. 그래서 '보통국가'들처럼 일본군을 보유하고 독립적인 군사활동을 해야 한다고 주장한다.

여기서 문제는 일본이 자위대라는 제한된 이름으로 보유하고 있는 군사력이 보통국가들처럼 평범하지 않다는 데 있다. 국방비가 GDP의 1% 수준에 불과하지만 그 GDP가 세계 2위의 수준이기 때문이다. 2006년 GDP가 약 4조 505억 달러이므로 단순계산해도 매년 400억 달러다. 사실 미국을 제외한 러시아, 중국, 일본의 방위비는 시기와 경제상황에 따라 앞서거나 뒤서거나 자리를 바꾸는 유사한 수준이다. 그런데 일본은 24만 명에 불과한 자위대 인건비를 제외한 나머지를 군사장비와 기술에 투입할 수 있다. 발달된 첨단산업으로 미국과 대등한 기술도 갖고 있다. 양적으로는 아직 중국과 러시아에 미치지 못하지만 질적으로는 앞서고 있는 것이다.

항공자위대의 경우 한국이 '차세대' 전투기로 수입 중에 있는 F-15의 일본판을 이미 1981년부터 국내에서 생산했으며, 현재 200대가 운용 중이다. F-16을 개량해 만든 F-2는 90여 대가 운용 중인데 미·일 합동개발 중 상당한 기술이 이전됐다. 주목할 일은 모든 전투기들이 라이센스 판매방식으로 일본 국내에서 생산된 국산이라는 점이다. 보잉767기로 만든 조기경보기 4대와 E-2C 조기경보기 13대는 한반도나 중국 일부의 하늘을 이륙단계서부터 감시할 수 있다. 공군의 원거리 투사력을 확보하게 될 공중급유기는 4대가 실전배치 중이다.

공중급유기 KC-767
수송기라는 명목으로 도입하기로 한 공중급유기는 방어용 무기에 국한한 일본헌법에 상충된다. 2008년 4대 중 1대가 전달될 예정.
사진: Boeing

일본의 최신예 군함명은 탈냉전기 이후에 제국해군의 군함명을 붙이고 있다. 일본 이지스함의 대명사인 공고는 청일전쟁과 2차 대전의 전함에 붙여졌던 이름이며, 아타고도 2차 대전에 참전했던 순양함이었다. 헬기항모인 휴우가는 2차 대전에 참전한 전함이다.
사진은 일본의 제1호위함대의 위용. 맨 앞이 공고급 이지스함 기리시마. 기리시마도 공고처럼 2차 대전의 전투순양함이었다. 미국 주도의 MD에 합류하면서 탄도미사일 요격체제를 보강했다.

2006년 4월 일본의 해양조사선이 독도해역의 수로탐사를 하려다 한국 해경과 대치한 적이 있다. 결국 무산되었지만 분노한 한국여론은 실력행사를 주장하기도 했다. 문제는 양국의 해군력이 비교조차 안 될 정도로 격차가 크다는 것이다. 4면이 바다로 둘러싸여 근대부터 발달된 일본의 해군력은 해상자위대에서도 이어진다. 공고(金剛)급 이지스함 4대에 이어 한 단계 높은 아타고(愛宕)급 이지스함이 도입 중에 있으며(1대 실전배치), 구축함(DD)만 30여 대가 운용 중이다. 해상자위대는 제국일본의 욱일승천기를 달고 있으며, 주력함대는 1920년대의 유명한 '88함대'와 같은 이름을 쓴다. 8대의 구축함과 8대의 헬기가 모인 4개의 호위함대로 구성돼있다. 일본은 「비핵3원칙」에 따라 핵추진잠수함은 없지만 대신 최강의 재래식 잠수함 16척을 보유하고 있다. 선박과 잠수함의 공포의 대상인 P-3C 초계기도 97대다.

흥미로운 사실은 일본의 군사력은 표면적이나마 실제보다 축소하려는 경

향이 있다는 점이다. 우선 군의 이름
부터 해상자위대, 항공자위대, 육상
자위대라는 이름으로 어마어마한 전
력에 비해 겸손한 이름을 갖고 있다.
명백한 공격무기에 해당하는 KC-767
공중급유기를 도입할 때도 수송기라
고 변명하면서 도입했다. 또한 통상

로카쇼무라 핵재처리공장

잠수함의 수명은 30년이지만 일본은 16년만 사용한 뒤 퇴역시킨다. 그래서 겉
으로는 잠수함 숫자가 16~17대에 불과하지만 세계에서 가장 젊은 최신예 재
래식 잠수함을 유지하면서 나머지는 밀봉한 뒤 비축하는 것이다. 2007년 8월
진수된 일본 최초의 헬기항모 휴우가도 개발초기 배수량을 줄여서 발표하고
호위함이라는 호칭을 붙였다. 휴우가형 헬기항모의 만재 배수량은 1만 8천톤,
통상 이 정도 크기면 순양함이라는 이름을 붙인다. 과거 미국 등 민주진영의
전력은 줄여서 발표하고 소련 등의 공산진영은 늘려서 발표해오기는 했다. 그
러나 일본의 자위대 전력 축소는 좀 심한 편이다. 겉으로 나타난 숫자로만 판
단하면 안된다는 것이다.

자위대의 취약점이라면 국민개병제가 아니어서 병력의 숫자가 현저하게
적은 데다 비핵원칙으로 전략무기가 없다는 것이다. 그러나 그 잠재력은 엄청
나다. 고령화사회라지만 군활동가능인구(18~49세)는 남자만 2천2백만 명이 넘
는다. 게다가 이미 43톤의 플루토늄을 보유한 일본은 2006년 로카쇼무라(六ヶ
所村) 핵재처리공장을 시험운행하기 시작했다. 완전가동되면 연간 8톤의 플루
토늄을 생산할 수 있다.

2004년 한국의 과학기술부가 2000년 단 한 차례 우라늄 분리실험을 했던

가구야

가구야는 일본속담에 나오는 달의 공주. 세계에서 2번째로 달탐사선 가구야를 보낸 로켓은 H2A로 5~10톤의 적재물을 대기권 밖으로 운송한다.　사진: JAXA

적이 있다고 밝히자 일본은 정부 차원에서 비난했다. 0.2kg의 우라늄 분리실험이었다. 또한 15년간 동북아 전체를 발칵 뒤집어 놓았던 북한 핵위기는 50kg 미만의 플루토늄 때문이었다. 그런 북한과 단순비교하면, 일본은 북한보다 1,000배의 핵능력을 갖고 있는 것이다.

핵의 운반수단도 문제없다. 1970년에 인공위성을 궤도에 올린 일본은 2007년 9월 달탐사선 '가구야'를 성공시킨 로켓강국이다. 로켓에 핵탄두를 실으면 전략미사일이 된다. 국제정세와 국민여론에 따라 짧은 시간에 전환이 가능한 것이다.

그렇다고 당장에 일본이 침략적 군국주의로 되돌아가지는 않을 것이다. 세계 유일의 원자탄 피폭국인 국민들의 반전과 반핵의 여론도 만만치 않다. 일부 시민단체와 정치가들은 그나마 헌법조항을 들어 자위대를 비롯한 보수입법에 제한을 두려고 노력했다. 또한 궁극적으로 일본이 다른 주권국가와 마찬가지로 정당한 군사력을 보유하고 제대로 된 이름을 가지는 것도 당연한 일이다.

다만 1980년대 이후 전개된 일본의 직선적인 군사대국화와 정치권의 보수화가 과거 일본의 군국주의 행보와 유사해지는 점은 우려하지 않을 수 없다.

독도 영유권 문제를 노골적으로 주장한 것도 그렇고 야스쿠니 신사에 모이는 정치인과 우익단체의 모습도 그렇다. 잊을 만하면 나타나는 침략의 정당화와 교과서문제는 이제 식상할 정도다. 전수방위 때문에 절름발이 국가라는 하소연을 하는 사이 일본은 이미 비범한 보통국가가 됐다. 단지 평화헌법이라는 형식적인 병마개가 남아있을 뿐이다. 그러나 그 마개도 지나치게 세게 흔들려 터지려는 병 때문에 더 이상 버텨내지 못하고 있다.

부록

자료로 본 일본

김혜숙 · 박수옥

1. 일본정치의 주요인물

(1) 역대 천황

메이지 천황

(明治, 1852. 11. 3~1912. 7. 30/재위: 1867~1912)

고메이 천황의 둘째 아들. 본명은 무쓰히토(睦仁). 16세의 어린 나이에 즉위. 오쿠보 도시미치, 이와쿠라 도모미 등 사쓰마, 조슈 번을 중심으로 왕정복고 성공. 5개조 서문공포. 보신전쟁에서 구막부파를 일소시킴. 1869년 천 년 이상 수도였던 교토에서 도쿄로 천도. 천황명령 형식으로 폐번치현, 학제공포, 내각제 채택 등 제도적 개혁단행, 신도의 국교화 등 강력한 중앙집권국가 기틀 마련. 자유민권운동의 대응책으로 국회개설칙유 발포, 1889년 대일본제국 헌법 공포, 입헌군주제 확립. 헌법에 일본역사상 처음 천황의 권한을 명기, 근대천황제 국가 확립.

다이쇼 천황

(大正, 1879. 8. 31~1926. 12. 25/ 재위: 1912~1926)

메이지 천황과 측실인 야나기하라 나루코 사이에 태어남. 본명은 요시히토(嘉仁). 하루코 황후의 친자식이 아니라는 사실을 알고 충격을 받았다고 함. 어려서부터 병약했기 때문에 실질적인 정무(政務)는 담당하지 못했고, 급기야 1917년부터 건강이 악화되어 1919년에 황태자 히로히토가 섭정으로 취임하게 됨. 일본의 경제적 근대화, 영국과 미국과의 협조외교 추진

시기. 재위기간 노동운동을 비롯한 사회운동이 고양되고 보통선거권과 정당내각제가
정착되었던 반면, 치안유지법도 성립됨. 1926년 하야마 황실 별장에서 친어머니의 손
을 잡은 채 심장마비로 사망함. 정치적 입장으로부터 배제된 천황으로 남음.

쇼와 천황

(昭和, 1901. 4. 29.~ 1989. 1. 7/ 재위 1926~1989)

일본의 제124대 천황. 본명은 히로히토(裕仁). 중일전쟁에 이
어 제2차 세계대전 등 일본의 팽창주의 역사와 민주주의의 역
사를 함께한 천황. 패전 후 아라히토가미[現人神]로서의 신격
(神格)을 부정하는 '인간선언' 발표와 일본국 헌법제정 등으
로 상징적인 국가원수가 됨. 생물학자로 『사가미만(相模灣)
후새류도보(後鰓類圖譜)』『나스(那須)의 식물』 등을 저술함.

헤이세이 천황

(平成, 1933. 12. 23~   /재위 1989~)

일본 제125대 천황. 본명은 아키히토(明仁). 1956년 가쿠슈인
대학 정경학부를 수료하고, 1959년 쇼다 미치코(正田美智子)
와 결혼하여 슬하에 2남 1녀를 두었음. 1953년 영국 여왕 엘리
자베스의 대관식 참석을 시작으로 세계 각국을 순방함. 1989
년 히로히토의 죽음으로 왕위를 계승함.

(2) 주요 정치인

이토 히로부미
(伊藤博文, 1841. 9. 2~1909. 10. 26)

야마구치(山口) 출생. 요시다쇼인(吉田松陰)의 쇼카손주쿠(松
下村塾)에서 수학. 존왕양이운동에 투신. 1871년 이와쿠라사
절단(岩倉遣外使節團)의 특명부사로 참가함. 오쿠보 도시미치
(大久保利通)의 신뢰를 바탕으로 정계의 핵심에 진입함. 1885
년 내각제도를 도입하고 초대내각 총리대신에 취임. 헌법제정
을 총괄함. 추밀원원장, 귀족원의장, 네 차례의 수상, 초대 한국통감 등 역임. 1909년
하얼빈역에서 한국의 독립운동가 안중근에게 암살당함.

야마가타 아리토모
(山縣有朋, 1838. 4. 22~1922. 2. 1)

조슈(長州) 출생. 메이지(明治) 시대와 다이쇼(大正) 시대의
정치 지도자. 가장 낮은 무사 계급인 아시가루(足輕)가문 출
신. 뛰어난 용인술로 일본 정치사상 최대의 파벌을 형성함. 20
세기 초반 일본이 강대한 군국주의 국가로 출현하는 데 큰 영
향력을 행사했던 인물로서 의회 체제 하에서 최초의 총리
(1889~91, 1898~1900)를 역임. 신분제 타파에 노력하였으며,
등급 선거제와 지방자치제, 징병제를 도입함.

하라 다카시
(原敬, 1856. 2. 9~1921. 11. 4)

이와테(岩手) 출생. 사법성법학교(司法省法學校) 중퇴 후 저널리스트로 활약. 외무성 입성을 계기로 관계에 입문. 이토 히로부미(伊藤博文)를 중심으로 결성된 입헌정우회에 참가하여 1914년 제3대 입헌정우회 총재, 1918년 일본 최초의 평민총리가 됨. 정당정치를 확립한 힘의 정치인. 미국, 중국과의 국제협조노선을 외교정책의 기조로 채택함. 1921년 도쿄역에서 암살당함. 『하라 다카시 일기』(1875~1921)는 메이지 · 다이쇼 정치사의 귀중한 자료임.

오자키 유키오
(尾崎行雄, 1858. 11. 20~1954. 10. 6)

가나가와(神奈川) 출생. 일본의 저명한 민주정치가. 언론인 출신. 일본에서 '의회 정치의 아버지'로 불리며 통틀어 25번이나 중의원의원으로 뽑힘. 1903~12년 도쿄(東京) 시장으로 재직. 오자키가 주도한 헌정옹호운동으로 일본 의회에 책임이 있는 내각이 형성됨. 어떤 파벌이나 정당과도 제휴하지 않고 죽을 때까지 일본의 민주정치발전을 위해 분투함. 1925년에 확립된 보통선거제 쟁취운동에 앞장섬.

시데하라 기주로
(幣原喜重郎, 1872. 8. 11~1951. 3. 10)

오사카(大阪) 출생. 제국대학 졸업. 1896년 외무성에 입성하여 1924년 가토(加藤)내각의 외상이 된 후 국제협조와 중국 내정 불간섭이라는 시데하라 외교 전개. 1945년 요시다 시게루(吉田茂)의 추천으로 총리에 취임하여 천황제 유지, 신헌법초안 작성 등에 관여함. 인간선언 원안을 영문으로 작성함. 일본 헌법 제9조인 평화헌법의 발안자. 사임 후 진보당 총재와 중의원의장(1949) 역임.

가타야마 데쓰
(片山哲, 1887. 7. 28~1978. 5. 20)

와카야마 현 출생. 도쿄 제국대학 법학과 졸업. 기독교인. 1928년 제1회 보통선거에 의한 총선거에서 가나가와 현, 사회민중당 소속으로 중의원 당선. 전후 1945년 일본사회당 결성. 1947~1948년 총리 임명. 최초의 사회당 정권이면서 천황으로부터 조각명령을 받지 않고 성립된 최초의 니각, 3당 연립내각으로 출범. GHQ의 민주화 정책 맥락에서 짧은 기간이었지만 형법가정법안, 노동성설치법안, 민법개정법안, 아동복지법안, 직업안정법안, 실업보험업안, 국가공무원법안, 내무성폐지법안 등 일본 신헌법의 취지에 맞는 여러 법안을 통과시킴. 당 내부 좌파와의 불화와 연립여당 정책협정 파기로 총사직. 이후 사회당은 무라야마 내각이 출범할 때까지 47년간 정권에 참여할 기회를 가지지 못함.

요시다 시게루
(吉田茂, 1878. 9. 22~1967. 10. 20)

도쿄 출생. 도쿄 제국대학 법과대학 정치과 즐업. 부친은 자유민권파이면서 초대 국회의원 다케우치 쓰나. 요시다 겐조의 양자가 됨. 외무성에 들어간 후, 만주경영에서 활약. 히가시쿠니노미야, 시데하라 내각에서 외무대신 지냄. 1946~1947년, 1948~1952년 다섯 차례 총리역임. 일본 신헌법 외에 농지개혁법, 노동3법, 교육기본법 등 봉건제도를 부정하는 개혁법률 성립. 경제안정 9원칙, 닷지라인 개혁, GHQ의 역코스 정책에 따른 입법도 추진함. 미국에게 방위는 맡기고 일본의 경제부흥에 매진하는 요시다 독트린 수립. 1951년 9월 8일 샌프란시스코 강화조약을 체결함으로써 미국 군정통치 종결함. 관료제와 영국의 군주제를 이상으로 삼았음. 보수본류라는 거대한 정치인맥을 형성했고, 강력한 권력에 의한 '원맨' 정치로 불림.

이시바시 단잔
(石橋湛山, 1884. 9. 25~1973. 4. 25)

도쿄 출생. 와세다 대학 철학과 졸업. 도쿄 마이니치 신문을 거쳐 동양경제신보 기자가 됨. 주권재민·전쟁포기·인권재민이라는 전후 헌법정신을 전전부터 주장한 언론인. 제1차 요시다 내각에서 대장대신으로 취임. 1947~1951년 공직추방됨. 1956년 하토야마 이치로 총리의 사임 이후 기시 노부스케와의 총재경선에 승리. 1956~1957년 총리 역임. 병으로 쓰러져서 내각출범 65일 만에 '나는 정치적 양심에 따른다'는 말을 남기고 사임. 취임 초 국회운영의 정상화, 케인스식 성장이론과 완전고용, 복지국가의 건설 등에 관한 '우리의 5가지 서약' 발표.

기시 노부스케
(岸信介, 1896. 11. 13.~ 1987. 8. 7)

야마구치(山口) 출생. 도쿄 제국대학 법학과 졸업. 농상무 관료. 전전(戰前) 만주에서 권력을 잡은 후 도조 내각(東條內閣)의 상공대신으로 역임. 전후 A급 전범으로 체포되었다가 미국의 대일 점령정책 전환으로 정계에 복귀함. 총리 역임. 총리 재임 중 미·일 안보조약에 대한 반대운동으로 총사직하였지만 정계 은퇴 후에도 커다란 영향력을 발휘하여 막후 실력자(fixer), '쇼와(昭和)의 요괴'라는 별칭을 얻음. 패전 후 일본 총리로는 처음으로 동남아를 방문하였고, 아시아 개발기금을 세우는 등 아시아 중시노선을 펼침. 국민연금제, 최저임금법 등의 사회정책과 소득배증계획 구상. 사토 에이사쿠(佐藤榮作) 총리의 형. 아베 신조(安倍晋三) 총리의 외조부.

이케다 하야토

(池田勇人, 1899. 12. 3~1965. 8. 13)

히로시마 현 출생, 교토 제국대학 졸업. 대장성 관료 출신.
1949년 민주자유당 소속으로 중의원 당선. 제3차 요시다 내각
대장대신 역임. 1951년 샌프란시스코 강화회의 전권위원으로
요시다 시게루와 동행. 1960~1964년 총리역임. 미·일신안보
조약을 성립시킨 기시 내각의 사퇴에 이어서, 1961년을 기점
으로 소득을 두 배로 늘려 주겠다는 소득배증정책을 내걸고, 국민의 관심을 정치에서
경제로 이동시킴. 목표는 7년 만에 달성됨. 1964년 고도성장에 따른 불황대책의 하나
로 올림픽 개최. "가난하면 보리밥을 먹어!", "이케다에게 경제를 맡겨 주세요" 등 직
설적인 표현이 화제에 오름.

사토 에이사쿠

(佐藤榮作, 1901. 3. 27~1975. 6. 3)

야마구치 현 출생. 도쿄 제국대학 법학부 법률학과 졸업. 철도
성 관료 출신으로 61, 62, 63대 내각총리대신 역임. 1974년 비
핵 3원칙 제창으로 노벨평화상 수상. 자민당 사상 유일의 4선
총재. 역대 총리 중 최장 기간 동안 총리 역임(7년 8개월). 기
시 노부스케(岸信介) 총리의 친동생.

다나카 가쿠에이

(田中角榮, 1918. 5. 4~1993. 12. 16)

니가타 현 출생. 가난으로 초등학교 졸업 뒤 상경해 건축사무소 경영, 중위원, 총리를 거친 입지전적 인물. 1947년 니가타에서 민주당 소속 중의원 당선. 기시, 이케다, 사토 내각에서 우정, 대장대신 지냄. 이케다, 사토와 함께 요시다 학교의 일원으로 지위 구축. 1965년, 1968년 자민당 간사장 지냄. 1972~1974년 총리역임. 내각 출범 당시 높은 지지율과 함께 '서민재상', '20세기의 도요토미 히데요시'라고 불림. 중·일정책 실현. 주요정책으로 내건 '일본열도개조론'은 제1차 오일쇼크와 맞물려서 지가 폭등과 인플레이션을 유발시킴. 월산회라는 개인 후원회 조직은 파벌정치와 금권선거를 격화시킴. 정치자금 조성 의혹이 제기되면서 사임함. 사임 후에도 록히드 사건에 연루됨.

나카소네 야스히로

(中曾根康弘, 1918. 5. 27.~)

제71~73대 내각총리 대신(1982. 11. 27.~1987. 11. 6). 도쿄 제국대학 법학부 정치학과 졸업. 28살이던 1947년 군마(群馬)3구에서 하얀 자전거를 타고 가두연설을 위주로 한 풀뿌리 유세 방식으로 최고 득표를 얻어 당선됨. 이후 중의원의원 연속 20회 당선(1947~2003년). '전후 정치 총결산'을 내걸고 미일동맹 강화와 행·재정 개혁을 기본 정책으로 삼아 국철분리·민영화와 전전공사(일본 전신전화 공사), 전매 공사의 민영화에 성공. 변신이 빠르고 권력의 풍향 변화에 민감해 '풍향계'라는 별명 얻음. TV를 중시하는 퍼포먼스 정치와 자문형 정치를 통해 여론 형성. 장수를 누리며 정계의 장로로 활약하고 있음.

호소카와 모리히로
(細川護熙, 1938. 1. 14~)

도쿄 출생, 조지 대학 법학부 졸업. 외증조부가 제34대 총리인 고노에 후미마로이다. 아사히 신문기자. 1971년 참의원에 당선됨. 일본신당 결성. 1993년 일본신당 소속 중의원 당선됨. 1993~1994년 7당 1회파 세력이 연합한 비자-민 연립정권 총리 역임. 정치개혁을 최우선 과제로 삼음. 전쟁 책임 문제에서 자민당과는 다르게 일본의 태도를 명확히 밝힘. 중선거구제를 폐지하고 소선거구 비례대표 병립제의 채택, 정당조성법 등 정치개혁 관련 4개 법안을 통과시킴. 정치개혁법을 해결함으로써 내각의 장기지속이 예상됐으나 1994년 사가와큐빈으로부터 1억 엔을 빌리고 NTT 주식 매입 의혹이 정치문제화되자 내각출범 8개월 만에 사임함.

무라야마 도미이치
(村山富市, 1924. 3. 3~)

오이타 현 출생. 메이지 대학 경제학과 졸업. 오이타 시의원, 현의원을 지냄, 1972년 중의원 당선, 1993년 사회당 위원장. 1994~1996년 자민당, 사회당, 사키가케 3당 연립정권 총리역임. 가타야마 내각 이후 47년 만의 두 번째 사회당 집권. 국회에서 사회당 당수로서 현재 자위대는 헌법의 틀 속에 있다고 명시함으로써 자위대 합헌인정, 미일 안보조약 인정 등 정책 전환을 선언. 피폭자법, 미나마타병, 종군위안부와 관련된 여성을 위한 아시아 평화국민기금 창설 등 자민당 집권 시기에 하지 못했던 일들을 실현시킴.

고이즈미 준이치로

(小泉純一郎, 1942. 1. 8~)

가나가와 현 출생. 게이오 대학 경제학부 졸업. 1972년 자유민
주당 소속 중의원 당선됨. 다케시다 내각, 제2차 하시모토 후
생대신. 미야자와 내각 우정대신을 지냄. 2001~2006년 세 차
례 총리 역임. 족의원, 재계, 관료를 겨냥한 성역 없는 구조 개
혁의 기치를 내걸고, 언론과 포퓰리즘을 이용, 정계에서는 '폭
주 기관차', 대중들에게는 '개혁투사'로 인지시키는 데 성공. 선거공약으로 내걸었던
작은 정부 실현을 위한 조치로서 2005년 일본우정공사를 민영화시킴. 신자유주의적
개혁과 규제완화에 대한 평가는 엇갈리고 있음. 외교정책에서는 육상 자위대의 이라
크 파병단행, 미일동맹의 세계화를 도모했으나 주변 아시아 국가와는 신사참배 문제
등 외교를 싸움으로 만들었다는 평가를 받음. 당의 영향력이 절대적인 일본 정책결정
과정에서 총리의 강력한 리더십의 가능성을 열음.

아베 신조

(安部晋三, 1954. 9. 21~)

제90대 내각총리대신(2006. 9. 26~2007. 9. 26). 세케이(成蹊)
대학 법학부 정치학과 졸업. 아버지 아베 신타로(安倍晋太郎,
전 외무대신)를 비롯해 외조부인 기시 노부스케(岸信介, 56ㆍ
57대 총리)와 외종조부인 사토 에이사쿠(佐藤榮作, 61~63대
총리) 등을 배출한 유서 깊은 정치가 집안출신. 대표적인 우익
정치가로 자위대의 헌법지위 부여, 방위청의 방위성 승격, 애국심을 함양한 교육기본
법 제정 등으로 정치대국화를 지향했으나 인기하락으로 돌연 사임.

후쿠다 야스오

(福田康夫 1936. 7. 16~)

1959~1976년 마루젠 석유회사에서 근무하다 총리이던 부친의
비서로 정계 데뷔. 53세에 군마 현에서 중의원으로 출마해 현
재 6선 의원이다. 역대 최장수 관방장관을 기록. 갑작스런 아
베 신조의 사임으로 91대 총리가 됐다. 후쿠다 다키오(福田赳
夫) 총리의 아들로 일본 최초의 부자(父子)총리. '신중거사' 라
는 별명대로 전임 총리들에 의한 '강경 우파의 7년' 과는 사뭇 다른 행보를 보이고 있
다. 임시내각에 머물 것이라는 의견이 우세했지만 선출 이후 몸을 낮추고 머리를 조아
리는 '헤신테토' (平身低頭)의 처세술로 자민당의 인기를 회복하고 있다. 1977년 후쿠
다 독특린을 발표한 부친의 뒤를 이어 신사참배를 강행하지 않겠다고 언급하는 등 신
중한 외교 노선을 걷고 있다.

2. 역대 천황 계보

대수	천황명		재위 기간	원호
1	진무	神武天皇	BC 660. 2. 11 ~ BC 585. 4. 3	
2	스이제이	綏靖天皇	BC 581. 2. 17 ~ BC 549. 6. 22	
3	안네이	安寧天皇	BC 549. 8. 13 ~ BC 510. 1. 11	
4	이토쿠	懿德天皇	BC 510. 3. 9 ~ BC 477. 10. 1	
5	고쇼	孝昭天皇	BC 475. 2. 16 ~ BC 393. 8. 30	
6	고안	孝安天皇	BC 392. 2. 16 ~ BC 291. 2. 22	
7	고레이	孝靈天皇	BC 290. 2. 14 ~ BC 215. 3. 22	
8	고겐	孝元天皇	BC 214. 2. 16 ~ BC 158. 10. 10	
9	가이카	開化天皇	BC 158. 12. 18 ~ BC 98. 5. 20	
10	스진	崇神天皇	BC 97. 2. 14 ~ BC 29. 1. 6	
11	스이닌	垂仁天皇	BC 29. 2. 1 ~ 70. 8. 6	
12	게이코	景行天皇	71. 8. 22 ~ 130. 12. 23	
13	세이무	成務天皇	131. 2. 18 ~ 190. 7. 29	
14	주아이	仲哀天皇	192. 2. 10 ~ 200. 3. 8	
15	오진	應神天皇	270. 2. 8 ~ 310. 4. 1	
16	닌토쿠	仁德天皇	313. 2. 15 ~ 399. 2. 8	
17	리추	履中天皇	400. 3. 13 ~ 405. 4. 30	
18	한제이	反正天皇	406. 2. 6 ~ 410. 2. 13	
19	인교	允恭天皇	413. 1. 19 ~ 453. 2. 9	
20	안코	安康天皇	454. 1. 29 ~ 456. 9. 24	
21	유라쿠	雄略天皇	456. 12. 26 ~ 479. 9. 9	
22	세이네이	清寧天皇	480. 2. 12 ~ 484. 2. 28	
23	겐조	顯宗天皇	485. 2. 2 ~ 487. 6. 3	
24	닌켄	仁賢天皇	488. 2. 3 ~ 498. 9. 10	
25	부레쓰	武烈天皇	498. 12. 30 ~ 507. 1. 9	
26	게이타이	繼體天皇	507. 3. 5 ~ 531. 3. 12	
27	안칸	安閑天皇	531. 3. 12 ~ 536. 1. 27	
28	센카	宣化天皇	536. 1. 27 ~ 539. 3. 17	
29	긴메이	欽明天皇	540. 1. 1 ~ 571. 5. 26	
30	비다쓰	敏達天皇	572. 5. 2 ~ 585. 9. 16	

31	요메이	用明天皇	585. 10. 5 ~ 587. 5. 23	
32	스슌	崇峻天皇	587. 9. 11 ~ 592. 12. 14	
33	스이코	推古天皇	593. 1. 17 ~ 628. 4. 18	
34	조메이	舒明天皇	629. 2. 5 ~ 641. 11. 20	
35	고교쿠	皇極天皇	642. 2. 22 ~ 645. 7. 15	
36	고토쿠	孝德天皇	645. 7. 15 ~ 654. 11. 27	白雉
37	사이메이	齊明天皇	655. 2. 17 ~ 661. 8. 27	
38	덴지	天智天皇	668. 2. 23 ~ 672. 1. 10	
39	고분	弘文天皇	672. 1. 12 ~ 672. 8. 24	
40	덴무	天武天皇	673. 3. 23 ~ 686. 10. 4	朱鳥
41	지토	持統天皇	690. 2. 17 ~ 697. 8. 25	
42	몬무	文武天皇	697. 8. 25 ~ 707. 7. 22	慶雲
43	겐메이	元明天皇	707. 8. 22 ~ 715. 10. 7	和銅
44	겐쇼	元正天皇	715. 10. 7 ~ 724. 3. 7	養老
45	쇼무	聖武天皇	724. 3. 7 ~ 749. 8. 23	天平感寶
46	고켄	孝謙天皇	749. 8. 23 ~ 758. 9. 11	天平勝寶
47	준닌	淳仁天皇	758. 9. 11 ~ 764. 11. 10	天平勝寶
48	쇼토쿠	稱德天皇	764. 11. 10 ~ 770. 9. 1	神護景雲
49	고닌	光仁天皇	770. 10. 27 ~ 781. 5. 4	天應
50	간무	桓武天皇	781. 5. 4 ~ 806. 4. 13	延曆
51	헤이제이	平城天皇	806. 4. 13 ~ 809. 5. 22	大同
52	사가	嵯峨天皇	809. 5. 22 ~ 823. 6. 2	弘仁
53	준나	淳和天皇	823. 6. 2 ~ 833. 3. 26	天長
54	닌묘	仁明天皇	833. 3. 26 ~ 850. 5. 10	嘉祥
55	몬토쿠	文德天皇	850. 5. 10 ~ 858. 10. 11	天安
56	세이와	淸和天皇	858. 10. 11 ~ 876. 12. 22	貞觀
57	요제이	陽成天皇	876. 12. 22 ~ 884. 3. 8	元慶
58	고코	光孝天皇	884. 3. 8 ~ 887. 9. 21	仁和
59	우다	宇多天皇	887. 9. 21 ~ 897. 8. 8	寬平
60	다이고	醍醐天皇	897. 8. 8 ~ 930. 10. 21	延長
61	스자쿠	朱雀天皇	930. 10. 21 ~ 946. 5. 28	天慶
62	무라카미	村上天皇	946. 5. 28 ~ 967. 7. 10	康保
63	레이제이	冷泉天皇	967. 7. 10 ~ 969. 10. 2	安和
64	엔유	圓融天皇	969. 10. 2 ~ 984. 9. 29	永觀
65	가잔	花山天皇	984. 9. 29 ~ 986. 8. 6	寬和

66	이치조	一條天皇	986. 8. 6 ～ 1011. 7. 22	寬弘
67	산조	三條天皇	1011. 7. 22 ～ 1016. 3. 16	長和
68	고이치조	後一條天皇	1016. 3. 16 ～ 1036. 5. 21	長元
69	고스자쿠	後朱雀天皇	1036. 5. 21 ～ 1045. 2. 11	寬德
70	고레이제이	後冷泉天皇	1045. 2. 11 ～ 1068. 5. 28	治曆
71	고산조	後三條天皇	1068. 5. 28 ～ 1073. 1. 24	延久
72	시라카와	白河天皇	1073. 1. 24 ～ 1087. 1. 9	應德
73	호리카와	堀河天皇	1087. 1. 9 ～ 1107. 8. 16	嘉承
74	도바	鳥羽天皇	1107. 8. 16 ～ 1123. 3. 4	保安
75	스토쿠	崇德天皇	1123. 3. 4 ～ 1142. 1. 12	永治
76	고노에	近衛天皇	1142. 1. 12 ～ 1155. 8. 29	久壽
77	고시라카와	後白河天皇	1155. 8. 30 ～ 1158. 9. 12	保元
78	니조	二條天皇	1158. 9. 12 ～ 1165. 8. 10	永萬
79	로쿠조	六條天皇	1165. 8. 10 ～ 1168. 4. 6	仁安
80	다카쿠라	高倉天皇	1168. 4. 6 ～ 1180. 3. 25	治承
81	안토쿠	安德天皇	1180. 3. 25 ～ 1183. 9. 15	壽永
82	고토바	後鳥羽天皇	1183. 9. 15 ～ 1198. 2. 25	建久
83	쓰치미카도	土御門天皇	1198. 2. 25 ～ 1210. 12. 19	承元
84	준토쿠	順德天皇	1210. 12. 19 ～ 1221. 5. 20	建保
85	주쿄	仲恭天皇	1221. 5. 20 ～ 1221. 8. 5	承久
86	고호리카와	後堀河天皇	1221. 8. 5 ～ 1232. 11. 24	貞永
87	시조	四條天皇	1232. 11. 24 ～ 1242. 2. 17	仁治
88	고사가	後嵯峨天皇	1242. 2. 28 ～ 1246. 2. 23	寬元
89	고후카쿠사	後深草天皇	1246. 2. 23 ～ 1260. 1. 16	正元
90	가메야마	龜山天皇	1260. 1. 16 ～ 1274. 3. 13	文永
91	고다	後宇多天皇	1274. 3. 13 ～ 1287. 12. 4	弘安
92	후시미	伏見天皇	1287. 12. 4 ～ 1298. 9. 6	永仁
93	고후시미	後伏見天皇	1298. 9. 6 ～ 1301. 3. 10	正安
94	고니조	後二條天皇	1301. 3. 10 ～ 1308. 9. 18	德治
95	하나조노	花園天皇	1308. 9. 19 ～ 1318. 4. 6	文保
96	고다이고	後醍醐天皇	1318. 4. 6 ～ 1339. 9. 26	延元
97	고무라카미	後村上天皇	1339. 9. 26 ～ 1368. 4. 6	正平
98	조케이	長慶天皇	1368. 4. 6 ～ 1383. 11. 30	弘和
99	고카메야마	後龜山天皇	1383. 11. 30 ～ 1392. 11. 27	元中
北朝1	고곤	光嚴天皇	1331. 10. 30 ～ 1333. 7. 15	正慶

北朝2	고묘	光明天皇	1336. 9. 28 ~ 1348. 11. 26	貞和
北朝3	스코	崇光天皇	1348. 11. 26 ~ 1351. 12. 4	觀應
北朝4	고코곤	後光嚴天皇	1352. 10. 3 ~ 1371. 4. 17	應安
北朝5	고엔유	後円融天皇	1371. 4. 17 ~ 1382. 6. 1	永德
100	고코마쓰	後小松天皇	1382. 6. 1 ~ 1412. 10. 14	應永
101	쇼코	稱光天皇	1412. 10. 14 ~ 1428. 9. 8	正長
102	고하나조노	後花園天皇	1428. 9. 16 ~ 1464. 8. 30	寬正
103	고쓰치미카도	後土御門天皇	1464. 8. 30 ~ 1500. 10. 31	明應
104	고카시와바라	後柏原天皇	1500. 11. 26 ~ 1526. 5. 28	大永
105	고나라	後奈良天皇	1526. 6. 19 ~ 1557. 10. 7	弘治
106	오기마치	正親町天皇	1557. 11. 27 ~ 1586. 12. 17	天正
107	고요제이	後陽成天皇	1586. 12. 17 ~ 1611. 5. 9	慶長
108	고미즈노오	後水尾天皇	1611. 5. 9 ~ 1629. 12. 22	元和
109	메이쇼	明正天皇	1629. 12. 22 ~ 1643. 11. 14	寬永
110	고코묘	後光明天皇	1643. 11. 14 ~ 1654. 10. 30	承應
111	고사이	後西天皇	1655. 1. 5 ~ 1663. 3. 5	寬文
112	레이겐	靈元天皇	1663. 3. 5 ~ 1687. 5. 2	貞享
113	히가시야마	東山天皇	1687. 5. 2 ~ 1709. 7. 27	寶永
114	나카미카도	中御門天皇	1709. 7. 27 ~ 1735. 4. 13	享保
115	사쿠라마치	櫻町天皇	1735. 4. 13 ~ 1747. 6. 9	延享
116	모모조노	桃園天皇	1747. 6. 9 ~ 1762. 8. 31	寶曆
117	고사쿠라마치	後櫻町天皇	1762. 9. 15 ~ 1771. 1. 9	明和
118	고모모조노	後桃園天皇	1771. 1. 9 ~ 1779. 12. 6	安永
119	고카쿠	光格天皇	1780. 1. 1 ~ 1817. 5. 7	文化
120	닌코	仁孝天皇	1817. 5. 7 ~ 1846. 2. 21	弘化
121	고메이	孝明天皇	1846. 3. 10 ~ 1867. 1. 30	慶應
122	메이지	明治天皇	1867. 2. 13 ~ 1912. 7. 30	明治
123	다이쇼	大正天皇	1912. 7. 30 ~ 1926. 12. 25	大正
124	쇼와	昭和天皇	1926. 12. 25 ~ 1989. 1. 7	昭和
125	헤이세이	明仁	1989. 1. 7 ~	平成

출처 http://www.nuch.ac.kr/genji/index.html; http://homepage1.nitty.com/kitabatake/tennouichiran.html
- 붉은색 글씨는 여성천황임.
- 제26대 게이타이 천황 이전의 계보는 실재하지 않았거나 실재 여부가 논란되고 있다. 또한 메이지 시대에 존 왕론의 영향으로 일부 천황의 대수가 조정되었다.
- 원호는 36대 고토쿠 천황부터 시작돼 231개가 사용됐다. 재위 중 원호가 2개 이상일 경우 마지막 것을 표기했다.
- 재위기간은 1873년 1월 1일 태양력이 적용됨에 따라 일본 문부성이 계산해 포고한 양력을 적용했다.

3. 역대 총리 명단

총리명	차수	재직기간	출신분야	지지기반
이토 히로부미 伊藤博文	제1차	1885. 12. 22 ~ 1888. 4. 30	도막지사	
	제2차	1892. 8. 8 ~ 1896. 8. 31	도막지사	
	제3차	1898. 1. 12 ~ 1898. 6. 30	도막지사	
	제4차	1900. 10. 19 ~ 1901. 5. 10	도막지사	입헌정우회
구로다 기요타카 黑田淸隆		1888. 4. 20 ~ 1889. 10. 25	도막지사	
야마가타 아리토모 山縣有朋	제1차	1889. 12. 24 ~ 1891. 5. 6	도막지사	
	제2차	1898. 11. 8 ~ 1900. 10. 19	도막지사	헌정당
마쓰카타 마사요시 松方正義	제1차	1891. 5. 6 ~ 1892. 8. 8	도막지사	
	제2차	1896. 9. 18 ~ 1898. 1. 12	도막지사	진보당
오쿠마 시게노부 大隈重信	제1차	1898. 6. 30 ~ 1898. 11. 8	도막지사	헌정당
	제2차	1914. 4. 16 ~ 1916. 10. 9	도막지사	입헌동지회
가쓰라 다로 桂太郎	제1차	1901. 6. 2 ~ 1906. 1. 7	군인(육군)	
	제2차	1908. 7. 14 ~ 1911. 8. 30	군인(육군)	
	제3차	1912. 12. 21 ~ 1913. 2. 20	군인(육군)	
사이온지 긴모치 西園寺公望	제1차	1906. 1. 7 ~ 1908. 7. 14	공가	입헌정우회
	제2차	1911. 8. 30 ~ 1912. 12. 21	공가	입헌정우회
야마모토 곤노효에* 山本權兵衛	제1차	1913. 2. 20 ~ 1914. 4. 16	군인(해군)	입헌정우회
	제2차	1923. 9. 2 ~ 1924. 1. 7	군인(해군)	혁신구악부
데라우치 마사타케 寺内正毅		1916. 10. 9 ~ 1918. 9. 29	군인(육군)	
하라 다카시 原敬		1918. 9. 29 ~ 1921. 11. 4	당인파	입헌정우회
다카하시 고레키요 高橋是淸		1921. 11. 13 ~ 1922. 6. 12	관료	입헌정우회
가토 도모사부로 加藤友三郎		1922. 6. 12 ~ 1923. 8. 24	군인(해군)	입헌정우회
기요라 게이고 淸浦奎吾		1924. 1. 7 ~ 1924. 6. 11	관료	정우본당
가토 다카아키 加藤高明		1924. 6. 11 ~ 1926. 1. 28	당인파	호헌삼파
와카쓰키 레이지로 若槻禮次郎	제1차	1926. 1. 30 ~ 1927. 4. 20	관료	헌정회
	제2차	1931. 4. 14 ~ 1931. 12. 13	관료	입헌민정당
다나카 기이치 田中義一		1926. 4. 20 ~ 1929. 7. 2	군인	입헌정우회
하마구치 오사치 濱口雄幸		1929. 7. 2 ~ 1931. 4. 14	관료	입헌민정당
이누카이 쓰요시 犬養毅		1931. 12. 13 ~ 1932. 5. 16	당인파	입헌정우회
사이토 마코토 齋藤實		1932. 5. 26 ~ 1934. 7. 8	군인(해군)	거국일치
오카다 게이스케 岡田啓介		1934. 7. 8 ~ 1936. 3. 9	군인(해군)	
히로타 고키 廣田弘毅		1936. 3. 9 ~ 1937. 2. 2	관료	
하야시 센주로 林銑十郎		1937. 2. 2 ~ 1937. 6. 4	군인(육군)	

고노에 후미마로 近衛文麿	제1차	1937. 6. 4 ~ 1939. 1. 5	공가	거국일치
	제2차	1940. 7. 22 ~ 1941. 7. 18	공가	
	제3차	1941. 7. 18 ~ 1941. 10. 18	공가	
히라누마 기이치로 平沼騏一郎		1939. 1. 5 ~ 1939. 8. 30	관료	
아베 노부유키 阿部信行		1939. 8. 30 ~ 1940. 1. 16	군인(육군)	
요나이 미쓰마사 米内光政		1940. 1. 16 ~ 1940. 7. 22	군인(해군)	
도조 히데키 東條英機		1941. 10. 18 ~ 1944. 7. 22	군인(육군)	
고이소 구니아키 小磯國昭		1944. 7. 22 ~ 1945. 4. 7	군인(육군)	
스즈키 간타로 鈴木貫太郎		1945. 4. 7 ~ 1945. 8. 17	군인(해군)	전 시종장
히가시쿠니 나루히코 東久邇稔彦		1945. 8. 17 ~ 1945. 10. 9	황족	
시데하라 기주로 幣原喜重郎		1945. 10. 9 ~ 1946. 5. 22	관료	
요시다 시게루 吉田茂	제1차	1946. 5. 22 ~ 1947. 5. 24	관료	일본자유당타연립
	제2차	1948. 10. 15 ~ 1949. 2. 16	관료	민주자유당
	제3차	1949. 2. 16 ~ 1952. 10. 30	관료	민주자유／자유당
	제4차	1952. 10. 30 ~ 1953. 5. 21	관료	자유당
	제5차	1953. 5. 21 ~ 1954. 12. 10	관료	자유당
가타야마 데쓰 片山哲		1947. 5. 24 ~ 1948. 3. 10	당인파	일본사회당타연립
아시다 히토시 芦田均		1948. 3. 10 ~ 1948. 10. 15	관료	민주당타연립
하토야마 이치로 鳩山一郎	제1차	1954. 12. 10 ~ 1955. 3. 19	당인파	일본민주당
	제2차	1955. 3. 19 ~ 1955. 11. 22	당인파	일본민주당
	제3차	1955. 11. 22 ~ 1956. 12. 23	당인파	자유민주당
이시바시 단잔 石橋湛山		1956. 12. 23 ~ 1957. 2. 25	당인파	자유민주당
기시 노부스케 岸信介	제1차	1957. 2. 25 ~ 1958. 6. 12	관료	자유민주당
	제2차	1958. 6. 12 ~ 1960. 7. 19	관료	자유민주당
이케다 하야토 池田勇人	제1차	1960. 7. 19 ~ 1960. 12. 8	관료	자유민주당
	제2차	1960. 12. 8 ~ 1963. 12. 9	관료	자유민주당
	제3차	1963. 12. 9 ~ 1964. 11. 9	관료	자유민주당
사토 에이사쿠 佐藤榮作	제1차	1964. 11. 9 ~ 1967. 2. 17	관료	자유민주당
	제2차	1967. 2. 17 ~ 1970. 1. 14	관료	자유민주당
	제3차	1970. 1. 14 ~ 1972. 7. 7	관료	자유민주당
다나카 가쿠에이 田中角榮	제1차	1972. 7. 7 ~ 1972. 12. 22	당인파	자유민주당
	제2차	1972. 12. 22 ~ 1974. 12. 9	당인파	자유민주당
미키 다케오 三木武夫		1974. 12. 9 ~ 1976. 12. 24	당인파	자유민주당
후쿠다 다케오 福田赳夫		1976. 12. 24 ~ 1978. 12. 7	관료	자유민주당
오히라 마사요시 大平正芳	제1차	1978. 12. 7 ~ 1979. 11. 9	관료	자유민주당
	제2차	1979. 11. 9 ~ 1980. 6. 12	관료	자유민주당
스즈키 젠코 鈴木善幸		1980. 7. 17 ~ 1982. 11. 27	당인파	자유민주당

나카소네 야스히로 中曾根康弘	제1차	1982. 11. 27 ~ 1983. 12. 27	관료	자유민주당
	제2차	1983. 12. 27 ~ 1986. 7. 22	관료	자유민주당타연립
	제3차	1986. 7. 22 ~ 1987. 11. 6	관료	자유민주당
다케시타 노보루 竹下登		1987. 11. 6 ~ 1989. 6. 3	당인파	자유민주당
우에노 소스케 宇野宗佑		1989. 6. 3 ~ 1989. 8. 10	당인파	자유민주당
가이후 도시키 海部俊樹	제1차	1989. 8. 10 ~ 1990. 2. 28	당인파	자유민주당
	제2차	1990. 2. 28 ~ 1991. 11. 5	당인파	자유민주당
미야자와 기이치 宮澤喜一		1991. 11. 5 ~ 1993. 8. 9	관료	자유민주당
호소카와 모리히로 細川護熙		1993. 8. 9 ~ 1994. 4. 28	당인파	일본신당타연립
하타 쓰토무 羽田孜		1994. 4. 28 ~ 1994. 6. 30	당인파	신생당타연립
무라야마 도미이치 村山富市		1994. 6. 30 ~ 1996. 1. 11	당인파	일본사회당타연립
하시모토 류타로 橋本龍太郎	제1차	1996. 1. 11 ~ 1996. 11. 7	당인파	자유민주당타연립
	제2차	1996. 11. 7 ~ 1998. 7. 30	당인파	자유민주당타연립
오부치 게이조 小渕惠三		1998. 7. 30 ~ 2000. 4. 5	당인파	자유민주당타연립
모리 요시로 森喜朗	제1차	2000. 4. 5 ~ 2000. 7. 4	당인파	자유민주당타연립
	제2차	2000. 7. 4 ~ 2001. 4. 26	당인파	자유민주당타연립
고이즈미 준이치로 小泉純一郎	제1차	2001. 4. 26 ~ 2003. 11. 19	당인파	자유민주당타연립
	제2차	2003. 11. 19 ~ 2005. 9. 21	당인파	자유민주당타연립
	제3차	2005. 9. 21 ~ 2006. 9. 26	당인파	자유민주당타연립
아베 신조 安倍晋三		2006. 9. 26 ~ 2007. 9. 26	당인파	자유민주당타연립
후쿠다 야스오 福田康夫		2007. 9. 26 ~	당인파	자유민주당타연립

출처 http://www.promised-factory.com/100years_after/

- 공가는 메이지 이전의 문관 출신, 당인파는 정당기반의 정치인을 지칭.

*야마모토 곤노효에는 원래 야마모토 곤베였으나 스스로 훈독을 곤노효에로 바꿈.

4. 정당의석 분포

중의원 (총 480명)	
	2007년 11월 현재
정당명	소속의원수
자민당	306명
민주당	112명
공명당	31명
공산당	9명
사민당	7명
국민당	6명
무소속	8명
결원	1명

출처 http://www.shugiin.go.jp/index. nsf/html/index_kousei.htm

참의원 (총 242명)	
	2007년 11월 현재
정당명	의원수
자민당	109명
민주 · 신록풍회	83명
공명당	24명
공산당	9명
사민당 · 호헌연합	6명
국민신당	4명
무소속	5명
합계	240명
결원	2명

출처 http://www.sangiin.go.jp/japanese/frameset/fset_a03_01.htm

5. 주요연표

1853	우라가(浦賀)해안에 페리의 흑선 출현
1854	미일화친조약 체결
1858	미일수호통상조약 체결
1859	안세이 대옥(安政の大嶽)
1860	사쿠라다몬(櫻田門)사건
1867	대정봉환
1868	보신(戊辰) 전쟁
1868	신정부의 방침이 되는 5개조 서문 공포
1869	판적봉환
1871	폐번치현
1871	이와쿠라 도모미(岩倉具視) 구미사찰단 파견
1871	청일수호조규 체결
1872	학제 발포
1873	지조개정조례 발포
1873	징병령 발포
1876	조일수호조규 체결
1877	세이난 전쟁(西南戰爭) 발생
1881	국회개설 청원운동
1881	자유당 결성(이타가키 다이스케)
1882	입헌개진당(오쿠마 시게노부)
1885	내각제도 출범(초대 총리대신 이토 히로부미)
1889	대일본제국헌법 공포
1894	치외법권 철폐
1894	청일전쟁 발발
1895	시모노세키 조약(下關條約) 체결
1902	영일동맹 체결

1904	러일전쟁 발발
1905	포츠담 조약 체결
1911	관세자주권 회복
1914	제1차 세계대전 발생
1915	중국에 21개조 요구
1917	러시아 혁명 발생
1918	쌀폭동
1918	본격적인 정당내각 첫 출범(하라 다카시)
1919	한국에서 3·1운동 발생
1919	중국의 5·4운동 발생
1919	베르사이유 조약 체결
1920	국제연맹 성립
1925	치안유지법 성립
1925	보통선거법 실시
1929	세계공황 발생
1931	만주사변 발생
1932	5·15 사건 발생
1933	국제연맹 탈퇴
1936	2·26 사건 발생
1937	노구교사건을 계기로 중일전쟁 발발
1939	제2차 세계대전 시작
1941	태평양전쟁 시작
1945	포츠담선언 수락
1945	국제연합성립
1946	일본국헌법 공포
1949	중화인민공화국 성립
1950	한국전쟁 발발
1951	샌프란시스코 평화조약 체결
1951	미일안전보장조약 체결
1955	55년 체제 성립
1956	일소 공동선언, 국제연합 가맹
1965	한일기본조약 조인
1972	오키나와(沖繩) 반환
1972	중일공동성명
1978	중일평화우호조약 체결

1983	록히드사건으로 다나카 전 수상 유죄판결
1986	국철분할민영화
1989	소비세 3% 실시
1990	독일 통일
1991	걸프전 발발
1993	55년 체제 붕괴
1994	신진당 결성
1997	소비세 5% 실시
1998	신민주당 결성
2002	북일평양선언
2004	자위대 이라크 파병 결정
2005	우정 민영화 관련 법안 가결

참고 http://www2.ocn.ne.jp/~ibazemin/nihonshi.htm
　　　http://web.sc.itc.keio.ac.jp/~kokikawa/history-nen.html
　　　http://ko.wikipedia.org/wiki/

주

1장

1) 일본역사와 문화를 일본인 이상으로 이해하는 金相燦 전(前) 상업은행 은행장(MBA, University of Minnesota)이 독자의 입장에서 원고 전체를 읽고 귀중한 조언을 하 주셨음을 밝혀둔다.

2) Stockwin(1975), 9.

3) Hall(1970), 161-162.

4) 강창일 · 하종문(2004), 224-227.

5) *Mississippi, Plymouth, Saratoga, Susquehanna* 등 네 척의 군함.

6) 「페리 협정」 혹은 「가나가와 조약」이라 불리기도 함.

7) Storry(1990), 85-93.

8) Stockwin(1975), 10.

9) Stockwin(1975), 11

10) Stockwin(1975), 16

11) Storry(1990), 131-133.

12) Stockwin(1975), 17.

13) Fairbank, Reischauer, and Craig(1989), 687-697.

14) Beasley(1962), 214-221.

15) 시베리아 출병의 배경과 진행과정에 대해서는 Morley(1972)를 참조할 것

16) 쌀 폭동에 관해서는 Livingstone, Moore, and Oldfather(1973), 322-326 참조.

17) 예로서 1912년에는 단지 5개의 노동조합밖에 없었으나 1919년에 이르러서는 71개로 늘어난다. Duus(1968), 121-127을 볼 것.

18) Stockwin(1975), 19-20.

2장

1) 요코다 게이치(橫田耕一)는 '국민통합과 상징천황제,'(『世界』 2000년 1월호)에서 천황은 국민주권 하에 일본국민통합의 상징일 뿐이며 천황의 지위의 근거는 국민의 종합적 의견에 있으므로, 수상이 천황 앞에서 "천황폐하를 추앙하며" 또는 "최선의 노력을 다할 것을 맹세합니다"라는 인사를 하고 만세삼창을 하는 것은 용인될 수 없다고 주장하였다.

2) [http://news.chosun.com/site/data/html_dir/2007/06/15/2007061500969.html].

3) 김웅진 외(2006), 39.

4장

1) 本田雅俊(2001), 53-55.

2) 현대일본학회(2007), 225.

3) 국가공무원시험은 크게 인사원(人事院)이 실시하는 것과 각 채용기관이 실시하는 것으로 구분할 수 있다. 국가공무원시험의 경우 일반 사무나 기술업무에 종사하는 직원채용을 위한 시험은 학력을 기준으로 해서 대학 졸업수준의 국가공무원채용 I종시험과 II종시험, 고등학교 졸업 정도의 III종시험으로 나누어져 있다. 한국과 비교한다면, I종시험이 행정고시, II종시험이 7급 공무원시험, III종시험이 9급공무원시험에 해당한다고 볼 수 있다.

4) 辻淸明(1969), 270~271.

5) 村松岐夫(1981), 161.

6) 御厨貴(編)(2003), 275.

7) 약해(藥害)AIDS사건은 HIV(에이즈 바이러스)가 포함된 혈액제를 투여받은 혈우병환자가 HIV에 감염된 사건이다. 가열된 제품이 개발된 후에도 일본에서는 승인을 받지 못하여 가열되지 않은 제품을 계속 사용했기 때문에 에이즈 피해가 확대되었다고 한다. 1997년 시점에서 사망자 485명, 사망자를 포함한 발병자 628명, 누적 감염자수 1,495명으로 약 2천 명의 피해가 있었다. 1989년 5월에 오사카에서, 10월에 도쿄에서 후생성과 제약회사를 상대로 손해배상을 요구하는 민사소송이 제기되었으며, 1996년 2월에 간 나오토(管直人) 후생대신이 사죄하여 3월에 화해가 성립되었다. 이 사건을 관료제와 관련시키는 이유는, 후생성이 제약회사에 대해 감독·지도하는 가운데 일어난 피해이기 때문이다. 제약회사는 위험정보를 포함하여 모든 정보를 후생성에 보고하고, 모든 대책의 지도를 후생성으로부터 받고 있었다. 그러나 이러한 정보는 의료기관을 비롯하여 환자는 물론 국민에게 거의 전달되지 않았다. 관료제(후생성)의 정보은폐와 지휘·감독 책임이 문제시 되었던 것이다.

8) 西尾勝(1990), 398-399.

9) 일본의 지방자치단체는 크게 보통지방공공단체와 특별지방공공단체로 나뉜다. 보통지방공공단체는 47개 도도부현(都道府県)과 시정촌(市町村)으로 구성되며, 특별지방공공단체에는 도쿄도의 23개 특별구(特別区)와 지방공공단체조합 등이 있다.

10) スティーヴン・R・リード(1990), 17.

6장

1) 이기완(2005) 참조.

2) 오카 요시타케(1996) 참조.

3) 升味準之輔(1983); 이경주(2000), 245 재인용.

4) 김형철(2007), 218.
5) Christensen(1995) 참조.
6) 김형철(2007), 227 참조.
7) 김영태(2002), 224.
8) 이기완(2005) 참조.

8장

1) [http://www.f22-raptor.com].
2) [http://www.aviationweek.com/aw/generic/story_channel.jsp?channel=defense&id=news/
   aw010807p1.xml].
3) 연합뉴스 2007. 4. 27. "미, F-22 대일판매 가능성 왜 흘렸나?"
4) 공중급유기는 짧은 전투기의 행동제한을 없애는 공격용 무기이다. 일본은 비난을 피하기 위해
   공중급유기를 '수송기'라는 말로 대체해 2002년 4대를 도입하기로 한다.
5) 기본적인 근대일본 외교사의 흐름은 성황용(1993)을 참조했다. 개항부터 2차 대전까지의 동양
   외교를 포괄한 거의 유일한 국내서적이다.
6) 육군은 극동러시아군 격파를 위해 현 7개사단에서 새로 7개사단을 증강하여 평시 15만 전시
   60만 병력을 유지하고, 해군은 1만 5천톤급 전함 2척을 추가건조하고 장갑순양함 6척을 합친
   6·6함대계획을 세웠다. 이를 위해 청국 배상금 전체와 정부예산의 40%가 투입되었다. 6·6
   함대는 1920년대에 8·8함대로 증강된다.
7) 불평등조약의 개정은 중국이 국민당의 중국통일 이후인 1927년에야 논의가 본격화된 데 비해
   매우 빠른 것이다. 조선은 일본의 병합으로 조약개정의 의미가 사라졌다. 일본의 조약개정은
   2단계로 이뤄지는데, 1차 개정은 1894년 「신영일통상항해조약」을 시작으로 나머지 국가들도
   참여한다. 완전한 평등조약은 1911~1937년 사이에 완결된다.
8) 중국과 관련, 뒤늦게 중국침탈에 참여했기 때문에 모든 국가에게 자유로운 통상을 강요한 것
   이다.
9) 영국은 건조중이던 순양함 2척을 일본에 판매하고, 러시아 발틱함대가 움직이지 못하도록 석
   탄공급을 거부하였으며, 흑해를 봉쇄해 흑해함대의 진출을 막았다. 미국은 독일과 프랑스가
   러시아에 협력할 경우 미국이 일본을 도울 것이라고 강변하면서 러시아를 고립시켰다.

9장

1) 페리가의 가계도는 다음의 웹페이지에 상세히 나타나 있다.
   [www.familyhistorypages.com/perry].
2) X(1947).
3) 맥아더가 정치적 위협에서 멀어지자, 트루먼은 케넌과 드레이퍼에 의해 주장된 경제·정치 정
   책을 본격적으로 추진한다. 주 내용은 전범재판 완화, 자이바쓰 해체포기, 배상중단이다. 특히

디트로이트의 은행가인 조셉 닷지가 중앙계획경제를 시작하고, 게이레쓰와 통상산업성(MITI)의 협력으로 대규모 수출이 가능해졌다.

4) Dower(1979), 316.

5) 요시다 정부는 같은 맥락에서 일본 신헌법의 문구도 수정했다. GHQ/SCAP의 초안에는 "모든 사람은" 기본적인 인권을 향유한다라고 되어 있었으나 신헌법 11조는 이를 "국민은" 모든 기본적인 인권을 향유한다로 바꾸었다. 모든 사람이라고 할 경우 재일 조선인과 중국인이 포함되기 때문이다. 현재 재일교포의 법적 지위 문제는 이때부터 의도적으로 기획됐다.

6) 미국의 일본우익에 대한 자금지원은 미 국가기밀해제법에 의해 1990년대부터 폭로되기 시작했다. 대표적 예로 Weiner(1994); Johnson(1995).

7) 오자와 이치로(1979) 참조.

참고문헌

1. 국문

가라타니 고진. 송태욱 역. 2003. 『일본정신의 기원: 언어, 국가, 대의제, 그리고 통화』 (원제: 日本精神分析, 2002). 서울: 이매진.

강창일·하종문. 2004. 『한 권으로 보는 일본사 101 장면』. 서울: 가람기획.

고선규. 2001. "일본의 정치개혁과 선거정치의 변화." 『일본연구논총』. 13.

고선규. 2006. "2005년 일본 총선거와 정당체계의 변화." 『한국정당학회보』. 5:1.

김경묵. 2006. "글로벌리제이션과 시민사회: 일본의 국제협력 NGO의 가치변용을 중심으로." 김영작·전진호(편). 『글로벌화시대의 일본: 한국에의 함의』. 서울: 한울아카데미.

김세걸. 1999. 『현대일본정치의 이해』. 서울: 한국방송대학교출판부.

김영태. 2002. "1인 2표제의 제도적 효과와 정치적 영향." 진영재(편). 『한국의 선거제도 I』. 서울: 한국사회과학데이터센터.

김웅진 외. 2006. 『라운더바우트를 도는 산적과 말도둑: 무엇이 영국 민주주의를 만드는가?』. 서울: 르네상스.

김형철. 2007. "혼합식 선거제도로의 변화와 정치적 효과: 뉴질랜드, 일본, 그리고 한국을 중심으로." 『시민사회와 NGO』 5:1.

성황용. 1993. 『근대동양외교사』. 서울: 명지사.

양기호. 2000. "일본." 박찬욱 편. 『비례대표선거제도』. 서울: 박영사.

오자와 이치로. 김영수 역. 1994. 『일본은 있다』 (원제: 日本改造計画). 서울: 등광출판사.

오카 요시타케. 장인성 역. 1996. 『근대 일본 정치사』. 서울: 소화.

이상훈. 2003. "일본의 정부간관계." 『일본연구논총』 21.

_____. 2003. 『일본의 정치과정: 국제화시대의 행정개혁』. 서울: 보고사.

_____. 2006. "고이즈미정권기의 행정개혁." 『일본연구논총』 24.

이시카와 마쓰미. 2006. 『일본 전후 정치사』. 서울: 후마니타스.

이이범. 2007. "일본의 정당과 선거." 이정희 외. 『지구촌의 선거와 정당: 정치적 선택의 메커니즘』. 서울: 한국외국어대학교 출판부.

임혁백, 고바야시 요시아키. 2005. 『한국과 일본의 정치와 거버넌스』. 서울: 아연출판구.

최대석, 김석향, 이종무, 김경묵. 2006. "동북아 NGO 교류협력 현황에 대한 진단과 문제점 파악 및 발전의제 설정." 황병덕 외. 『동북아 지역내 NGO 교류협력 활성호- 및 인프라 구축방안』. 서울: 통일연구원.

현대일본학회. 2007. 『일본정치론』. 서울: 논형.

2. 영문

Beasley, William G. 1962. *The Modern History of Japan*. New York: Praeger.

Christensen, Raymond. 1996. "The New Japanese Election System." *Pacific Affairs* 69.

Curtis, Gerald L. 1999. *The Logic of Japanese Politics: Leaders, Institution, and the Limits of Change*. New York: Columbia University Press.

Dower, John W. 1979. *Empire and Aftermath: Yoshida Shigeru and the Japanese Experience, 1878-1954*. Cambridge: Council on East Asian Studies, Harvard University.

Duus, Peter. 1968. *Party Rivalry and Political Change in Taishō Japan*. Cambridge: Harvard University Press,

Fairbank, John, Edwin Reischauer, and Albert Craig. 1989. *East Asia, Tradition and Transformation, Revised Ed.* Boston: Houghton Mifflin.

Finn, Richard B. 1992. *Winners in Peace: MacArthur, Yoshida, and Postwar Japan*. Berkeley: University of California Press.

Gallagher, Michael. 1991. "Proportionality, Disproportionality and Electoral Systems." *Electoral Studies* 10.

Hall, John W. 1970. *Japan from Prehistory to Modern Times*. New York: Delta.

Johnson, Chalmers. 1995. "The 1955 System and the American Connection: A Bibliographic Introduction." Japan Policy Research Institute Working Paper No. 11. [www.jpri.org].

Kean, John. 1998. *Civil Society: Old Images, New visions*. Stanford: Stanford University Press.

Livingstone, Jon, Joe Moore and Felicia Oldfather, eds. 1973. *Imperial Japan 1800-1945*. New York: Random House.

Morley, James W. 1972. *The Japanese Thrust into Siberia, 1918*. New York: Books for Library Press

Pedersen, Mogens N. 1985. "Changing Patterns of Electoral Volatility in European Party Systems, 1948-1977." in Hans Daalder and Peter Mair, eds. *Western European Party Systems*. London: Sage.

Stockwin, James. 1975. *Japan: Divided Politics in a Growth Economy*. New York: W. W. Norton.

Storry, Richard. 1990. *A History of Modern Japan*. London: Penguin Books.

Weiner, Tim. 1994. "C.I.A. Spent Millions to Support Japanese Right in 50's and 60's." *New York Times*, October 9.

X. 1947. "The Sources of Soviet Conduct." *Foreign Affairs* (July).

3. 일문

金敬默・福武愼太郎・山田裕史・多田透(編著). 2007. 『國際協力NGO論のフロンティア-次世代の研究と實踐のために』. 明石書店.

牧田東一・上藤文湖・金敬默. 2005. "國際文化交流における『市民社會』の日本的展開-言說と實態." 戰後日本國際文化交流研究會(編). 『戰後日本の國際文化交流』. 勁草書房.

本田雅俊. 2001. 『現代日本の政治と行政』. 北樹出版.

西尾勝. 1990. 『行政學の基礎概念』. 東京大學出版會.

新藤宗幸. 2001. 『現代日本の行政』. 東京大學出版會.

辻清明. 1969. 『新版日本官僚制の研究』. 東京大學出版會.

御廚貴(編). 2003. 『歷代首相物語』. 新書館.

五十嵐仁. 2004. 『現代日本政治』. 八朔社.

村松岐夫. 1981. 『戰後日本の官僚制』. 東洋経濟新報社.

橫田耕一. 2000. "國民統合と象徵天皇制." 『世界』 670.

スティーヴン・R・リード. 1990. 『日本の政府間關係』. 木鐸社.

4. 인터넷

야스쿠니 신사 [http://www.yasukuni.or.jp].

일본국회도서관 [http://www.ndl.go.jp].

일본궁내청 [http://www.kunaicho.go.jp].

일본외무성 [http://www.mofa.go.jp].

일본중의원 [http://www.shugiin.go.jp].

일본참의원 [http://www.sangiin.go.jp].

페리가계도 [www.familyhistorypages.com/perry].

http://en.wikipedia.org/wiki/Empire_of_Japan

http://en.wikipedia.org/wiki/Elections_in_Japan

http://en.wikipedia.org/wiki/House_of_Representatives_of_Japan

http://psephos.adam-carr.net/countries/j/japan/japanmapsindex1.shtml

찾아보기

일본의 민주주의: 나가타초의 사무라이들

지은이 김웅진 외
펴낸이 최미화
펴낸곳 도서출판 르네상스

초판 1쇄 인쇄 2007년 12월 17일
초판 1쇄 펴냄 2007년 12월 22일

등록 2002년 4월 11일, 제13-760
주소 110-801 서울시 종로구 계동 140-50
전화 02)742-5945
팩스 02)742-5948
이메일 re411@hanmail.net

ISBN 978-89-90828-47-7 93340